Karl Heinrich Schäfer/Helmut Bunde (Hg.)

Die Entwicklung der evangelischen Straffälligenhilfe

Von der Gefangenenhilfe zur Hilfe für Menschen
in besonderen sozialen Lebenslagen

W0235602

LAMBERTUS

Karl Heinrich Schäfer/Helmut Bunde (Hg.)

Die Entwicklung der evangelischen Straffälligenhilfe

Von der Gefangenenhilfe zur Hilfe
für Menschen in besonderen sozialen Lebenslagen

Die Deutsche Nationalbibliothek verzeichnet diese Publikation in der Deutschen Nationalbibliographie; detaillierte bibliographische Daten sind im Internet über http://d-nb.ddb.de abrufbar.

© 2017, Lambertus-Verlag, Freiburg im Breisgau www.lambertus.de
Umschlaggestaltung: Nathalie Kupfermann, Bollschweil
Satz: Dieter Pföhler, Karlsruhe
Herstellung: rombach digitale Manufaktur, Freiburg im Breisgau
ISBN 978-3-7841-2992-1
ISBN eBook 978-3-7841-2993-8

Inhalt

Vorwort

Karl Heinrich Schäfer, Helmut Bunde

„Christus spricht:
Ich bin im Gefängnis gewesen, und ihr seid zu mir gekommen.
Was ihr getan habt einem von diesen meinen geringsten Brüdern,
das habt ihr mir getan."
(Mt 25, 36.40)

Was kann evangelische Straffälligenhilfe leisten? Diese Frage hatte die Evangelische Konferenz für Straffälligenhilfe zu allen Zeiten umgetrieben.[1]

Dass überhaupt christliche Straffälligenhilfe, d.h. eine christlich fundierte Betreuung von straffällig gewordenen Menschen geboten sei, davon war man bereits Ende des 18./Anfang des 19. Jahrhunderts in Philadelphia überzeugt. Von christlich-ethischen Motiven bestimmt gründeten dortige angesehene Bürger 1787 die „Philadelphia Society for Alleviating the Miseries of Public Prisons", die erstmals eine systematische ehrenamtliche Hilfe für Gefangene bedeutet. Die Entwicklung des Gefängniswesens in der ganzen Welt wurde durch diese Reformarbeit entscheidend beeinflusst. Die Tätigkeit dieser reinen Laienorganisation erstreckte sich dabei nicht nur auf fürsorgerische Besuche und Hilfeleistung aus christlicher Nächstenliebe, sondern beinhaltete bereits beachtliche Momente gesellschaftlicher Kontrolle staatlicher Organe und kriminologischer Aufgabenstellung.[2]

---

1 Siehe Schäfer, Kirchliche Straffälligenhilfe und gesellschaftliche Verantwortung, S. 9–16.

2 Vgl. Schäfer, Anstaltsbeiräte, S.18 m.w.N.; zur geschichtlichen Entwicklung wird auf den ausführlichen Beitrag von Michael Häusler im vorliegenden Band verwiesen.

Christliche Motivation und daraus resultierende praktische Fürsorgetätigkeit war schließlich auch wesentlich für die Entwicklung des Gefängniswesens in England und beispielgebend für das Engagement freiwilliger Vollzugshelfer in anderen Kulturnationen. 1817 hatte Elisabeth Fry mit einigen Quäkerfreundinnen die erste Gesellschaft für freiwillige Gefängnishelferinnen gegründet.

Auch in Deutschland entstanden nach diesen Vorbildern durch die Initiative religiös gesinnter Privatleute „Gefängnisvereine". Als erster deutscher Verein für Straffälligenhilfe gilt die von dem evangelischen Pfarrer Theodor Fliedner 1826 gegründete „Rheinisch-Westfälische Gefängnisgesellschaft". Nach wiederum diesem Vorbild entwickelten sich in der Folgezeit zahlreiche „Gefängnisgesellschaften" bzw. „Gefängnisvereine", deren Tätigkeit sich immer mehr auf die Entlassenenfürsorge konzentrierte.[3]

Dem sozialen Elend seiner Zeit wollte auch Johann Hinrich Wichern zu Beginn des 19. Jahrhunderts nicht tatenlos zusehen. Er gründete 1833 in Hamburg als Erziehungseinrichtung für verarmte und schwer erziehbare Kinder und Jugendliche das schon legendäre „Rauhe Haus", das es als diakonische Einrichtung mit vielfältigen diakonischen Aufgaben immer noch gibt. 1848 gründete er in Wittenberg den „Centralausschuss für Innere Mission der deutschen evangelischen Kirche". Wichern versuchte in den Jahren danach als Verantwortlicher im preußischen Gefängniswesen, seine Ideen der Abschirmung der Strafgefangenen von schädlichen Einflüssen durch Einzelhaft und ihrer Besserung durch „Stärkung der sittlichen Kräfte" umzusetzen. Er wollte das aus dem Militär stammende Wachpersonal ersetzen durch geistlich ausgebildete Diakone. Sein charismatisches Engagement scheiterte schließlich am Widerstand der Nationalliberalen im Preußischen Landtag, die ihm „konfessionelle Einseitigkeit" vorwarfen.

Wegweisend war danach der erste Zusammenschluss der bestehenden Organisationen im Rahmen einer Tagung des „Vereins deutscher Strafanstaltsbeamten" im September 1885 in Freiburg. 1892 schlossen sich schließlich in Eisenach 25 Gefängnisgesellschaften und Provinzialverbände zum „Verband des Deutschen Schutzvereins" zusammen.[4]

Auf dieser historischen Grundlage wurde die Evangelische Konferenz für Straffälligenhilfe am 17. Oktober 1927 in Berlin als „Evangelische Konferenz für Straffälligenpflege gegründet. Sie wurde Mitglied im „Reichszusammenschluss für Gerichtshilfe, Gefangenen- und Entlassenenfürsorge

---

3 Siehe Schäfer, Anstaltsbeiräte, a.a.O., S.19, 20; siehe auch Krebs, S. 105–120.
4 Schäfer, Anstaltsbeiräte, a.a.O., S.20.

der freien Wohlfahrtspflege", der am 6. Dezember 1927 unter Wahrung der Selbständigkeit der angeschlossenen Organisationen gegründet wurde. Der Reichszusammenschluss wurde am 31. Juli 1928 vom Reichsminister der Justiz als Reichsfachverband anerkannt. Die Evangelische Konferenz für Straffälligenpflege ihrerseits wurde vom Central-Ausschuss für Innere Mission als Reichsfachverband anerkannt.

In den letzten Jahren war die Evangelische Konferenz für Straffälligenhilfe (EKS) als einer von 70 Fachverbänden dem Evangelischen Werk für Diakonie und Entwicklung (EWDE) angeschlossen Sie fasste die Arbeit von evangelischen Organisationen und Einrichtungen zusammen, die im Bereich der Straffälligen-, Gefangenen- und Haftentlassenenhilfe tätig sind. Sie betätigte sich dabei als Lebens- und Wesensäußerung der Evangelischen Kirche in Deutschland (EKD) im Sinne evangelischer Diakonie und in praktischer Ausübung christlicher Nächstenliebe. Mitglieder der Konferenz waren die Diakonischen Werke der Gliedkirchen und evangelischen Einrichtungen und Dienste im genannten Bereich auf Bundesebene.

Als Folge struktureller und organisatorischer Veränderungen im Bereich von Diakonie Deutschland, denen man sich nicht verschließen wollte, traf die EKS in einer Mitgliederversammlung am 7. Oktober 2014 die Grundsatzentscheidung, den Weg zur Bildung eines neuen Fachverbandes gemeinsam mit der Evangelischen Obdachlosenhilfe in Deutschland e. V. (EvO) freizumachen. Damit wurden die Weichen für die Arbeit in den nächsten Jahren gestellt. Die EKS musste aus formaljuristischen Gründen zunächst ihre Auflösung beschließen, bevor sich der neue Fachverband konstituieren und die erforderlichen Wahlen für einen paritätisch zu besetzenden Vorstand durchführen konnte. 88 Jahre nach ihrer Gründung war dies das Ende der EKS als eigenständiger Verein.

Die EKS hatte beschlossen, zu ihrem 90-jährigen Jubiläum eine Dokumentation anzufertigen und unter das Motto „Keine Zukunft ohne Herkunft" zu stellen. Nach Auflösung der EKS hat der am 2. Juni 2015 neu gegründete „Evangelische Bundesfachverband Existenzsicherung und Teilhabe e.V. (EBET) – Wohnungsnotfall- und Straffälligenhilfe" die Anregung aufgegriffen und die Erstellung und Veröffentlichung der nun hier vorliegenden Dokumentation und Zusammenstellung beschlossen.

„Die Evangelische Konferenz für Straffälligenhilfe – Geschichte einer Organisationsform" lautet der Titel des ersten Beitrags, der eine wichtige Hintergrundinformation dafür darstellen soll, aus welchen Beweggründen sich die evangelische Straffälligehilfe zu einem Verein zusammengeschlossen hatte, unter welchen Bedingungen dies geschah und welche Auswirkungen für Gesellschaft und verfasste Kirche dies in der Folgezeit hatte. **Michael Häusler**, der kenntnisreiche und bewährte Leiter des Archivs des Evangelischen Werks für Diakonie und Entwicklung (EWDE) in Berlin, lässt uns teilhaben an seinen Gedanken und Betrachtungen, dass z.b. in der Weimarer Republik die stärker werdende Zivilgesellschaft ihre Interessen in Verbänden und Kartellen artikulierte und dass damit die Gründung der Konferenz einer allgemeinen Zeiterscheinung entsprach, also quasi „in der Luft" lag.

Helmut Bunde, über lange Jahre das „Gesicht" der EKS, zuletzt als stellvertretender Vorsitzender, jetzt stellvertretender Vorsitzender des neuen Fachverbandes EBET, war als hauptamtlicher Referent im Bereich Suchtkrankenhilfe/ Straffälligenhilfe im Diakonischen Werk der Ev.-Luth. Landeskirche Sachsens e.V. prädestiniert, die „Strafentlassenenpflege am Ende des 19. und am Anfang des 20. Jahrhunderts in Sachsen" vorzustellen. Im Hinblick auf die recht spärlichen Quellen in diesem Bereich in den Ländern der ehemaligen DDR kommt diesem Beitrag eine besondere Bedeutung zu.

Die „Christliche Straffälligenhilfe Schwarzes Kreuz", vorher Mitglied bei der EKS und dort in den letzten Jahren auch im Vorstand vertreten, ist Mitglied bei EBET. Gegründet im Jahr 1925 als „Christliche Gefangenenhilfe" blickt das Schwarze Kreuz also bereits auf über 90 Jahre des Bestehens und Wirkens zurück. **Ute Passarge**, für die dortige Öffentlichkeitsarbeit zuständig, gibt in einem eindrucksvollen Beitrag mit vielen Zitaten und Details einen umfangreichen Einblick in die selbstlose und segensreiche Tätigkeit ihrer aktiven Mitglieder im Rahmen der Betreuung („Gefangenenmission") sozialbenachteiligter und straffällig gewordener Menschen unter dem Leitspruch „Niemanden und nichts aufgeben!"

Mit der Arbeit der evangelischen Straffälligenhilfe untrennbar verbunden ist die evangelische Gefängnisseelsorge in Deutschland, die am gleichen Tag wie die EKS als Verein gegründet wurde. In den Kontext des geschichtlichen Rückblicks gehört daher auch der Beitrag von **Alexander Böhm** zur Geschichte der Gefängnisseelsorge seit 1927. Böhm war bis 1974 Leiter der Justizvollzugsanstalt Rockenberg und danach bis zu seiner Emeritierung Lehrstuhlinhaber für Strafvollzug an der Johannes Gutenberg-Universität Mainz. Er hatte u.a. maßgeblich mitgewirkt an der 1990 veröffentlichten

Denkschrift der EKD zum Strafvollzug.[5] Der Beitrag ist ein Nachdruck aus dem Reader Gefängnisseelsorge.[6]

Mit **Ulli Schönrock** konnte der Vorsitzende der Evangelischen Konferenz für Gefängnisseelsorge in Deutschland als Autor für diesen Band gewonnen werden. Er schließt im Wesentlichen an den Beitrag von Böhm an, den dieser bei der Jahrestagung der Konferenz 2002 in Mainz gehalten hatte, und listet vor allem die Schwerpunktthemen der letzten Jahre auf, mit denen die Konferenz sich über den kircheninternen Kontext und das fachöffentliche Interesse hinaus im gesamtgesellschaftlichen Diskurs Gehör verschafft hatte.

Der Beitrag von **Karl Heinrich Schäfer** zum „Gestern, Heute und Morgen" der Evangelischen Straffälligenhilfe ist kein Nachkarten zum etwas betrüblichen Ende der EKS, allerdings eine unvermeidlich ernüchternde Bilanz der Entwicklung des Themas Straffälligenhilfe und Strafvollzug in diakonischer und verfasster Kirche in den letzten Jahren. Dass es für beide genügend thematischen Anlass und praktischen Handlungsbedarf, insbesondere für eine verantwortliche Positionierung in der Öffentlichkeit, gibt, wird anhand von biblischen und gesetzlichen Grundlagen deutlich gemacht.

Dem „Heute" des Evangelischen Bundesfachverbandes Existenzsicherung und Teilhabe e.V. (EBET) widmet sich **Wolfgang Schmitt**, in dem er Struktur und Entwicklung der Angebote der diakonischen Straffälligenhilfe detailliert mit vielen Zahlen und etlichen Schaubildern in einer detaillierten Bilanz darstellt.

Ulrich Weber, Eckard Tarner und Uwe Nolle-Cornelsen berichten ebenfalls vom „Heute" der Straffälligenhilfe, und zwar aus dem mit Abstand größten diakonischen Landesverband Rheinland/Westfalen/Lippe. Am Bielefelder Beispiel wird eine erfolgreiche Netzwerkarbeit vorgestellt, die überzeugt und zur Nachahmung auffordert.

Dass die Vollstreckung von Freiheitsstrafen durch eine funktionierende Geldverwaltung vermieden werden kann, verdeutlicht **Burkhard Teschner** am Beispiel eines ebenfalls beachtenswerten Modells aus Niedersachsen.[7]

„Grundsätzlich" wird es noch einmal mit den Ausführungen von **Herbert Landau** zu „Grundgesetz und Strafvollzug" bzw. zum Menschenbild des Grundgesetzes und zum Umgang mit Straftätern. Landau hatte in seiner Zeit als Staatssekretär im Hessischen Ministerium der Justiz (1999-2005)

---

5 Kirchenamt der EKD (Hg.): Strafe: Tor zur Versöhnung?

6 Böhm, S. 34-46.

7 Vgl. dazu bereits Teschner, S. 127-140.

einige fragwürdige Aktionen seines Ministers zu verteidigen ("Härtester Strafvollzug"), selbst aber keine Zweifel an seiner eigenen rechtsstaatlichen und christlichen Grundhaltung gelassen. Der hier abgedruckte Beitrag, ein genehmigter Nachdruck aus Forum Strafvollzug. Zeitschrift für Strafvollzug und Straffälligenhilfe[8], den er nach seiner Zeit in der Landespolitik als Richter des Bundesverfassungsgerichts (2005-2016) verfasst hatte, macht diese Grundhaltung deutlich.

Jens Rannenberg und **Helmut Bunde** befassen sich mit dem „Morgen" der evangelischen Straffälligenhilfe und die Einbettung in den neuen „Evangelischen Bundesfachverband Existenzsicherung und Teilhabe (EBET) – Wohnungsnotfall und Straffälligenhilfe e.V.".

Literatur

Böhm, Alexander: Zur Geschichte der Gefängnisseelsorge seit 1927, in: Reader Gefängnisseelsorge (RGS) 2002, S. 34–46 (Heft 11).

Kirchenamt der EKD (Hg.): Strafe: Tor zur Versöhnung? Eine Denkschrift der EKD zum Strafvollzug, Gütersloh 1990.

Krebs, Albert: „Gefängnisgesellschaften" und „Anstaltsbeiräte" – Eine geschichtliche Betrachtung, in: Niedersächsische Gesellschaft für Straffälligenbetreuung und Bewährungshilfe e.V. – Landesverband (Hg.): Freiwillige Mitarbeit in der Straffälligenhilfe und professionelle Sozialarbeit, Hannover 1980.

Landau, Herber: Grundgesetz und Strafvollzug, Menschenbild des Grundgesetzes und Umgang mit Straftätern, in: Forum Strafvollzug. Zeitschrift für Strafvollzug und Straffälligenhilfe 2001, S.129–137.

Schäfer, Karl Heinrich: Kirchliche Straffälligenhilfe und gesellschaftliche Verantwortung, in: Düringer, Hermann/Schäfer, Karl Heinrich (Hg.), Was kann kirchliche Straffälligenhilfe leisten? Zur Umsetzung des Orientierungsrahmens zur Zusammenarbeit mit dem Justizvollzug, Frankfurt/Main 2012.

Schäfer, Karl Heinrich: Anstaltsbeiräte – die institutionalisierte Öffentlichkeit?, Heidelberg 1987.

---

8 Landau, Herbert, Grundgesetz und Strafvollzug, Menschenbild des Grundgesetzes und Umgang mit Straftätern in: Forum Strafvollzug. Zeitschrift für Strafvollzug und Straffälligenhilfe 2001, S.129–137. (Genehmigter Nachdruck).

Teschner, Burkard: Geldverwaltung und Ersatzfreiheitsstrafe, Haftvermeidungsprojekt der Anlaufstellen für Straffällige in Niedersachsen, in:
Schäfer, Karl Heinrich/Bunde, Helmut (Hg.), Ökonomische Faktoren
in der Straffälligenhilfe. Wirtschaftlichkeit contra Resozialisierung?,
Freiburg 2014.

1

Die Evangelische Konferenz für Straffälligenpflege
Geschichte einer Organisationsform

Michael Häusler

Die Evangelische Konferenz für Straffälligenhilfe bestand zum Zeitpunkt ihrer Fusion mit der Evangelischen Obdachlosenhilfe im Jahr 2015 seit 88 Jahren. Gegründet wurde sie am 17. Oktober 1927, in einer Blütezeit des Verbandswesens innerhalb der Diakonie. Viele andere diakonische Fachverbände – Deutscher Evangelischer Krankenhausverband, Deutscher Evangelischer Verband für Altenarbeit und Pflege oder Evangelischer Erziehungsverband, um nur einige zu nennen – wurden ebenfalls in den 1920er Jahren gegründet. Die Weimarer Republik war eine Zeit, in der die stärker werdende Zivilgesellschaft ihre Interessen in Verbänden und Kartellen artikulierte, und der Ausbau des Wohlfahrtsstaates beförderte diese Strömungen im Feld der Sozialen Arbeit in besonderer Weise. Insofern ist auch ohne weitere Kenntnis der Entstehungshintergründe anzunehmen, dass die Gründung der Konferenz einer allgemeinen Zeiterscheinung entsprach, also quasi „in der Luft lag".

Doch dieser vordergründige Befund lässt sogleich Fragen offen: Für jede Verbandsgründung wird es spezifische Motive gegeben haben. Welche waren das, und was führte zu der besonderen Zusammensetzung der Mitgliedschaft in der Konferenz? Vor allem aber stellt sich die Frage, warum die Verbandsgründung erst so spät erfolgte. Die Hilfe für Gefangene und Strafentlassene war schließlich eines der ältesten Arbeitsfelder der Inneren Mission und die frühesten Gefängnisgesellschaften waren zum Zeitpunkt der Verbandsgründung bereits 100 Jahre alt. Es lohnt sich, diesen Fragen genauer nachzugehen, um den speziellen Charakter der Evangelischen Konferenz für Straffälligenhilfe zu erkennen. Ohne einen Überblick über die Grundzüge der Entwicklung der Straffälligenhilfe ist die Gründung der Konferenz im Jahr 1927 nicht zu verstehen.

1   Die Entwicklung der Straffälligenhilfe bis 1927

Die Anfänge der Straffälligenhilfe in Deutschland liegen in einer Zeit, als von Innerer Mission noch nicht die Rede war. Denn die Praxis der christlichen Liebestätigkeit – so der zeitgenössische Begriff – ging der Idee der Inneren Mission voraus. Die beiden bekanntesten und einflussreichsten Pioniere der Inneren Mission engagierten sich früh in der Straffälligenhilfe. Dabei erhielten sie die wichtigsten Anregungen zu ihren Initiativen im Gefängniswesen aus dem Ausland. Johann Hinrich Wichern (1808–1881) orientierte sich bei seinen Plänen für eine Gefängnisreform in Preußen an den Erfahrungen amerikanischer Quäker, die bereits 1790 in Pennsylvania erste Versuche mit der erzieherischen Einwirkung auf Gefangene in Einzelhaft gemacht hatten. In England entwickelte zur selben Zeit der Bezirksrichter John Howard (1726–1790) Reformvorstellungen für einen humaneren Strafvollzug, die Anfang des 19. Jahrhunderts nach Deutschland drangen.[1] Die Bemühungen christlicher Philanthropen um einen menschenwürdigen und effektiven Strafvollzug sind also ebenso alt wie die Gefängnisstrafe selbst, die erst Ende des 18. Jahrhunderts eine Vorrangstellung gegenüber körperlichen und entehrenden Strafen erlangte.[2]

Bevor allerdings solche systematischen Reformpläne eine Wirkung entfalten konnten, wurden die deutschen Sozialpioniere von einem praktischen Beispiel der Gefangenenhilfe nachhaltig beeinflusst. Die Besuchsarbeit der englischen Quäkerin Elisabeth Fry (1780–1845) in dem für seine Zustände berüchtigten Newgate-Gefängnis, die vor allem auf die Verbesserung der Haftumstände der weiblichen Gefangenen gerichtet war, wurde aufgrund ihrer publizistischen Aktivitäten recht bald auch in Deutschland bekannt. Ihre 1817 gegründete *Ladies' Association for the Reformation of the Female Prisoners in Newgate* folgten weitere Vereinsgründungen,

---

1 Howard, The State of the Prisons in England and Wales.
2 Zu den Anfängen der Straffälligenhilfe: Schauz, S. 37–59.

darunter 1821 bereits eine britische Dachorganisation für die Besserung weiblicher Gefangener. Die Aktivitäten dieser Vereine lernte Theodor Fliedner (1800–1864) im Rahmen seiner Kollektenreise nach England 1824 kennen[3]. Nach seiner Rückkehr übertrug er seine Erkenntnisse auf die Verhältnisse in Preußen, begann im Düsseldorfer Gefängnis zu predigen und gründete 1826 zusammen mit Gleichgesinnten und Förderern aus dem Umfeld der rheinischen Erweckungsbewegung die *Rheinisch-Westfälische Gefängnisgesellschaft* (RWGG).

Zwei Merkmale dieser Vereinigung waren bestimmend für die Gründung weiterer Gefängnisgesellschaften in anderen Teilen Deutschlands, die nach diesem Vorbild bis zum Ersten Weltkrieg erfolgte: die Orientierung an den staatlichen Grenzen und die Interkonfessionalität.

Die Arbeit war auf die Bestimmungen und die Praxis des Strafvollzugs ausgerichtet, die in den verschiedenen Ländern und Provinzen durchaus unterschiedlich waren. Deshalb erfolgte auch die Organisation der Straffälligenhilfe entlang der territorialen Grenzen. Dass die Arbeit in größtmöglicher Übereinstimmung mit den staatlichen Behörden erfolgen sollte, wurde bereits im Vereinsziel der RWGG klar zum Ausdruck gebracht: Zur beabsichtigten „Verbesserung der Gefangenen-Anstalten in den Rheinisch-Westfälischen Provinzen Preußens" sollte „eine mit den Staatsgesetzen übereinstimmende Beförderung der sittlichen Besserung der Gefangenen, durch Beseitigung nachteiliger und Vermehrung wohltätiger Einwirkung" erfolgen.[4] Angestrebt war also eine doppelte Besserung, wobei die Verbesserung der Bedingungen in den Gefängnissen der Besserung der Gefangenen und damit dem staatlich verordneten Zweck des Strafvollzugs dienen sollte. Dabei war man zutiefst überzeugt, dass dieses Ziel auch zum Besten der Gefangenen war. Zur Unterstützung der erzieherischen Wirkung des staatlichen Strafvollzugs wurde ein Netz lokaler ehrenamtlicher Helfer zur Begleitung und Unterstützung der Familien der Gefangenen und der Entlassenen aufgebaut. Die Gründung einer Vielzahl von Ortsgruppen und -vereinen war somit von Beginn an eingeplant.

Die christliche Motivation und Ausrichtung der Straffälligenhilfe waren in der ersten Hälfte des 19. Jahrhunderts weitgehend selbstverständlich, auch wenn sie nicht explizit erwähnt wurden. In den der RWGG angeschlossenen Lokalvereinen dominierten die Ortspfarrer, die vielfach auch nebenamtliche Predigt- und Seelsorgedienste in den Gefängnissen wahrnahmen. Da die 1815

---

3 Gerhardt: Theodor Fliedner, S. 143–146.
4 Jahrbuch der RWGG 1828/1, 5–7. Zitiert nach Schauz, S. 65.

entstandenen westlichen Provinzen Preußens evangelische und katholische Gebiete zusammenfassten, waren die Ortsvereine entsprechend konfessionell ausgerichtet. Folglich war die RWGG als Dachverband überkonfessionell, auch wenn das Engagement für die Straffälligenhilfe im protestantischen Bereich spürbar größer war.[5] Dieses Merkmal der Interkonfessionalität wurde auch auf die später gegründeten Gefängnisgesellschaften in anderen Ländern und Provinzen angewandt. Der Vorteil, eine Gesellschaft als einheitliches Gegenüber der staatlichen Behörden zu haben, war offenbar wichtiger als der Wunsch nach konfessioneller Homogenität.

Unter dem Dach der Gefängnisgesellschaften verbanden sich vor allem drei unterschiedliche Arbeitsfelder der Straffälligenhilfe: Die Bemühungen um eine Gefängnisreform oder zumindest die Verbesserung der Zustände im Strafvollzug, die Seelsorge an den Gefangenen und die Unterstützung der Entlassenen. Die Innere Mission und ihr Central-Ausschuss engagierten sich in diesen Arbeitsfeldern auf unterschiedliche Weise.

In seiner großen Denkschrift an die deutsche Nation von 1849 nannte Wichern die Gefängnisarbeit an vorderster Stelle unter den Aufgaben, die die Innere Mission auf staatlichem Gebiet anzugehen habe, und differenzierte dabei nach den drei genannten Feldern.[6] Er entwickelt darin bereits die Grundzüge seiner noch im Entstehen begriffenen Gedanken einer Gefängnisreform hinsichtlich einer Überprüfung der Strafvollstreckungssysteme und der geistlichen Begleitung und sittlichen Einwirkung auf die Gefangenen, die nicht nur durch eine ausreichende Anzahl hauptamtlicher Gefängnisgeistlicher, sondern insbesondere durch sozialpädagogisch geschultes Aufseher- und Lehrpersonal sichergestellt werden sollte. In den Folgejahren nahm Wichern durch staatlich beauftragte Visitationen von Gefängnissen und die Reorganisation des Moabiter Zellengefängnisses maßgeblichen Einfluss auf die Strafvollzugsrefom in Preußen, seit 1857 auch als Vortragender Rat im Innenministerium, allerdings bekanntlich mit begrenztem Erfolg. Doch auch danach nahm der Central-Ausschuss kontinuierlichen Einfluss auf die öffentliche Diskussion um die Ausgestaltung der Strafgesetze und die Verbesserung des Strafvollzugs. Die wiederkehrenden Versuche einer Reform des Strafgesetzbuches von 1872 und der Einführung eines reichsweiten Strafvollzugsgesetzes begleitete der Central-Ausschuss mit ausführlichen Gutachten und Stellungnahmen,

---

5 Steinweg, S. 332. – Ihren ersten expansiven Höhepunkt erreichte die RWGG 1846 mit 13 Tochtergesellschaften und 125 Hilfsvereinen. Danach nahm der Organisationsgrad wieder ab. Schauz (wie Anm. 2), 72. – Im Jahr 1913 wurde schließlich mit 650 die größte Zahl von Gefängnisgesellschaften und Hilfsvereinen erreicht; s. Steinweg, ebd.

6 Gerhardt: Ein Jahrhundert Innere Mission. Bd. 1, S. 109f.

die von renommiert besetzten Fachkommissionen ausgearbeitet wurden.[7] Da die grundlegenden Reformen bis lange nach 1945 immer wieder an den politischen Zeitumständen scheiterten, blieben jedoch auch diese Positionspapiere ohne greifbare Folgen.

Die Forderung nach einem flächendeckenden Netz hauptamtlicher Gefängnisgeistlicher wurde anfangs nur langsam umgesetzt. Das lag vor allem an einem Mangel an Theologen, die zu diesem Dienst geeignet und bereit waren, und nicht an einem denkbaren Widerspruch der Behörden oder der bürgerlichen Öffentlichkeit. Denn das Konzept der „Strafe als moralische Besserung", das sich Mitte des 19. Jahrhunderts in Deutschland durchsetzte, räumte dem Geistlichen von Anfang an eine zentrale Rolle ein, nämlich die des moralischen Erziehers.[8] Dieser Funktion wurde gegenüber den anderen Aufgaben der Gefängnisgeistlichen (Gottesdienst, Seelsorge und Bildung) die größte Bedeutung zugemessen. Nach Wicherns Vorstellungen sollte die christliche Erziehung der Gefangenen nicht nur durch die Geistlichen, sondern vor allem durch christliche Aufseher erfolgen. Für diese Tätigkeit, die er als eine folgerichtige Fortsetzung der Rettungshausarbeit ansah, stellte er die Brüder des Rauhen Hauses zur Verfügung. Die Gründung des Johannesstifts in Berlin 1858 sollte in erster Linie der Ausbildung von Diakonen zu Gefängnisaufsehern dienen. Doch nach dem politischen Umschwung in Preußen kündigte die liberale Mehrheit im Landtag 1862 den Vertrag mit dem Rauhen Haus, weil sie darin eine abzulehnende Vermengung staatlicher und religiöser Aufgaben sah.

Vielfach wurde dieser Rückschlag für Wichern als ein Scheitern seiner Gefängnisreform gedeutet, und zweifellos ließen sich seine umfassenden Reformpläne danach nicht mehr wie geplant verwirklichen. Dabei wird allerdings übersehen, dass sein Ziel der Ausbildung und des Einsatzes von Gefängnisaufsehern durch die Innere Mission bei den weiblichen Gefangenen weitgehend umgesetzt wurde: Seit 1891 versorgte eine vom Central-Ausschuss eingesetzte Kommission für die Ausbildung von Gefängnisaufseherinnen die preußischen Frauengefängnisse mit Personal, das im Sinne der Inneren Mission ausgebildet wurde. Die Ausbildung erfolgte in Verbindung mit dem Berliner Magdalenenstift, dem evangelischen Zufluchts- und Erziehungsheim für sexuell „gefährdete" und „gefallene" junge Frauen. Daraus wird die enge inhaltliche Verbindung der weiblichen Gefängnisarbeit mit der Gefährdetenfürsorge deutlich. Nach den bürgerlichen Vorstellungen des 19. Jahrhunderts bedurften weibliche Gefangene

---

7 Bäcker, S. 36–49.

8 Schauz, S. 116.

in besonderer Weise der sittlich-religiösen Erziehung, sodass – anders als bei den männlichen Gefangenen – niemand im Staat Anstoß nahm an der Ausbildung der Gefängnisaufseherinnen durch die Innere Mission; im Gegenteil: Den Anstaltsleitungen wurde durch Ministerialerlass vorgeschrieben, die vom CA ausgebildeten Aufseherinnen bevorzugt anzustellen.[9]

Bei den männlichen Gefangenen blieb es hingegen bei der Hilfe und Einwirkung durch regelmäßige Besuchsdienste. Schon in seinem Grundsatzvortrag vor dem Kongress für Innere Mission 1852 über die „Behandlung der Verbrecher in den Gefängnissen und der entlassenen Sträflinge" bezeichnete Wichern als eine von sieben Aufgaben der Straffälligenhilfe die „Besuchung der Gefangenen durch christliche Privatleute"[10]. Eine stärkere Verbreitung fand die Laienseelsorge in Gefängnissen hingegen erst im 20. Jahrhundert, insbesondere durch den 1925 gegründeten Gefangenenhilfsverein vom Schwarzen Kreuz. Die wesentlichen Akteure der christlichen Hilfe für Inhaftierte blieben deshalb stets die Gefängnisgeistlichen. Eine eigene Interessenvertretung besaßen die evangelischen Strafanstaltspfarrer lange Zeit nicht. Da die Geschäftsführung der Gefängnisgesellschaften in der Regel von Gefängnisgeistlichen wahrgenommen wurde, hätte eine eigene Vereinigung der Pfarrer wohl eine organisatorische Konkurrenz dargestellt. Die gemeinsamen Fachthemen der Gefängnisseelsorge wurden bei den Tagungen der Gefängnisgesellschaften und bei den nationalen Konferenzen für Innere Mission regelmäßig behandelt.[11] Die erste nachweisbare Fachkonferenz der „Strafanstalts-, Gefängnis- und Correctionshausgeistlichen" fand 1894 statt.

Das dritte und umfangreichste Arbeitsfeld der Straffälligenhilfe neben der Gefangenenseelsorge und dem Einsatz für eine Strafvollzugsreform war von Beginn an die Entlassenenfürsorge. Schon Theodor und Friederike Fliedner gründeten 1833 in Kaiserswerth ein Asyl für strafentlassene Frauen. Wie bereits erwähnt, gab es große Überschneidungsflächen zwischen der Gefährdetenfürsorge und der weiblichen Entlassenenfürsorge, sodass die Magdalenenheime vielfach strafentlassene Frauen aufnahmen, die wegen Prostitution verurteilt worden waren. Was anfangs auf dem Prinzip der Freiwilligkeit beruhte, entwickelte sich in der zweiten Hälfte des 19. Jahrhunderts zum behördlich angeordneten Strafersatz: Oftmals wurde die Strafe ganz oder teilweise ausgesetzt, wenn die Frauen anschließend in

---

9 Häusler, S. 109. – Vgl. Gerhardt, Ein Jahrhundert, Bd. 2, S. 170–172.

10 Wichern, S. 48.

11 Übersicht über die die Straffälligenhilfe betreffenden Themen bei den Kongressen für Innere Mission bei Bäcker, S. 24.

einem Magdalenenheim untergebracht waren. Entsprechende Regelungen gab es bei Männern, die wegen Bettelei und Landstreicherei strafrechtlich verfolgt wurden: Eine Einweisung ins Arbeitshaus konnte ausgesetzt werden, wenn die Betreffenden zur Aufnahme in eine Arbeiterkolonie oder eine andere stationäre Fürsorgeeinrichtung bereit waren.[12]

Die Innere Mission sah in der Aufnahme von Strafentlassenen in Magdalenenheimen oder Arbeiterkolonien eine sinnvolle Maßnahmen zur Resozialisierung, die Errichtung reiner Übergangsheime für Strafentlassene wurde hingegen skeptisch beurteilt – weniger wegen des diskriminierenden Charakters solcher Einrichtungen als wegen der damit verbundenen Gefahr der gegenseitigen ungünstigen Beeinflussung der Delinquenten.[13] In den Heimen sollten die Frauen in Hauswirtschaft unterrichtet und die Männer an regelmäßiges Arbeiten gewöhnt werden, um sie anschließend nach Möglichkeit in normale Beschäftigungsverhältnisse vermitteln zu können. Insofern bestand auch eine organisatorische Verbindung zwischen der Entlassenenfürsorge und der Arbeitsvermittlung der Inneren Mission. Die ambulante Entlassenenfürsorge war die Hauptaufgabe der lokalen Zweig- und Hilfsvereine der Gefängnisgesellschaften; hier ließen sich bei einer aufnahmewilligen Atmosphäre und einem Netz bürgerlicher Unterstützer die besten Erfolge bei der Wiedereingliederung ehemaliger Strafgefangener erzielen.

Bis zum Ersten Weltkrieg entwickelte sich die Arbeit stetig und in weitreichender Harmonie zwischen den interkonfessionellen Gefängnisgesellschaften und der Inneren Mission. Der organisatorische Höhepunkt wurde 1913 mit 650 Hilfsvereinen gezählt, von denen sich jene, die stark protestantisch geprägt waren, durchweg zur Inneren Mission zählten. Einer der führenden Theologen im Central-Ausschuss für Innere Mission, Friedrich Mahling, bezeichnete die Gefängnisgesellschaften in Rheinland und Westfalen, in der Provinz Sachen und Anhalt sowie in Schlesien ohne weiteres als Fachverbände der Inneren Mission.[14] Solange keine äußeren Gründe für eine klare Unterscheidung beider Sphären vorlagen, konnte es bei diesem unkomplizierten Miteinander im Bereich der Straffälligenhilfe bleiben.

---

12 Ministerialverfügung F 963 v. 23.11.1916; Ministerialblatt für die preußische Innere Verwaltung 78 (1917) Nr. 1.

13 Bäcker, S. 35.

14 Mahling, Die Innere Mission, Bd. 2, S. 1300-1302. Mahlings Werk erschien erst mehrere Jahre nach seinem Tod (1933) und gibt seine Einschätzung aus der Zeit der Weimarer Republik wieder.

2 Die Gründung der Evangelischen Konferenz für Straffälligenpflege

Die umfangreichen Maßnahmen der Kriegsfürsorge im Ersten Weltkrieg führten zu einem massiven Ausbau der staatlichen und kommunalen Wohlfahrtspflege und stellten die Kooperation zwischen öffentlicher und freier Wohlfahrtspflege auf eine ganz neue Grundlage. Im Vorfeld der wegweisenden Sozialgesetze der Weimarer Republik, die ab 1922 in Kraft traten, wurde deutlich, dass für das Verhältnis der Freien Wohlfahrt zum Staat ein stark erhöhter Regelungsbedarf vorlag. Für inhaltliche Verhandlungen, vor allem aber für die Verteilung öffentlicher Mittel benötigte und erwartete der Staat ein einzelnes organisatorisches Gegenüber mit einem verbindlichen Mandat zur Vertretung aller angeschlossenen Einrichtungen und Vereine. Um diesen Anforderungen an einen Reichsspitzenverband der freien Wohlfahrtspflege gerecht zu werden, gab sich der Central-Ausschuss 1921 eine neue Satzung. Der CA, bis dahin ein einfacher Verein, dem sowohl juristische als auch natürliche Personen angehörten, wurde zu einem Verband aus Regional- und Fachverbänden umstrukturiert.[15] Dieser Umbau veränderte den Charakter des CA und die Organisationsform der Inneren Mission grundlegend und nahm mehrere Jahre in Anspruch. Von vornherein war aber klar, dass das Ziel darin bestand, für jede Region und für jedes Arbeitsgebiet der Inneren Mission jeweils nur einen Verband zu haben, der dafür voll vertretungsberechtigt war. Das galt auch für die Straffälligenpflege. Das bisherige Nebeneinander von konfessionellen Vereinen und formal interkonfessionellen Gesellschaften war somit nicht zukunftsfähig.

Die Tendenz zu verstärkter Organisation und Konzentration wirkte sich ebenso auf viele andere Bereiche des öffentlichen Lebens aus. Überall bildeten sich nun Zusammenschlüsse und Spitzenverbände; die Zeit der Honoratiorenvereinigungen war definitiv vorbei. Entsprechend standen auch die Gefängnisgesellschaften vor der Frage, wie sie sich reichsweit zusammenschließen sollten. 1925 gründeten sie den „Deutschen Reichsverband für Gerichtshilfe, Gefangenen- und Entlassenenfürsorge", wobei die Verabschiedung einer gültigen Satzung noch ausstand.[16] Das Ziel dieser Gründung war offensichtlich die staatliche Anerkennung als alleiniger Spitzenverband für die nicht-staatliche Straffälligenhilfe. Ein solches Szenario hätte allerdings die konfessionellen Wohlfahrtsverbände außen vor

---

15 Ausführlich dazu Kaiser, S. 78–94.

16 Bäcker, S. 57. – Seit Ende des 19. Jh. bestand bereits ein loser „Verband der deutschen Schutzvereine für entlassene Gefangene", der nicht den Anspruch eines Spitzenverband hatte.

gelassen, denen jede formale Einflussmöglichkeit auf den neuen Reichsverband fehlte.

Aus diesem Grund intervenierte der Geschäftsführer der kurhessischen
Inneren Mission und Kasseler Strafanstaltsseelsorger, Eduard Fritsch
(1887–1966), im Januar 1926 gegenüber dem Kasseler Oberstaatsanwalt
Noetzel und wies darauf hin, dass eine Konkurrenz zwischen den Gefängnisgesellschaften und der Inneren Mission beiden Seiten schaden würde.
Vor allem aber wäre es für die Gefängnisgesellschaften kaum möglich, ohne
die Unterstützung der Inneren Mission in den evangelischen Gebieten
ein flächendeckendes Netz an ehrenamtlichen Mitarbeitern an der Basis
aufzubauen: „Das wird durchaus nicht leicht sein und scheint uns uner-
wünscht, da auf dem Lande und meist auch schon in kleinen Städten die
für die Wohlfahrtspflege interessierten und begabten Persönlichkeiten
allermeist schon im Dienste der freien Wohlfahrtspflege, d.h. zumeist der
konfessionellen Verbände, tätig sind."[17] In vielen Orten kämen nun einmal
neben dem Bürgermeister nur der Pfarrer, der Lehrer und die Gemeinde-
schwester für fürsorgerische Tätigkeiten infrage, und die Innere Mission
habe „durch Einrichtung Evangelischer Jugend- und Wohlfahrtsdienste im
ganzen Reich ihre Wohlfahrtspflege und Fürsorge so ausgebaut, dass sie
in der Lage ist, jedem Fall überall hin nachzugehen, wirksam einzugreifen
und jede Art von notwendiger Fürsorge durchzuführen". Fritsch versäumte
nicht hinzuzufügen, „dass für den Fall, die Gefängnisgesellschaften sollten
die gesamte Gefangenenfürsorge mit eigenen Kräften, also interkonfessi-
onell durchführen, die Innere Mission gar nicht anders könnte, als eine
evangelische Gefangenenfürsorge zu organisieren".[18]

Im Oktober 1926 setzte der Central-Ausschuss eine „Kommission für
Gefangenenfürsorge und Soziale Gerichtshilfe" ein, die Art und Umfang
eines eigenen konfessionellen Engagements und die zugehörigen Orga-
nisationsfragen beraten sollte. Grundsätzlich war der CA bereit, in den
Reichsverband einzutreten, falls dessen Satzung so verändert würde, dass
neben den Gefängnisgesellschaften auch alle anderen freien Organisationen
der Gerichtshilfe, Gefangenen- und Strafentlassenenfürsorge Mitglied
werden könnten. Das hätte den Reichsverband zu einem Dachverband
von konfessionellen und interkonfessionellen Vereinigungen gemacht.
Außerdem, so die Forderung der Kommission, sollten Central-Ausschuss

---

17 Fritsch an Noetzel; zit. n. Bäcker, S. 57.
18 Ebd., 58.

und Caritasverband einen Sitz im Arbeitsausschuss erhalten.[19] Das wies
die Leitung des Reichsverbandes jedoch entschieden zurück und erklärte,
die konfessionellen Verbände würden den Anteil ihrer Arbeit auf dem
Gebiet der Straffälligenhilfe überschätzen. Die CA-Kommission hingegen
kam zu dem Urteil, der Reichsverband strebe offenbar ein Monopol für
die Soziale Gerichtshilfe und den entscheidenden Einfluss auf die Verteilung der staatlichen Gelder an. Als die Verhandlungen beider Seiten im
April 1927 scheiterten, waren die Weichen gestellt für die Gründung eines
eigenständigen evangelischen Gefangenenfürsorgeverbandes.

Die Umstände der Entstehung des Reichsverbandes waren nicht der einzige
Grund für die Gründung der Evangelischen Konferenz für Straffälligenpflege.
Die Innere Mission sah ohnehin eine stärkere Notwendigkeit zur Beschäfti-
gung mit den Aufgaben der Gefangenen- und Entlassenenfürsorge. Bereits
im Juni 1925 hatte der CA Vertreter der Landes- und Provinzialverbände
sowie zahlreicher Fachverbände der Inneren Mission, der Stadtmissionen
und Gefängnisgesellschaften, die Strafanstaltspfarrer und Vertreter von
Staats- und Kirchenbehörden zu einer Fachkonferenz nach Berlin eingeladen.
Diverse Grundsatzbeiträge behandelten neben den üblichen Themen der
Strafvollzugsordnung, der Gefangenenseelsorge und der Entlassenenfürsorge
auch den kurz zuvor vorgelegten Entwurf eines neuen Strafgesetzbuches
und aktuelle Fragen der Sozialen Gerichtshilfe.[20] Beide Fragen standen in
engem Zusammenhang, denn die geplante Strafrechtsreform orientierte sich
bei der Strafbemessung an der Persönlichkeit des Täters („Täterstrafrecht").
Dieser Ansatz ermöglichte einerseits erstmals die bedingte Strafaussetzung,
wenn eine Strafe für die gesellschaftliche Reintegration des Täters nicht
erforderlich schien. Andererseits wurden hier bereits Vorstellungen von
gefährlichen „Gewohnheitsverbrechern" und „Asozialen" in das Strafrecht
eingeführt, für die Maßnahmen der Sicherheitsverwahrung und der mehr
oder weniger erzwungenen „Besserung" vorgesehen waren – Vorstellungen,
die nach 1933 in exzessiver Weise ihre fatale Auswirkung zeigten. Zur
Erkennung der Täterpersönlichkeit diente die Soziale Gerichtshilfe, der
folglich eine massive Expansion bevorstand.[21] Die Netzwerke der Gefängnisgesellschaften und die Fürsorgestellen der Inneren Mission boten sich als
Agenturen der Gerichtshilfe an, wobei die begründete Aussicht auf eine
öffentliche Refinanzierung dieser Tätigkeit bestand. Insofern hatte die

---

19 Protokoll der Sitzung der Kommission vom 11.11.1926; Archiv für Diakonie und
    Entwicklung, Berlin (ADE), Bestand „Central-Ausschuss für Innere Mission, Referat
    Gefährdetenfürsorge und Straffälligenpflege (CA, Gf/St) 402.
20 Dokumentation der Tagungsbeiträge in: Sprengel, Gefangenen-Fürsorge.
21 Dazu: Schauz, S. 366–376.

Diskussion um die Gründung eines eigenen evangelischen Verbandes auch starke inhaltliche und wirtschaftliche Hintergründe.

Anfang 1926 richtete der Central-Ausschuss die Stelle einer Referentin für Gefährdetenfürsorge und Straffälligenhilfe ein, die im Oktober 1926 mit Dr. Else Weinnoldt (*1898) besetzt wurde.[22] Ebenfalls im Oktober erfolgte, wie gesagt, die Einsetzung einer Kommission für Gefangenenfürsorge. Als im April 1927 die Verhandlungen mit dem Reichsverband für Gerichtshilfe, Gefangenen- und Entlassenenfürsorge über eine gleichberechtigte gemeinschaftliche Interessenvertretung scheiterten, gründet die Caritas die „Katholische Reichsarbeitsgemeinschaft für Gerichtshilfe und Gefangenenfürsorge".[23] Daraufhin kündigte der Central-Ausschuss im Mai 1927 an, unter seiner Leitung ebenfalls eine Organisation zur Zusammenfassung der evangelischen Stellen der Straffälligenhilfe schaffen zu wollen; die Einzelheiten sollte die Kommission des CA für Gefangenenfürsorge klären.[24] Der Plan erhielt die einhellige Zustimmung der Konferenz der Geschäftsführer der Landes- und Provinzialverbände der Inneren Mission, die am 28. Mai in Blankenburg / Harz tagte.[25] Daraufhin konstituierte sich die Evangelische Konferenz für Straffälligenpflege in einer ersten Mitgliederversammlung am 17. Oktober 1927 in Berlin und trat am folgenden Tag im Rahmen einer großen Tagung, an der zahlreiche Behördenvertreter teilnahmen, an die Öffentlichkeit.[26]

3 Mitglieder, Aufgaben und Tätigkeit der Konferenz

Die Evangelische Konferenz für Straffälligenpflege war keine Vereinigung von Einzelpersonen, sondern ein Zusammenschluss verschiedener

---

22 Die promovierte Juristin Weinnoldt hatte neben Rechts- auch Wirtschaftswissenschaften studiert und mehrere Praktika in Einrichtungen der Inneren Mission absolviert. Nach einer Tätigkeit als Fürsorgerin in der Frauenhilfsstelle (Pflegeamt) des Städtischen Wohlfahrtsamtes Hannover war sie seit September 1925 Leiterin des Pflegeamtes und -heimes der Freien Hansestadt Bremen. ADE, CA/P II 342.

23 Rs. des CA an die Landes- u. Provinzialvereine der Inneren Mission v. 12.5.1927; zit. n. Bäcker, Förderung, 64.

24 Ebd. – Der Kommission gehörten u.a. die Landesgeschäftsführer der Inneren Mission in Sachsen (Adolf Wendelin), im Rheinland (Otto Ohl), in Westfalen (Martin Niemöller), in Berlin (Friedrich Ulrich) und in Hessen-Kassel (Eduard Fritsch) an.

25 Protokoll der Geschäftsführerkonferenz v. 28.5.1927; ADE, CA 761 IX. – Der Vorstand des CA billigte das Vorhaben in seiner Sitzung vom 14.6.1927; ADE, CA 94.

26 Protokoll der Mitgliederversammlung v. 17.10.1927; ADE, CA, Gf/St 358.

Organisationen. In der mit der Gründung verabschiedeten Satzung[27] wurden die Mitgliedsverbände der Konferenz benannt:

Der *Central-Ausschuss für Innere Mission* war die treibende Kraft der Gründung und hielt die Fäden in der Hand. Von vornherein war klar, dass der CA den Vorsitz und die Geschäftsführung der Konferenz übernehmen würde. Er war bereit und – zumindest anfangs – in der Lage, die Finanzierung der Geschäftsstelle zu übernehmen, indem er seine Fachreferentin mit der Geschäftsführung beauftragte. Anfangs war dies Dr. Else Weinnoldt, die kurz nach der Gründung aus dem Dienst des CA ausschied. Ihr folgte die Juristin Dr. Ellen Scheuner (1901-1986), die die Arbeit der Konferenz aufbaute und Ende 1930 als Referentin in den Dienst des Landesjugendamtes Hannover wechselte.[28] Vorsitzender der Konferenz war der zweite Direktor der Wohlfahrts-Abteilung des CA, Dr. Adolf Stahl (1884-1960). [29]

Die *Landes- und Provinzialverbände der Inneren Mission* waren Mitglieder der Konferenz, um durch ihre Vertretung ihre lokalen Träger und Aktivitäten der Straffälligenhilfe in den Verband einzubinden.

Der *Reichsverband der evangelischen Strafanstaltsgeistlichen Deutschlands* wurde am selben Tag gegründet wie die Konferenz und wurde sogleich eines ihrer Gründungsmitglieder. Die parallelen Gründungen waren Ausdruck des Bemühens um eine Konzentration und Neuordnung des gesamten Arbeitsfeldes der Straffälligenhilfe. Als Personenvereinigung mit anfangs 70 Mitgliedern vertrat der Reichsverband die Interessen der wichtigsten hauptamtlichen Akteure der evangelischen Straffälligenhilfe, die vermittelnd zwischen den Initiativen der freien Wohlfahrtspflege und den Pflichten des staatlichen Dienstes standen.

27 ADE, CA, Gf/St 358 (Fassung v. 1927) und 359 (Fassung v. 1932). – Die Mitgliedsorganisationen nach dem Stand von 1929 sind zudem aufgeführt im Handbuch für Innere Mission. Hg. v. Central-Ausschuss für die Innere Mission der deutschen evangelischen Kirche. Bd.1, Berlin 1929, 241.

28 Weinnoldt schied offenbar wegen ihrer Heirat mit dem Pfarrer Rudolf Gensch aus. – Scheuner wechselte 1941 als Leiterin ins Landesjugendamt Westfalen und stieg nach 1945 zur ersten weiblichen Landesrätin auf. Sie wirkte bis zu Ihrem Tod in einflussreichen ehrenamtlichen Funktionen für die Diakonie. Evang. Perthes-Werk (Hg.): Ein Leben für andere. – Wissenschaftlich-kritisch zu Scheuners Tätigkeit in Westfalen: Köster/Küster (Hg.): Zwischen Disziplinierung und Integration.

29 Stahl war zuvor Geschäftsführer des Evangelischen Vereins für Innere Mission in Nassau. Nachdem er seit Juni 1925 zuerst für 6 Monate für wissenschaftlich-literarische Tätigkeiten für den CA beurlaubt war, wurde er zum 1.4.1926 zum 2. Direktor der Wohlfahrtsabteilung und im November 1930 zum Leiter der neu gebildeten Wissenschaftlichen Abteilung des CA berufen. Nach seinem Ausscheiden aus dem CA wurde er zum 1.4.1932 wiederum Vereinsgeistlicher des Ev. Vereins für Innere Mission und Leiter des Ev. Landeswohlfahrtsdienstes in Nassau. ADE, CA/P II 312.

Die *Evangelische Konferenz für Gefährdetenfürsorge* bestand seit 1921 und war in inhaltlicher und organisatorischer Hinsicht eng mit der Konferenz für Straffälligenpflege verbunden. Die Referentinnen im CA – zuerst Weinnoldt, dann Scheuner und ab 1931 Hermine Bäcker – waren immer für beide Arbeitsfelder zugleich zuständig und Geschäftsführerinnen der jeweiligen Konferenzen. Auch der Vorsitz der Konferenzen lag anfangs in beiden Fällen bei Stahl. Umfassend verstanden, bezog sich der Begriff der Gefährdung auch auf das Feld der Straffälligenhilfe, wurde aber zugleich geschlechtsspezifisch differenziert: Frauen wurde vor allem als sexuell gefährdet angesehen, während man die Gefährdung von Männern vorrangig im kriminellen Bereich ausmachte. Entsprechend hatte die Gefährdetenfürsorge hauptsächlich Frauen, die Straffälligenpflege vor allem Männer als Klienten im Blick. Durch die Verbindung beider Arbeitsfelder ergaben sich gleitende Übergänge, etwa bei der Unterbringung strafentlassener Frauen in stationären Einrichtungen für Gefährdete.

Die *Vereinigung evangelischer Frauenverbände Deutschlands* war Gründungsmitglied, weil ein großer Teil der Ehrenamtlichen im Bereich der Straffälligenhilfe aus den Frauenvereinen kam und dort angebunden war. So wollte man den Frauenverbänden einerseits Einfluss auf die Arbeit der Konferenz geben und andererseits das fortwährende Engagement der Ehrenamtlichen sichern.

Der *Reichsarbeitsnachweisverband der Inneren Mission* war einer der kleinsten diakonischen Fachverbände. Er umfasste die diakonischen Stellenvermittlungen in Deutschland und wirkte damit an der Schnittstelle von Wanderer- und Strafentlassenenfürsorge.

Der *Deutsche Herbergsverein* und die *evangelischen Arbeiterkolonien* waren bei der Gründung noch nicht beteiligt, ihre Mitgliedschaft wurde aber in Aussicht genommen und erfolgte bald darauf.[30] Wie beim Arbeitsnachweisverband dokumentiert die Mitgliedschaft dieser großen Verbände die enge Verbindung von Obdachlosenhilfe und Strafentlassenenfürsorge, die bereits bei der Gründung der Konferenz gesehen wurde. Viele Strafentlassene blieben auch damals wohnungslos und erhielten Aufnahme in den Herbergen zur Heimat und den Arbeiterkolonien, von wo nicht wenige Bewohner auch den umgekehrten Weg gingen und (zum Teil erneut)

---

30 Die evangelischen Arbeiterkolonievereine bildeten keinen eigenen Verband, sondern wurden durch den interkonfessionellen Zentralvorstand deutscher Arbeiterkolonien vertreten, dessen Geschäftsführung zusammen mit der des Deutschen Herbergsverbandes bei Paul Gerhard Braune lag, dem Leiter der Lobetaler Anstalten und späteren Vizepräsidenten des CA.

straffällig wurden. Deshalb war eine enge Kooperation beider Arbeitsfelder von vornherein erwünscht.

Der *Verband der deutschen evangelischen Stadtmissionen,* dessen Mitgliedschaft bei der Konferenzgründung ebenfalls noch ausstand, verkörperte die soziale Arbeit der Inneren Mission in den größeren Städten, die wichtige Funktionen im Bereich der Entlassenenfürsorge und der Gerichtshilfe hatte.

Wie umfangreich die Tätigkeit der Sozialen Gerichtshilfe am Ende der Weimarer Republik war, zeigt das Ergebnis einer Umfrage, die die Konferenz 1931 durchführte. Damals waren 199 Stellen der Inneren Mission in größerem, zum Teil bedeutendem Ausmaß in der Gerichtshilfe tätig. Allein die Berliner Innere Mission hatte 1930 mehr als 2.500 Ermittlungen zum sozialen Umfeld von Straftätern durchgeführt und 1.174 Gutachten im Zusammenhang mit möglichem Straferlass erstellt[31]. Das wachsende Engagement in diesem Bereich war auch dadurch motiviert, dass man in der Sozialen Gerichtshilfe einen weiteren Weg sah, „um an Hilfsbedürftige heranzukommen". Dabei wollte man weder von vornherein die Rolle des Verteidigers übernehmen, noch betrachtete man sich als reines Hilfsorgan der Gerichte: „Wir treiben Soziale Gerichtshilfe aus der Fürsorge heraus. Wir haben um des Angeklagten willen ein Interesse daran, dass das richtige Strafmaß gefunden wird, die Strafe, die erziehlich umgestaltend zu wirken vermag. Ausgangspunkt für unser Handeln ist die Persönlichkeit des Rechtsbrechers in ihrer Totalität. Indem wir dem Gericht helfen, bringen wir fürsorgerische Gesichtspunkte in die Behandlung des Falles vor Gericht hinein und helfen damit auch dem Rechtsbrecher."[32]

Das deutliche Bemühen, innerhalb der in Bewegung befindlichen Strafrechts- und Strafvollzugsdebatte einen eigenständigen christlichen Standpunkt zu vertreten, war eines der Hauptanliegen der Konferenz. Dies erfolgte, den Strukturen der Zeit entsprechend, in erster Linie durch Verbandspolitik und Lobbyarbeit. Mit dem interkonfessionellen Reichsverband für Gerichtshilfe, Gefangenen- und Entlassenenfürsorge, der Katholischen Reichsarbeitsgemeinschaft und der jüdischen Fachgruppe ging die Konferenz eine Arbeitsgemeinschaft ein, bei der die vier unterschiedlich großen Verbände gleichberechtigt waren. Diese Dachorganisation wurde im

---

31 ADE, CA, Gf/St 472, 473. – Bäcker, Fürsorge (wie Anm. 7), 33.

32 Ebd., unter Verwendung eines zeitgenössischen Zitats aus den Unterlagen der Konferenz. Bäcker stellt dazu fest, dass darin die einheitliche Grundauffassung innerhalb der Konferenz zum Ausdruck kommt. – Zur Auseinandersetzung zwischen der Preußischen Richtervereinigung und den Wohlfahrtsverbänden um den sozialen Charakter der Gerichtshilfe und Hermine Bäckers Rolle dabei: Rosenblum, S. 165–199.

Dezember 1927 als „Reichszusammenschluss für Gerichtshilfe, Gefangenen- und Entlassenenfürsorge" gegründet; den Vorsitz übernahm der Vorsitzende des Reichsverbandes, dessen Monatsblätter auch als Zentralorgan der Dachorganisation dienten.[33]

Durch die Gründung einer eigenen evangelischen Konferenz und einer Dachorganisation hatte die Innere Mission zwar ihre Eigenständigkeit behauptet, sie gewann aber nicht in dem erhofften Ausmaß an Einfluss, da der Reichszusammenschluss weitgehend erfolglos blieb. Die vier weltanschaulich verschiedenen Verbände, von denen der Reichsverband als größter Akteur in dem Feld auch allein gegenüber den Behörden agieren konnte, zeigten sich nicht in der Lage, eine gemeinsame Stellungnahme zum Entwurf des Strafgesetzbuches abzugeben. Stattdessen beschränkte man sich auf praktische Fragen wie die Erarbeitung von Formularen für den Gebrauch in der Fürsorge. Schließlich gab es noch Streit um die Aufnahme der Arbeiterwohlfahrt, die erst 1932 erfolgte.[34] Bald darauf endete dann die Existenz des Reichszusammenschlusses infolge der nationalsozialistischen Gleichschaltungspolitik.

Die Existenz der Evangelischen Konferenz war allerdings schon 1931 massiv gefährdet. Der Central-Ausschuss für Innere Mission, der Vorsitz und Geschäftsführung der Konferenz innehatte, war durch den sog. Devaheim-Skandal in eine schwere Krise geraten. Misswirtschaft, mangelnde Transparenz und der betrügerische Bankrott mehrerer Tochtergesellschaften des CA hatten den Spitzenverband erschüttert. Er verlor das Vertrauen der Öffentlichkeit und wäre ohne Hilfe von außen wirtschaftlich am Ende gewesen. Acht von elf Direktoren des CA mussten gehen, darunter auch der Konferenzvorsitzende Stahl. Daraufhin übernahm Pfr. Fritsch (Kassel) den Vorsitz, den er bis 1946 behielt. Infolge der notwendigen drastischen Sparmaßnahmen wurde erwogen, das Referat für Straffälligenpflege im CA aufzulösen, was auch das Ende der Geschäftsstelle der Konferenz bedeutet hätte. Nur durch einen Personalkostenzuschuss aus Eigenmitteln der Konferenz konnte der Verbleib der Referentin und Geschäftsführerin Hermine Bäcker im CA sichergestellt werden.[35] Wohl auch um sich aus der völligen Abhängigkeit vom CA zu lösen, beschloss die Mitgliederversammlung im

---

33 Protokoll der Gründungsversammlung v. 6.12.1927; ADE, CA, Gf/St 429. – Die Zeitschrift trug von 1928 bis 1934 den Titel „Monatsblätter des Deutschen Reichszusammenschlusses für Gerichtshilfe, Gefangenen- und Entlassenenfürsorge der Freien Wohlfahrtspflege: zugleich Organ des Deutschen Reichsverbandes für Gerichtshilfe, Gefangenen-und Entlassenenfürsorge".

34 ADE, CA, Gf/St 425 und 434. – Vgl. Bäcker, Förderung (wie Anm. 7), 60.

35 ADE, CA, Gf/St 359. – Bäcker, S. 68.

Februar 1932, die Konferenz unter Beibehaltung ihres Namens in einen Verein umzuwandeln, der im August 1932 ins Vereinsregister eingetragen wurde.[36]

4 Stellung zur Strafvollzugspraxis im National-sozialismus

Die Dynamik der inhaltlichen und organisatorischen Veränderungen in dem Arbeitsfeld nahm durch die Machtübernahme durch die National-sozialisten noch einmal massiv zu. Die politische Gleichschaltung im Bereich der freien Wohlfahrtspflege ließ faktisch neben der Nationalsozialistischen Volkswohlfahrt (NSV) nur konfessionelle Wohlfahrtsverbände zu. Die Existenz der Evangelischen Konferenz war damit erst einmal nicht prinzipiell infrage gestellt. Anders verhielt es sich bei dem interkonfessionellen Reichsverband für Gerichtshilfe, Gefangenen- und Entlassenenfürsorge, in dem die Gefängnisgesellschaften zusammengeschlossen waren. Um seinen Fortbestand zu sichern, bemühte er sich um eine korporative Mitgliedschaft in der NSV. Tatsächlich konnte eine organisatorische Selbstständigkeit auf dem Papier erhalten bleiben; durch die Unterstellung unter das Hauptamt für Volkswohlfahrt der NSDAP wurde der Reichsverband aber quasi zur Fachorganisation für Straffälligenpflege der NSV.[37]

Spätestens jetzt war eine Klärung des Status der evangelisch geprägten Gefängnisgesellschaften notwendig, die als Einzelmitglieder dem Central-Ausschuss für Innere Mission angehörten.[38] Nach der Gründung des Reichsverbandes als interkonfessionellem und der Evangelischen Konferenz für Straffälligenpflege als protestantischem Zusammenschluss der Gefangenenhilfe war deren Doppelmitgliedschaft in den parallelen Verbänden bewusst nicht problematisiert worden. Seitens des CA sah man die Notwendigkeit eines reichsweiten und damit zwangsläufig interkonfessionellen Zusammenschlusses der Gefängnisgesellschaften ein, wollte aber die alte Verbundenheit mit den evangelisch geprägten Gefängnisgesellschaften nicht aufkündigen. Für die Evangelische Konferenz für Straffälligenpflege hingegen

---

36 ADE, CA, Gf/St 360. – Bäcker, ebd.

37 Rundschreiben des Hauptamtsleiters Erich Hilgenfeldt v. 18.05.1935; ADE, CA, Gf/St 416.

38 Dabei handelte es sich um die RWGG (gegr. 1826), die Schlesische Gefängnisgesellschaft (1829), den Württembergischen Verein zur Fürsorge für entlassene Strafgefangene (1830), die Gefängnisgesellschaft für die Provinz Sachsen und Anhalt (1864), die Thüringische Gefängnisgesellschaft (1893) und den Provinzialverband für Gefangenenfürsoge in Pommern (1925); Handbuch für Innere Mission, S. 242–246.

war diese Doppelmitgliedschaft von Anfang an schwierig gewesen. Nun stellte ihre Mitgliederversammlung fest, „dass die Gefängnisgesellschaften nach der erfolgten Angliederung des Reichsverbandes an die NSV nicht mehr dem Central-Ausschuss angehören können".[39] Der CA wurde gebeten zu prüfen, ob deren Mitgliedschaft ruhen könne oder ob man ihnen den Austritt nahe legen müsse.[40] Diese Entscheidung wurde dem CA durch den NS-Staat abgenommen: Die zuständige Berufsgenossenschaft für Gesundheitsdienst und Wohlfahrtspflege teilte ihm Anfang 1935 mit, dass die Rheinisch-Westfälische Gefängnisgesellschaft wegen ihres Anschlusses an die NSV aus der Säule der Inneren Mission gelöscht worden sei. Damit endete faktisch auch ihre Zugehörigkeit zum Central-Ausschuss. Für die konfessionellen Mitgliedsvereine der Gefängnisgesellschaften hatte das zur Folge, dass sie sich entweder entkonfessionalisieren oder aus den Gefängnisgesellschaften ausscheiden mussten und somit nicht mehr an deren Mittelzuweisungen partizipierten.[41]

Der Reichszusammenschluss für Gerichtshilfe, Gefangenen- und Entlassenenfürsorge, der 1927 als Dachorganisation der konfessionellen, weltanschaulichen und interreligiösen Fachverbände gegründet worden war, wurde nach 1933 ebenfalls gleichgeschaltet. Seit 1934 bestand lediglich noch ein Fachausschuss für Gefangenenfürsorge bei der von der NSV geführten Reichsarbeitsgemeinschaft der Spitzenverbände der freien Wohlfahrtspflege. Darin nahm Fritsch als Vorsitzender der Evangelischen Konferenz die Interessen der evangelischen Gefangenenhilfe wahr. Immerhin gelang es über den Fachausschuss, den evangelischen Stellen der Gefangenenfürsorge weiterhin staatliche Mittel zukommen zu lassen. Nach Kriegsbeginn wurde schließlich auch diese eingeschränkte Form der Zusammenarbeit im März 1940 aufgelöst.[42]

Die regionalen Gefängnisgesellschaften wurden nach ihrer Unterstellung unter das Hauptamt für Volkswohlfahrt immer mehr zum Werkzeug der NSV degradiert. Das äußerte sich auch in den offiziellen Bezeichnungen: Nachdem der Vorsitz der RWGG 1935 vom Gauamtsleiter der NSV in Düsseldorf übernommen worden war, firmierte sie seit 1937 nur noch unter der Bezeichnung „Deutscher Reichsverband für Gerichtshilfe,

---

39 Protokoll der Mitgliederversammlung v. 03.-04.12.1934; ADE, CA, Gf/St 366.

40 Schreiben der Konferenz an den Vorstand des CA v. 04.01.1935; ADE, CA, Gf/St 416.

41 Bäcker, S. 62 u. 56.

42 ADE, CA, Gf/St 451. – Bäcker, Förderung (wie Anm. 7), 68f. – Zur Reichsarbeitsgemeinschaft, die an die Stelle der aufgelösten Liga der freien Wohlfahrtspflege getreten war: Kaiser, S. 190–204.

Gefangenen- und Entlassenenfürsorge. Fachgruppe des Hauptamtes für Volkswohlfahrt. Landesverein Rheinland-Westfalen".[43]

Inhaltlich führte diese Entwicklung zu einer nach dem Grad der Selbstständigkeit mehr oder weniger starken Ausrichtung der Arbeit an nationalsozialistischen Strafrechts- und -vollzugsvorstellungen. Diese waren geprägt von einem konsequenten Wandel zum Täterstrafrecht, das sich weniger am Tatbestand, sondern in erster Linie an einer festgelegten Klassifikation von Tätertypen orientierte. Bereits im Kaiserreich und in der Weimarer Republik hatte es eine Hinwendung zur Kriminalbiologie und -soziologie gegeben. Durch die Nationalsozialisten wurde die vorherrschende Tätertypologie, die zwischen „Besserungsfähigen", „Abschreckbaren" und „Unverbesserlichen" unterschied,[44] zusätzlich rassistisch überformt. Das zeigte sich bereits im November 1933 bei der Einführung des „Gewohnheitsverbrechergesetzes", das erstmals in Deutschland die Sicherungsverwahrung einführte, wovon die Gerichte auf politischen Druck in großem Umfang Gebrauch machten.

Die seit Mitte der 1930er Jahre von NS-Funktionären geführten Gefängnisgesellschaften vertraten die neue Linie zumindest öffentlich sehr deutlich. So bot die gleichgeschaltete RWGG bei ihrer Mitgliederversammlung 1937 eine Bühne für den Staatssekretär im Reichsjustizministerium und späteren Präsidenten des Volksgerichtshofs Roland Freisler, der den Einsatz von Todesstrafe und lebenslanger Haft als wirksame Maßnahme zur Abtrennung der „Asozialen vom Volkskörper" pries. Zugleich stellte er die von der NS-Justiz eingeführte Ermittlungshilfe vor und forderte die Gefängnisgesellschaften zur Mitarbeit auf.[45]

Die Ermittlungshilfe trat ab 1937 an die Stelle der Sozialen Gerichtshilfe. Von dieser waren die freien Organisationen bereits im Sommer 1933 durch eine preußische Ministerialverordnung ausgeschlossen worden, weil es sich nach Ansicht des Justizministeriums „mit dem Gedanken des autoritären Staates nicht vereinbaren lässt, dass die Justizbehörden die für ihre Entscheidung erforderlichen Ermittlungen durch private oder

---

43 Als Stellvertretender Vorsitzender bzw. Geschäftsführer blieben zwei Strafanstaltspfarrer allerdings in der Mitverantwortung für die neue Linie des Verbandes. Bäcker, S. 56. – Vgl. Büttner, S. 20 f., hier: 30f. – Infolge dieser Eingliederung endete 1945 mit der NSV auch die Tätigkeit der RWGG.

44 von Liszt, S. 1–47. Diese vom profiliertesten Vertreter der deutschen Strafrechtsreformbewegung des ausgehenden 19. Jahrhundert eingeführte Typologie sollte vor allem der Umsetzung des Prinzips „Prävention statt Vergeltung" dienen. Es setzte sich erst in den 1920er Jahren wirksam durch.

45 Referat Freislers in: 108. Jahresbericht der Rh.-Westf. Gefängnisgesellschaft für 1936. Düsseldorf 1937, 13 ff. Zit. n. Büttner, S. 31.

nur halbamtliche Einrichtungen vornehmen lassen".[46] Nachdem die im Reichsverband zusammengefassten interkonfessionellen Gesellschaften der NSV unterstellt waren, bestanden solche Bedenken offenbar nicht mehr, denn diese wurden zu Trägern der neuen Ermittlungshilfe. Infolgedessen änderte der Reichsverband 1937 auch seinen Namen in „Deutscher Reichsverband für Straffälligenbetreuung und Ermittlungshilfe".[47] Äußerlich erschien der Wandel von der Sozialen Gerichtshilfe zur Ermittlungshilfe erst einmal nur als eine Änderung der Bezeichnung. Während allerdings der Einsatz für die Gerichtshilfe noch damit begründet werden konnte, dass es damit möglich war, im Interesse der Angeklagten fürsorgerische Aspekte in die Gerichtsverhandlungen einzubringen, diente die Ermittlungshilfe allein den Zwecken der Staatsanwaltschaft und des Gerichts, in deren Auftrag die Helfer Ermittlungen über die persönlichen und wirtschaftlichen Verhältnisse der Beschuldigten anstellten. In der politisch dominierten NS-Rechtspraxis verkam diese Unterstützungstätigkeit somit zu einem Instrument der gesellschaftlichen Ausgrenzung und Verfolgung. Für die Heranziehung der Innere Mission zur Ermittlungshilfe war – ob sie dies wollte oder nicht – ohnehin kein Raum.[48]

Zum Ausschluss der bewusst konfessionellen Kräfte aus der Gerichtshilfe trat bald das Verbot der Laienseelsorge in den Gefängnissen. Diese hatte sich in den Jahren zuvor gut entwickelt, insbesondere nach der Gründung der Christlichen Gefangenenhilfe Schwarzes Kreuz, die 1925 in Celle entstand. Im Jahr 1935 waren deutschlandweit 97 geschulte LaienhelferInnen und zwei hauptamtliche Gefängnismissionarinnen für das Schwarze Kreuz aktiv.[49] Durch einen Erlass des Reichsjustizministeriums vom Juni 1935 wurde jedoch jede volksmissionarische Tätigkeit neben der bestehenden Seelsorge durch Strafanstaltspfarrer, also die Laienseelsorge, verboten.[50] In den Strafgefangenenlagern im Emsland und den Konzentrationslagern war die Aktivität von auswärtigen Personen ohnehin nie zulässig gewesen. Es blieb nicht beim Verbot der Laienseelsorge. Im März 1937 untersagte

---

46 Ausführungsverordnung zum preußischen Strafvollstreckungs- und Gnadenrecht vom 1. Aug. 1933. Amtl. Ausg. Berlin 1933. Zit. n. Bäcker, S. 34.

47 Bäcker, S. 61.

48 Bericht Bäckers für die Geschäftsführerkonferenz beim CA am 07.12.1937; ADE; CA. Gf/St 468.

49 Bäcker, S. 12–14. – Eine weitere mit der Konferenz verbundene Organisation der Laienseelsorge war die in Frankfurt/Main ansässige Arbeitsgemeinschaft zur Ausbreitung des Evangeliums unter Gefangenen, Strafentlassenen und Einsamen; ADE, CA, Gf/St 449.

50 Reichsministerium der Justiz (RMJ) an Volksmissionar H. Klemm, Kolberg (zugleich Rundschreiben an die Generalstaatsanwälte) v. 11.06.1935; ADE, CA, Gf/St 478.

das Reichsjustizministerium auch den freien Zugang der HelferInnen der Fürsorgeorganisationen der freien Wohlfahrtspflege zu den Gefangenen.[51] Nach dem Erlass war eine Aktivität von Gefangenenfürsorgevereinen in Gefängnissen zwar noch möglich, allerdings nur nach dem Ermessen der Justizverwaltung und mit ausdrücklicher Genehmigung der für die Fürsorge zuständigen Beamten.

Da zu diesen Beamten auch die Strafanstaltspfarrer zählten, intensivierte die Evangelische Konferenz für Straffälligenpflege ihre Zusammenarbeit mit ihnen, um den ehrenamtlichen evangelischen Kräften weiterhin Zugang zu den Gefangenen zu ermöglichen. Diese Kooperation nützte auch den Pfarrern, deren Stellung in den Gefängnissen unter der NS-Herrschaft zunehmend schwierig wurde. Um einem Verbot zu entgehen, wandelte sich der Reichsverband evangelischer Strafanstaltspfarrer von einer Standesorganisation in eine lose Interessengemeinschaft um und nannte sich ab 1936 „Konferenz ev. Strafanstaltspfarrer".[52] Der CA und die Ev. Konferenz für Straffälligenpflege stellten dem Zusammenschluss der Strafanstaltspfarrer finanzielle und organisatorische Mittel zur Verfügung. Die zeitliche Zusammenlegung der Jahresversammlungen beider Konferenzen verstärkte den Austausch und Zusammenhalt der Beteiligten zusätzlich. Als im Krieg die Durchführung von größeren Tagungen unmöglich wurde, organisierte die Geschäftsstelle der Ev. Konferenz für Straffälligenpflege im Juni 1941 in Kassel eine „Zusammenkunft der mit Hinrichtungen betrauten Strafanstaltspfarrer", bei der Erfahrungen über die massiv zunehmende Betreuung der zum Tode Verurteilten ausgetauscht wurden. Grundlage der Besprechungen war eine Handreichung des Berliner Gefängnisgeistlichen Harald Poelchau für die Seelsorge an zum Tode verurteilten Soldaten.[53] Seit Februar 1943 durften die betreuenden Pfarrer bei der Vollstreckung des Todesurteils nicht mehr anwesend sein, und im September 1944 wurden schließlich auch die Gottesdienste für Gefangene untersagt.[54]

Angesichts der zunehmenden Beschränkungen der Wirksamkeit der evangelischen Gefangenenhilfe in den Strafanstalten richtete die Evangelische Konferenz für Straffälligenpflege ihr Augenmerk mehr auf die Betreuung der Entlassenen. Diese wurde mit nachlassendem Organisationsgrad der Vereine

---

51 Erlass d. RMJ v. 31.03.1937; Abschrift in: Bäcker, Förderung (wie Anm. 7), Anlage 4.

52 ADE, CA, Gf/St 412. – Bäcker, Förderung (wie Anm. 7), 74.

53 Sitzung v. 11.06.1941; ADE, CA, Gf/St 415; dort auch ein Exemplar der Handreichung.

54 Aktennotiz Bäcker v. 22.02.1943 u. Erlass des RMJ v. 22.09.1944 ; ADE, CA, Gf/St 375.

nun verstärkt als Aufgabe der Kirchengemeinden gesehen.[55] Somit führte der weitgehende Ausschluss der vereinsmäßig organisierten Straffälligenpflege aus dem staatlichen Raum zu einer zunehmenden Verkirchlichung der evangelischen Gefangenenhilfe.

5 Organisatorischer Neuanfang nach 1945

Die Evangelische Konferenz für Straffälligenpflege war während der NS-Zeit zwar immer mehr in ihren Aktivitäten beschnitten, in ihrer Existenz aber nicht ernsthaft infrage gestellt worden. Die rechtliche Kontinuität als eigenständiger eingetragener Verein und die personelle Kontinuität an der Spitze, die durch den Vorsitzenden Eduard Fritsch (bis 1946) und die Geschäftsführerin Hermine Bäcker (bis 1952) verkörpert wurde, stellten sicher, dass die Konferenz als stabile Organisation in der Nachkriegszeit agieren konnte.[56] Entsprechend bemühten sich die Verantwortlichen um einen Neuaufbau durch Wiederanknüpfen an die Vorkriegsverhältnisse.

Nachdem die politische und wirtschaftliche Lage anfangs nur kleinere Treffen zugelassen hatten, fand 1947 in Bethel erstmals wieder eine größere Arbeitstagung der Evangelischen Konferenz für Straffälligenpflege statt. Sie diente auch der Bestandsaufnahme: Nicht nur die fürsorgerische und ehrenamtliche Arbeit lag am Boden, auch die Zahl der hauptamtlichen Strafanstaltspfarrer war auf zehn zurückgegangen. Seit 1950 gab es – in den ersten Jahren stets im Hessischen Siechenhaus Hofgeismar – wieder regelmäßige Jahrestagungen, seit 1951 in Verbindung mit den Jahrestagungen der Konferenz evangelischer Strafanstaltspfarrer.[57] Die Geschäftsstelle der Konferenz wurde mit dem größeren Teil der Geschäftsstelle des Central-Ausschusses nach Bethel verlegt. Versuche, die Arbeit der Evangelischen Straffälligenhilfe in der SBZ/DDR wieder aufzubauen, scheiterten an den politischen Restriktionen.[58] In der Bundesrepublik erfuhr die Arbeit

---

55 Fritsch, S. 287–290.

56 Auf Fritsch folgten die Vorsitzenden Rudolf Hardt/Anstaltsleiter Bethel (komm., 1946–48), Friedrich Münchmeyer /CA-Präsident, Berlin (1948–52 u. komm. 1958/59), Martin Müller/Anstaltsleiter Kästorf (1952–58) und Dr. Hans Kühler/ Strafanstaltsoberpfarrer, Freiburg i.B. (ab 1959). Nach Bäcker folgten in der Geschäftsführung Dr. Walter Becker (1952–55) und Dipl.-Volksw. Christine Winzler (ab 1955), die wie zuvor zugleich die Referentenstelle im CA innehatten.

57 Bäcker, S. 26 u. 75 f. – Zur Entwicklung der Konferenz ev. Strafanstaltspfarrer: Rassow (Hg.): Rückblick und Orientierung.. Ders.: Die jährlichen Konferenzen der evangelischen Strafanstaltspfarrer Deutschlands 1950–1970.

58 Protokoll der Besprechung über die Wiederaufnahme der Arbeit der Ev. Konferenz für Straffälligenpflege in Berlin und in der SBZ v. 24.11.1948; ADE, CA, Gf/St 414 u. 424.

der konfessionellen Gefangenenfürsorge und -seelsorge hingegen eine starke Förderung durch die Behörden, sodass bald immer mehr Stellen für Strafanstaltspfarrer besetzt werden konnten. Diese beschlossen bereits 1950 konfessionsübergreifende „Grundsätze und Richtlinien für die Gefangenenseelsorge an den Justizvollzugsanstalten der Bundesrepublik Deutschland".[59]

Die gemeinsamen Jahrestagungen waren Gelegenheit zum Austausch über Grundsatzthemen. Daneben nahm man auch die Arbeit an Spezialthemen wieder auf. Dazu wurde 1952 eine Wissenschaftliche Kommission der Konferenz für Straffälligenpflege gebildet. Sie befasste sich in den folgenden Jahren erneut mit Entwürfen zu einem Strafvollzugsgesetz und pflegte auf fachlicher Ebene den Diskurs mit den anderen Akteuren im Bereich der öffentlichen Strafrechts- und Strafvollzugsdebatte.[60]

Ein im gesellschaftlichen Bewusstsein der Nachkriegszeit besonders drängendes Problem war die in Kriminalität mündende „Verwahrlosung" der Jugend. Sie beschäftigte auch die Evangelische Gefangenenhilfe und führte zu einer engeren Zusammenarbeit mit den Organisationen und Behörden der Jugendhilfe. „Jugend am Abgrund, wie können wir helfen", hieß eine Tagung, die die Evangelische Konferenz für Straffälligenpflege 1952 gemeinsam mit dem Central-Ausschuss und dem Evangelischen Reichserziehungsverband für Mitarbeiter der offenen Jugendfürsorge durchführte.[61] Ein wesentlicher Gegenstand der Debatte war die Jugendgerichtshilfe, die im 1953 verabschiedeten Jugendgerichtsgesetz verankert wurde und sozialpädagogische Gesichtspunkte in Strafverfahren gegen Jugendliche zur Geltung bringen sollte. Die Konferenz befürwortete diese Beteiligung an Strafverfahren, die aber in der Folge durchweg von Vertretern der Jugendhilfe wahrgenommen wurde. Reserviert blieb man jedoch gegenüber einer möglichen Beteiligung an der Sozialen Gerichtshilfe in Prozessen gegen Erwachsene. Nach den Erfahrungen der NS-Zeit „musste eine Betätigung in der Gerichtshilfe als ‚Hilfsorgan' des Staates naturgemäß verneint werden".[62] Die Tendenz ging auch aus Sicht der Inneren Mission in Richtung einer Trennung von Kirche und Staat; im Übrigen befürchtete man – anders als vor 1933 – einen Vertrauensverlust bei den Hilfesuchenden durch eine Berichterstattung für das Gericht.

---

59 Abgedruckt bei Rassow, Rückblick, S. 93–103.

60 ADE, CAW 548–550.

61 ADE, CAW 555–557.

62 Bäcker, S. 34.

Das Verbot der Laienseelsorge galt während der Besatzungszeit fort; auch hauptamtlichen Personen, die nachweislich Erfahrungen in der Gefangenenfürsorge hatten, war noch mehrere Jahre der Zugang zu den Gefängnissen verwehrt. Erst seit 1948 öffneten sich auf eine Eingabe der Konferenz hin die Strafanstalten wieder für die evangelische Gefangenenhilfe, wobei die Strafvollzugsbehörden die Zulassung einzelner Personen von der Empfehlung der Konferenz bzw. des jeweiligen Anstaltspfarrers abhängig machten.[63] Auch die Entlassenenbetreuung erlebte nach 1945 erst einmal einen Aufschwung. Der seit den 1930er Jahren betonte Gedanke, die Kirchengemeinden aufnahmebereiter zu machen, wurde weiter verfolgt und fand seinen Ausdruck etwa darin, dass sich der 1948 in Wuppertal neu gegründete Betreuungsverein „Bergische Gefängnisgemeinde" nannte.[64] Mit der Einführung der Bewährungshilfe nahmen die traditionellen Formen der Entlassenenfürsorge allerdings ab, wobei etliche der bis dahin in den Vereinen und Kreisen Aktiven nun Aufgaben als Bewährungshelfer übernahmen.[65]

Das neue Instrument der Bewährungshilfe verkörperte den Durchbruch des Gedankens der Resozialisierung von Straftätern und damit den Erfolg des pädagogisch-wohlfahrtspflegerischen Ansatzes im Strafvollzug. Damit war zugleich eine Entwicklung eingeleitet, in der ein weiteres Feld der freien, ehrenamtlichen sozialen Arbeit allmählich an den Rand gedrängt wurde: Die Zunahme sozialer Maßnahmen im Strafvollzug führte zu einer stärkeren Reglementierung der fürsorgerischen Arbeit mit Straffälligen und damit zu einer nachhaltigen Professionalisierung dieses Arbeitsfelds, womit immer ein zumindest tendenzieller Bedeutungsverlust der ehrenamtlichen Tätigkeit verbunden ist. Außerdem begrenzt die Einhaltung allgemein geltender Fachstandards bekanntlich die besonderen Ausprägungen konfessioneller Sozialer Arbeit, sofern es sich nicht um Seelsorge im engeren Sinn handelt. Insofern sah sich die Evangelische Straffälligenhilfe bereits in der Nachkriegszeit vor die Herausforderung gestellt, das spezifisch Christliche ihrer Arbeit immer wieder neu zu definieren und zu artikulieren – eine Aufgabe, die bis in die Gegenwart andauert.

---

63 Eingabe der Konferenz an das Justizministerium in NRW v. 14.04.1948; Bäcker, S. 12 f.

64 Kühler, S. 1–5. Bäcker, S. 16–19. – Grundsätzlich zum Verhältnis von Gemeinde in- und außerhalb der Gefängnisse im Vortrag des Siegburger Gefängnispfarrers Friedrich Langensiepen „Die Gemeinde der Heiligen im Zuchthaus" v. Nov. 1951; ADE, CAW 545.

65 ADE, CAW 540. – Bericht des Hamburger Strafanstaltspfarrers Weigelt v. 18.08.1959; in: Bäcker, S. 19.

Literatur

Bäcker Hermine: Die Förderung der Gefangenen- und Entlassenenfürsorge der Inneren Mission durch den Central-Ausschuss für die Innere Mission [Ms., o.O., o.J., ca. 1959/60. Bibl. für Diakonie und Entwicklung.

Büttner, Annett: Die Rheinisch-Westfälische Gefängnisgesellschaft; in: Von der „Besserungsanstalt" zum modernen Strafvollzug. Hg. v. Evang. Gefangenen-Fürsorge-Verein Düsseldorf e.V., Düsseldorf 2012.

Evang. Perthes-Werk (Hg.): Ein Leben für andere. In memoriam Frau Dr. Ellen Scheuner; Landesrat a.D.; 18. Apr. 1901 – 1. Apr. 1986. Münster 1986.

Fritsch, Eduard: Die seelsorgerische Aufgabe der Gemeinde an den Gefangenen und Strafentlassenen; in: Die Innere Mission 31 (1936), 287–290.

Gerhardt, Martin: Theodor Fliedner. Ein Lebensbild. Bd. 1. Düsseldorf 1933, 143–146.

Gerhardt, Martin: Ein Jahrhundert Innere Mission. Die Geschichte des Central-Ausschusses für die Innere Mission der Deutschen Evangelischen Kirche. 2 Bde. Gütersloh 1948.

Häusler, Michael: Sittlichkeit, Repression und Fürsorge. Die Ausbildung von Gefängnisaufseherinnen durch die Innere Mission (1891–1914); in: Tobias Sarx/Rajah Scheepers/Michael Stahl (Hg.): Protestantismus und Gesellschaft. Beiträge zur Geschichte von Kirche und Diakonie im 19. und 20. Jahrhundert. Jochen-Christoph Kaiser zum 65. Geburtstag (Konfession und Gesellschaft, 47), Stuttgart 2013.

Handbuch für Innere Mission. Hg. v. Central-Ausschuss für die Innere Mission der deutschen evangelischen Kirche. Bd.1, Berlin 1929.

Howard, John: The State of the Prisons in England and Wales. 2 Bde. Warrington 1777.

Kaiser, Jochen-Christoph: Sozialer Protestantismus im 20. Jahrhundert. Beiträge zur Geschichte der Inneren Mission 1914–1945, München 1989.

Köster, Markus/Küster, Thomas (Hg.): Zwischen Disziplinierung und Integration. Das Landesjugendamt als Träger öffentlicher Jugendhilfe in Westfalen und Lippe (1924–1999) (Forschungen zur Regionalgeschichte, 31), Paderborn 1999.

Kühler, Hans: Probleme der heutigen Straffälligenpflege; in: Die Innere Mission 42 (1952), H. 6, 1–5.

Liszt, Franz von: Der Zweckgedanke im Strafrecht, in: Zeitschrift für die gesamte Strafrechtswissenschaft 3 (1883), 1–47.

Mahling, Friedrich: Die Innere Mission. 2 Bde. Gütersloh 1937.

Rassow, Peter (Hg.): Rückblick und Orientierung. Drei Jahrzehnte ‚Konferenz der evangelischen Pfarrer an den Justizvollzugsanstalten in der Bundesrepublik Deutschland und in Berlin (West)‘ nach der Neugründung im Jahr 1950, Celle 1980.

Rassow, Peter: Die jährlichen Konferenzen der evangelischen Strafanstaltspfarrer Deutschlands 1950–1970. Reprint der Einladungen und Protokolle (Beiträge zur Gefängnisseelsorge, 1), Berlin 1998.

Rosenblum, Warren: Beyond the Prison Gates. Punishment and Welfare in Germany 1850–1933, Chapel Hill 2008.

Schauz, Desirée: Strafen als moralische Besserung. Eine Geschichte der Straffälligenfürsorge 1777–1933, München 2008.

Sprengel, Wolfgang: Gefangenen-Fürsorge (Der Evangelische Wohlfahrtsdienst, H. 10), Berlin 1926.

Steinweg, Johannes: Die Innere Mission der evangelischen Kirche. Eine Einführung in ihr Wesen und ihre Arbeit, Heilbronn, 1928.

Wichern, Johann Hinrich: Sämtliche Werke. Hg. v. Peter Meinhold. Bd. 6, Hamburg 1973.

2

Strafentlassenenpflege Anfang des 20. Jahrhunderts in Sachsen

Helmut Bunde

1 Einführung

Mit diesem Beitrag möchte ich die Strafentlassenenpflege Ende des 19. und Anfang des 20. Jahrhundert in Sachsen näher beleuchten. In dieser Zeitspanne wurde der Grundstein der heutigen Sozialarbeit in der Justiz und der Einsatz Ehrenamtlicher im Justizvollzug und vor allem der freien Straffälligenhilfe gelegt. Im Anfang des 19. Jahrhunderts gründeten sich in Europa (Petersburg, Amsterdam, Kopenhagen), in Deutschland (1926 Rheinisch-Westfälische Gefängnisgesellschaft, 1928 Berlin) und somit auch 1836 in Sachsen Gefängnisgesellschaften bzw. Vereine oder Ausschüsse zur Fürsorge für Strafentlassene. Gleichzeitig wurden auch Pfarrer in den Anstalten angestellt bzw. mit der Seelsorge an den Sträflingen beauftragt. Besonders die Reden von Johann Hinrich Wichern z. B. 1852 in Bremen auf dem Kongress der Innern Mission über „Die Behandlung der Verbrecher in den Gefängnissen und der entlassenen Sträflinge"[1] ermunterten Kirchgemeinden, sich als Auftrag des Evangeliums um Strafentlassene und ihre Familien zu kümmern und ihnen eine Chance nach der Entlassung anzubieten.

---

1 Mahling: Die Innere Mission, Band 2, 1936, S. 867.

In Sachsen, wie sonst auch im Deutschen Reich, war die Arbeit der Strafentlassenenpflege überwiegend den Kirchen und ihrer Wohlfahrtsorganisation angeschlossen bzw. verbunden oder wurde von diesen gegründet. Es wurden Diözesan-Ausschüsse zur Fürsorge für Strafentlassene in den Ephorien (sächsische Bezeichnung für Kirchenkreise) gegründet und betrieben. In jedem Territorium (Amtshauptmannschaft) gab es Anlaufstellen für Strafentlassene, wo meist die Pfarrer erste Ansprechpartner waren.

Am 10. März 1836 gründete Prinz Johann (der spätere König) den „Zentralausschuss zur Fürsorge für die aus den Straf- und Besserungsanstalten Entlassenen im Königreich Sachsen" in Dresden. In seinem Aufruf zur Gründung schrieb er Folgendes: „Möge der Sinn christlicher Liebe, den unsere Mitbürger bei jeder Gelegenheit bekunden, ihre Herzen auch rühren für unsere armen gefallenen Brüder, eingedenk, dass es die Gesunden nicht sind, die des Arztes bedürfen, sondern die Kranken, und dass die Barmherzigen auch dort Barmherzigkeit finden werden."[2]

Der 1836 gegründete Verein wollte seinen Zweck dadurch erreichen, dass er die Entlassenen in angemessener Weise beaufsichtigte und ihnen bei der Beschaffung einer neuen Existenz behilflich war, um sie vor Rückfall zu bewahren. Es schlossen sich ihm wesentliche Diözesanausschüsse der Landeskirche an, darunter auch der ebenfalls 1836 gegründete Chemnitzer Verein, sodann der Fürsorgeausschuss des Sächsischen Lehrervereins und der Blaukreuz-Verband Sachsen.[3]

2 Not der Strafentlassenen – Antwort der Evangelischen Kirche und ihrer Inneren Mission

Der erste territoriale sächsische Verein zur Fürsorge für Strafentlassene wurde 1836 in Chemnitz gegründet, der dann einige Jahre später eine Abteilung der Stadtmission Chemnitz wurde.

Der Landesverband der Inneren Mission in Sachsen (gegründet 1867) bündelte die Arbeit der Strafentlassenenpflege, der ihr angeschlossenen Diözesan-Ausschüsse und Ephoralvereine und hat sich auch aktiv in die Weiterentwicklung der Arbeit mit Strafentlassenen eingebracht. Das Direktorium der Inneren Mission wandte sich 1870 an das Justizministerium mit der Bitte, die Versorgung der Gefangenen und Beurlaubten mit guten

---

2 Vogel: Fünfzig Jahre Innere Mission im Königreich Sachsen 1917, S. 11.

3 Fliegel: Die Strafentlassenenpflege im Freistaat Sachsen 1927, S. 3 f.

christlichen Schriften zulassen zu wollen. Der Hauptverein der Inneren Mission bemühte sich in Abstimmung mit dem Justizministerium und dem Ministerium des Inneren eine Konferenz für Gefängniswesen abhalten zu können. Die Konferenz fand am 29. April 1872 statt. An ihr nahmen 51 Personen teil, unter denen fast alle Direktoren und Geistlichen der Landesanstalten und Gefängnisse sowie der Justizminister, der Abteilungs-direktor im Ministerium des Inneren und die Kreisdirektoren von Leipzig und Dresden waren. Die Vorträge gaben die Anregung zur Belebung der vielfach eingeschlafenen Vereine für entlassene Strafgefangene. Es wurde hier beschlossen, dass ein selbstständiger Ausschuss für Gefängniswesen in Sachsen gebildet wurde, der seit 1873 jährlich eine Konferenz abhielt. Seit 1876 gab es dann auch eine regelmäßige Sonderkonferenz der Anstalts- und Gefängnisgeistlichen, die an dem Ausschuss bzw. der Konferenz für das Gefängniswesen angegliedert war.

Durch die Konferenz 1872 wurde auch der 1836 gegründete Verein mit Hilfe der Diözesanversammlungen neu organisiert. „Dem Hohen Stifter dieses Vereins, dem König Johann, ward so noch kurz vor seinem Heim-gang die Freude zuteil, das Werk seiner ersten Liebe zu neuer Entfaltung gebracht zu sehen."[4]

Viele Vereine bildeten sich in den Jahren 1836 bis 1880. Sie waren auf dem Territorium einer Amtshauptmannschaft tätig und waren als Diözesan-Ausschüsse oder dem Ephoralverein für Innere Mission angeschlossen. Es waren Ehrenamtliche, die hier aktiv und weitgehend vom christlich ethischen Motiv bestimmt, die „Not" der Strafentlassenen und auch ihrer Familien zu lindern und die Eingliederung in die Gesellschaft zu unterstützen, tätig waren. Der Staat erkannte die Eingliederung der Strafentlassenen zu dieser Zeit noch nicht als seine Aufgabe.

Die Aufgaben der Ehrenamtlichen in den Vereinen bestanden vor allen darin:

- Persönliche Hilfeleistung für die Entlassenen an Leib und Seele,
- Fürsorge für die Familien während der Haft,
- Beschaffung von Unterkunft und Arbeit,
- Überwachung und Beratung der Entlassenen.

In folgenden Orten gab es Anfang des 20. Jahrhunderts hierfür Diözesan-Ausschüsse oder Fürsorgevereine, die dem Wohlfahrtsdiensten der Inneren Mission angeschlossen waren:

---

4 Vogel: Fünfzig Jahre Innere Mission im Königreich Sachsen 1917, S. 33 ff.

Bautzen, Kamenz, Löbau, Zittau, Annaberg, Chemnitz, Flöha, Glauchau, Marienberg, Stollberg, Dippoldiswalde, Dresden, Freiberg, Großenhain, Meißen, Pirna, Borna, Leisnig, Waldheim, Nossen, Grimma, Leipzig, Oschatz, Rochlitz, Mittweida, Wurzen, Auerbach, Oelsnitz im Vogtland, Plauen, Schneeberg, Werdau, Zwickau, und Crimmitschau. Die Vorsitzenden oder Geschäftsführer waren immer die Pfarrer oder Superintendenten.[5]

3 Sächsischer Schutzverein für Strafentlassenenpflege

Aus dem 1836 von Prinz Johann gegründeten „Verein zur Fürsorge für die aus Straf- und Besserungsanstalten Entlassenen im Königreich Sachsen" bildete sich 1921 der „Sächsische Schutzverein für Strafentlassene".[6]

In dem Sächsischen Schutzverein für Strafentlassene waren alle amtlichen und freien Stellen, die Strafentlassenenpflege betreiben, zusammengefasst.[7] 1921 gab es noch keine staatlichen Fürsorger und ihm gehörten alle als landeswichtig anerkannten Spitzenorganisationen der freien Wohlfahrtspflege an. Dies waren neben den oben erwähnten Diözesan-Ausschüssen oder Fürsorgevereine beim Wohlfahrtsdienst der Inneren Mission weiterhin:

- Fürsorgeausschuss für Strafentlassene in Dresden,

- Verband der Jugendhilfe Dresden,

- Caritasverband Dresden,

- Arbeiterwohlfahrtsausschuss Dresden,

- Frauenverein Flöha,

- Bezirksverein für Fürsorge für aus Straf- und Besserungsanstalten entlassenen zu Leipzig,

- Fürsorgeausschuss für Entlassene Strafgefangene Oelsnitz im Vogtland,

- Fürsorgeausschuss für Entlassene Strafgefangene in Stadt und Bezirk Zittau.[8]

Insgesamt gehörten ihm somit 38 Vereine und Ausschüsse an.

---

5 Weidauer: Handbuch der Liebestätigkeit in Sachsen 1927, S. 167–174.

6 Weidauer: Handbuch der Liebestätigkeit in Sachsen 1927, S. 330.

7 Wendelin: Die Innere Mission in Sachsen in den Jahren 1926–1928, S. 65.

8 Weidauer: Handbuch der Liebestätigkeit in Sachsen 1927, S. 330–332.

Im November 1928 wurde der Schutzverein aufgelöst. Dem gingen Streitigkeiten der amtlichen Stellen über die Zuständigkeit der vom Justizministerium angestellten Fürsorger und der Pflichtaufgaben der Bezirksfürsorgestellen, also der Wohlfahrtsämter voraus.[9] Der Landeswohlfahrtsdienst der Inneren Mission hatte in einer Eingabe an das Justizministerium vom 7. Februar 1928 diese Schwierigkeiten eingehend dargelegt und Vorschläge zur Abhilfe unterbreitet.

Die Arbeit des Schutzvereins soll künftig hin von einem Fachausschuss für Strafentlassenenpflege beim Landeswohlfahrts- und Jugendamt geleistet werden, dem später auch die Gerichtshilfe für Erwachsene übertragen werden soll. In diesem Ausschuss sind auch die Spitzenverbände der freien Wohlfahrtspflege vertreten.

4 Staatliche und gesetzliche Regelungen

Ab 1920 wurde auch versucht, die Fürsorgeaufgabe für Inhaftierte und Strafentlassene als staatliche Aufgabe wahrzunehmen und teilweise zu übernehmen. Es wurde 1922 ein Staatsbeauftragter für Strafentlassenenpflege beim Ministerium angestellt. Er war später zugleich Geschäftsführer des Hauptausschusses des Sächsischen Schutzvereins für Strafentlassenenpflege.

Am 27. März 1923 gab es eine „Verordnung des Justiz-Ministeriums über Gefängnisfürsorge"[10] in Sachsen, woraufhin dann in den folgenden Jahren 18 Fürsorger in den Gefängnissen angestellt wurden.

Am 28. März 1925 wurde das Sächsische Wohlfahrtspflegegesetz verabschiedet, wo die Strafentlassenenpflege als eine der Pflichtaufgaben der Wohlfahrtspflege angesehen wird.

Auf der Hauptversammlung des Hauptausschusses des Sächsischen Schutzvereins für Strafentlassene im Oktober 1925 in Dresden begrüßten die in einer Arbeitsgemeinschaft zusammengeschlossenen Landesspitzenverbände der freien Wohlfahrtspflege (Gesamtverband der Inneren Mission, Caritasverband für die Diözese Meißen, Sächsisches Rotes Kreuz, Fünfter Wohlfahrtsverband, Verband der Israelischen Religionsgemeinde, Christlichnationale Gewerkschaft), dass der Sächsische Schutzverein für Strafentlassene eine Wiederbelebung und den Ausbau der Strafentlassenenpflege unter Mitwirkung aller freien Kräfte umsetzen will.

---

9   Die Innere Mission in Sachsen in den Jahren 1926–1928, S. 65.
10 Weidauer: Handbuch der Liebestätigkeit in Sachsen, S. 451.

In den Ausführungsbestimmungen zum Wohlfahrtpflegegesetz vom 29. März 1926 ist vermerkt, dass der sächsische Schutzverein für Strafentlassene und die Verbände der freien Wohlfahrtspflege zur Mitarbeit heranzuziehen und deren Einrichtungen zu fördern sind. Damit war die bisherige Arbeit auf ganz neue Grundlagen gestellt, die neue Methoden in der Zusammenarbeit zwischen amtlicher und freier Wohlfahrtspflege erforderte. Die Stellen, die sich bisher mit der Strafentlassenenpflege zu befassen hatten, gingen daran, die Arbeit neu auszubauen.

Es wurde gefordert einen einheitlichen Plan aufzustellen, nach dem im Lande Unterkunfts- und Beschäftigungsstellen zur einstweiligen Aufnahme und Überleitung der Strafentlassenen in das freie Wirtschaftsleben zu schaffen und zu unterhalten sind.

Tatsächlich ist die Schaffung von Übergangsheimen für Strafentlassene eine der wichtigsten Aufgaben, der sich die Innere Mission neben anderen Stellen besonders zugewendet hat. Daneben hat sich die Innere Mission besonders der Gewinnung und Schulung freiwilliger Helfer in der Strafentlassenenpflege angelegen sein lassen.[11]

Aus diesem Grunde veranstalteten die Landesspitzenverbände der freien Wohlfahrtspflege, darunter der Gesamtverband der Inneren Mission, im Februar 1926 einen Lehrgang in Dresden, in dem die Helfer eingeführt wurden in die Psychologie des Straffälligen in die Aufgaben der Jugendgerichtshilfe und der Gerichtshilfe für Erwachsene. Im Februar 1927 fand auch ein Lehrgang in Leipzig mit 50 Teilnehmern statt.

5 Evangelische Strafentlassenenpflege um 1928

Der Fortfall einer zusammenfassenden Zentralstelle für Strafentlassenenpflege im Lande veranlasste die Evangelische Strafentlassenenpflege, sich enger zusammenzuschließen. Es ist deshalb vom Landeswohlfahrtsverband der Inneren Mission ein Unterausschuss für Strafentlassenenpflege gebildet worden, dem die Vertretung der Arbeit der evangelischen Strafentlassenenpflege und die Betreuung der Arbeit in den einzelnen Bezirken obliegt.[12]

Von evangelischer Seite wird die Strafentlassenenpflege ausgeübt durch die Diözesanausschüsse, durch den Wohlfahrtsdienst der Inneren Mission und durch die Stadtvereine für Innere Mission.

---

11 Die Innere Mission in Sachsen in den Jahren 1915–1925, S. 111.
12 Die Innere Mission in Sachsen in den Jahren 1926–1928, S. 67.

Der Umfang der Arbeit wird an folgenden Zahlen deutlich. So wird berichtet, dass 1928 in dem Stadtverein Chemnitz 1 690 Entlassene oder deren Angehörige Rat und Hilfe suchten. Im Stadtverein Leipzig gingen im Jahr 1927 1 483 Strafentlassene durch die Fürsorge und 473 Hausbesuche wurden bei Strafentlassenen und deren Familien durchgeführt. Die Arbeitsvermittlung, dieses schwierigste Stück in der Strafentlassenenpflege, führt häufig zu provisorischen Vermittlungen in Anstalten der Inneren Mission. So wird von Leipzig berichtet, dass in seiner Schreibstube für Stellenlose z. B. 1927 110 Strafentlassene an rund 2 000 Arbeitstagen beschäftigt wurden, 54 in den Werkstätten für Arbeitslose an rund 3 800 Arbeitstagen. Die ersten Übernachtungen nach der Entlassung finden häufig in den Herbergen zur Heimat statt. In Leipzig übernachteten 1 433 Strafentlassene in rund 20 000 Nächten in den Herbergen zur Heimat und im Werkstättenheim.

6 Gerichtshilfe für Erwachsene

Die Einführung der Gerichtshilfe für Erwachsene steht im engsten Zusammenhang mit dem Einzug des Erziehungsgedankens im Strafrecht und Strafvollzug. Der Verbrecher sollte nicht nur gestraft, sondern zugleich erzogen und gebessert werden. Weiter stand die Einführung der Sozialen Gerichtshilfe für Erwachsene in engstem Zusammenhang mit der Einführung der bedingten Strafaussetzung und Bewährungsfrist.

Es ging dabei darum, den Täter, seine Persönlichkeit, seine Umwelt, sein Vorleben ins Auge zu fassen. Die erste Aufgabe der Gerichtshilfe für Erwachsene war also der Ermittlungsbericht, der vor der Hauptverhandlung erstattet wird, und der dem Richter zeigen sollte, wie es zur Straftat gekommen war. Die Beantwortung dieser Frage spielte eine wichtige Rolle bei der Entscheidung für eine Strafaussetzung.

Nach der Hauptverhandlung fiel der Gerichtshilfe die wichtig Aufgabe durch die Übernahme der Schutzaufsicht zu. Diese Aufgaben, dem betroffenen Menschen zu helfen, sich gut zu führen, hatten die Helfer der Gerichtshilfe übernommen.

Im Jahr 1926 hat das Sächsische Justizministerium eine Verordnung an den Landesgerichtspräsidenten von Dresden erlassen, die Soziale Gerichtspflege für Erwachsene betreffend. Auch in Sachsen waren die Gedanken moderner Rechtspflege in verschiedenen Verordnungen zur Ausdruck gekommen. So in der Verordnung vom 26. März 1919 über die Erforschung der Eigenart des Täters und seiner sozialen Lage zur Zeit der Begehung der Straftat, vom

24. März 1919 über die bedingte Begnadigung, sodann in der Verordnung vom 27. März 1923 und in der Strafvollzugsordnung für die sächsischen Justizgefängnisse vom 21. Juni 1924.

Der Gedanke der Einrichtung einer Gerichtshilfe für Erwachsene wurde von den in der Arbeitsgemeinschaft der freien Wohlfahrtspflege zusammengeschlossenen Spitzenorganisationen, insbesondere der Inneren Mission, lebhaft aufgenommen. Am 3. Mai 1927 ließ der Gesamtausschuss der Inneren Mission bei den Vereinstagen das Thema „Gerichtshilfe für Erwachsene, Erfahrungen und Aufgaben" behandeln. Bald darauf tauchten Schwierigkeiten auf, inwieweit dies Fürsorge sei oder Polizeitätigkeit. Eine Verbindung von Gerichtshilfe und Fürsorge wurde erst weithin abgelehnt. 1928 kam es endlich zu einem Einverständnis zwischen Arbeits- und Wohlfahrtsministerium sowie Justizministerium, wonach die Gerichtshilfe als Aufgabe der Wohlfahrtspflege durchgeführt wurde. Nach einer Anordnung des Landesgerichtspräsidenten in Dresden an die Amtsgerichte Meißen und Radeberg vom 16. September 1928 sind Träger der Gerichtshilfe die Wohlfahrtsämter, die sich für die Ermittlungen geschulter hauptamtlicher Kräfte, aushilfsweise auch freiwilliger Helfer und Helferinnen zu bedienen haben. Den Wohlfahrtsämtern bleibt es aber überlassen, Einrichtungen der öffentlichen und privaten Fürsorge heranzuziehen.

Es ist auch Aufgabe der Wohlfahrtspflegerinnen im Wohlfahrtsdienst der Inneren Mission für die Übernahme von Schutzaufsichten freiwillige Helfer und Helferinnen auszuwählen und heranzubilden.

Diese Arbeit der Gerichtshilfe ist somit in Sachsen erst Anfang 1929 in Angriff genommen worden und in Preußen bereits 1920.

7 Zusammenfassung

Es ist festzustellen, dass die Betreuung und Begleitung von Strafentlassenen am Ende des 19. Jahrhunderts und am Beginn des 20. Jahrhunderts überwiegend eine Aufgabe der Kirchen und ihrer Wohlfahrt war. Das staatliche Fürsorgewesen und die Sozialarbeit der Justiz wurden erst allmählich in der Weimarer Zeit aufgebaut.

Im Laufe der Zeit änderte sich auch die Rechtsprechung, wodurch der Anteil der unbedingten Freiheitsstrafen zurückging und der Anteil der Geldstrafen zunahm. 1862 waren es ca. 75 Prozent unbedingte Freiheitsstrafen und 25 Prozent Geldstrafen. 1925 wurden nur noch 30 Prozent unbedingte Freiheitsstrafen verhängt und in fast 70 Prozent der Fälle eine

Geldstrafe. Hier kam dann noch die neue Sanktionsform der bedingten Freiheitsstrafen (zur Bewährung ausgesetzt) hinzu.

Diese Entwicklung geht bis heute weiter, so dass jetzt nur noch 5 Prozent eine unbedingte Haftstrafe und 15 Prozent eine bedingte Haftstrafe (ausgesetzt auf Bewährung) und 80 Prozent eine Geldstrafe erhalten. Bei Jugendlichen gibt es heute die Sanktion der ambulanten Maßnahmen im Rahmen der Jugendgerichtsverfahren.

Der Anteil der unbedingten Haftstrafen hat innerhalb eines Jahrhunderts rapide von 75 Prozent auf 5 Prozent abgenommen, wogegen der Anteil der Geldstrafen von 25 Prozent auf 80 Prozent gestiegen ist. Neu dazugekommen ist die bedingte Haftstrafe.

Diese Rahmenbedingungen haben auch Einfluss auf die Tätigkeit und den Einsatz der Ehrenamtlichen und auch der Straffälligenhilfe.

Literatur

Fliegel (Hg.): Die Strafentlassenenpflege im Freistaat Sachsen, Dresden 1927.

Mahling Friedrich (Hg.): Die Innere Mission in 2 Bänden, Gütersloh 1936.

Monatsblätter des Deutschen Reichzusammenschlusses für Gerichtshilfe, Gefangenen- und Entlassenenfürsorge. Selbstverlag.

Vogel, Walther (Hg.): Fünfzig Jahre Innere Mission im Königreich Sachsen, Dresden 1917.

Weidauer, Rudolf/Wendelin, Adolf (Hg.):Handbuch der Liebestätigkeit in Sachsen, Dresden 1927.

Dies.: Die Innere Mission in Sachsen in den Jahren 1915 – 1925, Dresden 1926.

Dies.: Die Innere Mission in Sachsen in den Jahren 1926 – 1928", Dresden 1929.

Wendelin, Adolf (Hg.): Die Innere Mission in Sachsen in den Jahren 1929 – 1933, Dresden 1933.

3

„Niemanden und nichts aufgeben!"
Neunzig Jahre Schwarzes Kreuz –
ein Rückblick[1]

Ute Passarge

1 Hintergründe für die Gründung des Schwarzen Kreuzes

Wie viele Geschichten beginnt auch die Geschichte des Schwarzen Kreuzes mit einem Menschen, der etwas anders auf die Dinge sieht als die meisten seiner Zeit. Und der nicht zufrieden ist mit dem Bild, das sich ihm bietet.

Johannes Muntau (1876–1963) ist Jurist. Er hat in Königsberg studiert, wird Gerichtsassessor am Amts- und Landgericht, heiratet, nimmt am gesellschaftlichen Leben teil. Alles sieht nach einer normalen juristischen Laufbahn aus. Aber Straftäter hinter Schloss und Riegel zu bringen befriedigt ihn nicht. Was wird aus diesen Menschen? Wer kann ihnen helfen, damit ihr Leben sich wirklich ändert?

---

1 Wo nicht anders angegeben, beruhen die Angaben für die Zeit bis 1980 auf „Die Geschichte der Gefangenenmission ‚Schwarzes Kreuz'", Bearbeiter: Hartmut Schäffer, 1.3 Blatt 1–10, und „Johannes Muntau (1876–1963)", Bearbeiter: Hartmut Schäffer, 1.4.8. Blatt 1–3, in: Gefangenenmission e.V. Celle (Hg.): Handbuch für ehrenamtliche Helfer in der christlichen Straffälligenhilfe.

53

Er beschließt: Der Umgang mit Akten ist nichts für ihn. Er will lieber mit Menschen zu tun haben. Darum wechselt er in den Strafvollzug. 1910 wird er Leiter des Zentralgefängnisses in Wronke bei Posen.

1911 macht er eine einschneidende Glaubenserfahrung. Bis dahin hatte er sich zwar durchaus als religiösen Menschen gesehen, jetzt aber empfindet er plötzlich, dass die Inhalte der Bibel für ihn ganz persönlich von Bedeutung sind und Gottes Liebe tief in sein eigenes Leben hineinwirkt. Er verspürt den Drang, diese Liebe weiterzugeben, und das auch mitten in seinem Berufsleben.

1916–1922 leitet er das Strafgefängnis Plötzensee in Berlin. Muntau legt viel Wert auf praktische Arbeit, genehmigt Hafterleichterungen zu Weihnachten, plädiert dafür, dass Juristen mehr Erfahrungen im Strafvollzug sammeln, denn „die Richter wissen ja nicht, was sie anrichten".[2] Seine Führung zeichnet sich aus durch Umsicht und Besonnenheit. Wohl darum bleibt Plötzensee in den Revolutionswochen 1918 als einzige Berliner Vollzugsanstalt von Aufständen Inhaftierter verschont.

Am 1. Juni 1923 wird Muntau Präsident des Strafvollzugsamtes am Oberlandesgericht Celle. Ihm unterstehen jetzt alle 112 Haftanstalten der Preußischen Provinz Hannover (in etwa das heutige Niedersachsen). Damit eröffnen sich ihm ganz neue Möglichkeiten. Er kann Maßnahmen treffen, die wirklich Breitenwirkung haben.

Muntau beschreibt die Lage zu jener Zeit folgendermaßen: „In Auswirkung der Inflation von 1923 sind die Kassen *(der örtlichen Vereine für Gefangenen- und Entlassenenfürsorge)* leer, die Fürsorgearbeit erlag aus Geldmangel. … In einigen deutschen Ländern wurden den evangelischen Gefangenen die Neuen Testamente und den Katholiken die Gebetsbücher aus den Zellen genommen. Im Etat einiger Landtage wurden die Bezüge der Strafanstaltspfarrer gestrichen und diesen anheimgestellt, als Strafanstaltsfürsorger mit dem Range eines Obersekretärs sich weiter um die Gefangenen zu bekümmern. … Im Übrigen waren die vorhandenen Mitgliederlisten der vorhandenen Fürsorgevereine im Vergleich zu anderen … nur klein. Es fehlte an Verständnis und tätiger Mitarbeit weiter Kreise auf diesem abseits der Öffentlichkeit liegenden Gebiet."[3]

---

2 Zitiert nach: „Johannes Muntau (1876–1963)", Bearbeiter: Hartmut Schäffer, 1.4.8. Blatt 1, in: Handbuch für ehrenamtliche Helfer in der christlichen Straffälligenhilfe.

3 „Das Schwarze Kreuz", Schreiben von Johannes Muntau 1955, S. 1.

Das will Muntau ändern. 1924 erlässt er eine „Rundverfügung über die Ausgestaltung der Seelsorge" für die ihm unterstellten Haftanstalten. Zwei Punkte betont er darin:

Es sei nicht damit getan, Gefangene zu bestrafen und zu versuchen, ihr Verhalten zu bessern. „So wichtig die Erziehung der Gefangenen zur Ordnung, Sauberkeit, Pünktlichkeit, Unterordnung, Fleiß, Geschicklichkeit, Körper- und Geistespflege ist, so müssen wir Strafanstaltsbeamte uns doch darüber klar sein, dass hierdurch der Gefangene selbst bei vollem Erfolge höchstens ein Staatsbürger wird, der sich Mühe geben wird, gesetzesmäßig zu leben. Es wäre aber nicht recht, hierbei stehen zu bleiben, wenn die Möglichkeit besteht, ... Ewigkeitswerte zu vermitteln." Er bittet darum, „den Geistlichen aller Konfessionen den Dienst an den Gefangenen weitgehend zu erleichtern", zum Beispiel: „Die Geistlichen sind berechtigt, die Gefangenen ohne Aufsicht zu sprechen. Auch ist nichts dagegen einzuwenden, dass ihnen der Zellenschlüssel während ihrer Anwesenheit in der Anstalt anvertraut wird. Es ist mit ihnen eine Abrede dahin zu treffen, dass sie die Gefangenen regelmäßig besuchen. Ist das Gefängnis nicht dauernd besetzt, so ist der Geistliche von Neueinlieferungen zu benachrichtigen."[4]

Vor allem ermutigt Muntau dazu, auch Christen, die keine Theologen sind, in die Betreuung der Gefangenen mit einzubeziehen: „Da die Geistlichen vielfach überlastet sind, ist nichts dagegen einzuwenden, daß im Einvernehmen mit ihnen zu ihrer Unterstützung ... vertrauenswürdigen Männern und in den Frauenabteilungen Frauen Zutritt zu den Gefangenen gewährt wird, da die Tätigkeit und das Zeugnis von Nichttheologen vielfach besonders günstig auf vom Glauben abgeirrte Menschen wirkt."[5]

Das ist ein Gedanke, der schon ein Dreivierteljahrhundert zuvor formuliert worden war. Johann Hinrich Wichern, der Begründer der Inneren Mission, hatte schon 1849 darauf hingewiesen, dass im kirchlichen Dienst, auch beim Predigen, viel mehr Laien eingesetzt werden sollten, weil sie „den Kreisen, für die und unter denen sie arbeiten sollen, durch Stand, Sitten und gemeinsame Lebensanschauungen und Erfahrungen näher stehen, als dies bei den Predigern gewöhnlich der Fall ist ..."[6] Speziell der Dienst in den Gefängnissen war dabei für Wichern wichtig. Er ermutigte die Kirchen,

---

4 Rundverfügung VI 15/19 vom 29.10.1924 des Präsidenten des Strafvollzugsamts Celle, Abschrift vom 28.08.1949.

5 Ebd.

6 Der Laienhelfer-Dienst des Schwarzen Kreuzes. Memorandum, 1935, S. 1.

vertrauenswürdige „Privatpersonen" für einen solchen Dienst zu suchen und sie den Gefängnisseelsorgern an die Seite zu stellen.[7]

Diesen Gedanken von Wichern möchte Muntau jetzt umsetzen. Aber woher sollen diese „Privatpersonen", die LaienhelferInnen, kommen? Muntaus Erlass bietet engagierten Christen zwar viele interessante Möglichkeiten zur Mitarbeit in den Gefängnissen, das Einverständnis der Seelsorger immer vorausgesetzt. Und der Dienst an Gefangenen steht in der Bibel an genauso zentraler Stelle wie der Einsatz für Kranke oder Hungrige. Aber viele Christen haben hier einen blinden Fleck. Die Berührungsängste sind groß; niemand steht in den Startlöchern und drängt in die Gefängnisse.

Muntau erkennt, dass in den Gemeinden erst einmal Aufklärungsarbeit geleistet werden muss. Sie müssen hingewiesen werden auf die Lage der Gefangenen, auf die Verantwortung der Gemeinden und auf die Möglichkeiten und Chancen, die dieser Dienst bietet. Nur so kann man als zweiten Schritt Laienhelfer finden.

Am 9. Januar 1925 schließen sich fünf Männer zusammen, die sich für diese Aufgaben einsetzen wollen. Neben Muntau sind es Prediger Friedrich Heitmüller aus Hamburg, Strafanstaltspfarrer Alwin Paulini aus Celle, Strafanstaltspfarrer i.R. Martin Fischer-Hübner aus Wolfenbüttel und Strafanstaltsoberlehrer Christian Mohr aus Herford. Gemeinsam gründen sie die „Christliche Gefangenenhilfe", das heutige Schwarze Kreuz.

2 „Reisesekretäre" sind unterwegs

Ein Verein ist die Christliche Gefangenenhilfe erst einmal noch nicht. Muntau glaubt zunächst, ohne solch eine feste Organisationsform auskommen zu können. Er will keinen „christlichen Spezialverein", sondern einen losen Zusammenschluss von Menschen, die sich als bewusste Christen auf der Grundlage der Bibel verstehen. Welchen Gemeinden sie angehören, soll dabei keine Rolle spielen. Statt in einem gemeinsamen überregionalen Verein sollen sie lieber zuhause in ihren Gefängnisvereinen vor Ort aktiv sein.

Sogenannte „Reisesekretäre" werden ausgesendet. In Kirchengemeinden halten sie Lichtbildvorträge, um die Menschen überhaupt erst einmal auf die Lage der Gefangenen aufmerksam zu machen. Sie werben für Gefängnisvereine vor Ort, gewinnen Unterstützer, gehen in die Gefängnisse.

---

7 Der Laienhelfer-Dienst des Schwarzen Kreuzes. Memorandum, 1935, S. 2.

Von Anfang an suchen sie Kontakte, die weit über die Provinz Hannover hinausgehen. 1928 heißt es:

„Unsere 3 Sekretäre haben gearbeitet in Hannover, Thüringen, im Freistaat Sachsen, Württemberg, Westfalen, Rheinland und Holstein. Wir haben mit wenigen Ausnahmen guten Eingang gefunden. (...) Wir haben (...) erreicht, daß die Probleme des Strafvollzuges in weiten Kreisen bekannt geworden sind. Es pflegt sich sonst kein Mensch Gedanken darüber zu machen, was aus den Gefangenen wird, und nun ist der Gedanke der Fürsorge tatsächlich in das Volk hineingekommen."[8]

Ab 1926 erscheint die Schriftenreihe „Stimmen aus der christlichen Gefangenenhilfe" und gibt Einblicke in die Geschichte der Straffälligenhilfe (bis 1939, insgesamt 18 Hefte). Die Zeitschrift „Zur Freiheit" informiert von 1927 bis 1939 alle zwei Monate über die eigene Arbeit.

Christliche Verlage erklären sich bereit, ihre Schriften für Gefangene kostenlos zur Verfügung zu stellen. Bibeln bekommt Muntau zu stark ermäßigten Sonderpreisen. 1930 wird die erste Kleiderkammer eröffnet, die Haftentlassene mit dem Nötigsten versorgt.

Die Zahl der Ehrenamtlichen wächst. Mitte 1935 sind in Deutschland insgesamt 96 evangelische und 13 katholische LaienhelferInnen tätig.

Von Anfang an erkennt Muntau, wie sensibel die Phase nach der Haftentlassung für Straftäter ist und wie wichtig hier praktische Hilfestellung ist. Darum gründet er zwei Übergangsheime. Das erste wird 1926 der „Heidehof Niedersachsen" für entlassene Männer in Isernhagen bei Hannover. Aus eigenen Mitteln kann die Christliche Gefangenenhilfe die Gründung noch nicht leisten. Darum macht Muntau diesen Schritt als Vorsitzender des „Provinzialverbandes der Hannoverschen Vereine für Gerichtshilfe, Gefangenen- und Entlassenenfürsorge", in dem er ebenfalls aktiv ist. Sieben Jahre arbeitet hier der spätere Evangelist des Schwarzen Kreuzes, Heinrich Strohm, als Hausvater in enger Lebens- und Familiengemeinschaft mit haftentlassenen Männern.

1929 kann dann die Christliche Gefangenenhilfe als Trägerin ein Übergangsheim für Frauen in Celle einweihen: das „Genesungsheim Licht nach dem Dunkel" in Westercelle. Um das Gebäude kaufen zu können, wird die Christliche Gefangenenhilfe zum eingetragenen Verein und erhält den Namenszusatz „Das Schwarze Kreuz auf grünem Grunde", kurz „Schwarzes Kreuz".

---

8 Niederschrift der Arbeitssitzung vom 03.11.1928.

Dazu der Mitarbeiter Georg Schoppe: „Es bedurfte großer Anstrengungen, die Finanzierung von Grundstück und Haus, das Landhaus eines Bankdirektors gewesen war, sicher zu stellen, die Einrichtung des ganzen Anwesens, das durch Gartenbau, Vieh- und Landwirtschaft sich selbst tragen sollte, zu regeln. Vor allem aber mußten geeignete Pflegekräfte gewonnen werden für die leib-seel-geistige Betreuung der strafentlassenen Frauen und Mädchen, denen das Haus ein Übergangsheim sein sollte."[9] Geleitet wird das Haus schließlich von Schwestern des „Friedenshortes" in Miechowitz. Bis 1970 bietet dieses familienähnliche Heim Hunderten von haftentlassenen Frauen einen geschützten Raum, in dem sie sich in Haushalt und Landwirtschaft wieder auf das Leben „draußen" vorbereiten können.

Als eine Reiseschwester sich einmal nach einer mehrwöchigen Arbeitszeit in einem Frauengefängnis von den inhaftierten Frauen verabschiedet, sagt eine zu ihr: „Sie müssten uns Frauen vermitteln, die ebenso denken wie Sie und die uns in dem Sinne schreiben, wie Sie zu uns gesprochen haben."[10] Das ist die erste Anregung zu Briefkontakten von Gefangenen und Menschen „draußen", damals „Briefpatenschaften" genannt, die zuerst vereinzelt und ab 1934 immer häufiger vermittelt werden.

In den ersten Jahrzehnten ist die Arbeit des Schwarzen Kreuzes in der Geschäftsstelle von großer personeller Kontinuität geprägt. Bis 1928 leistet Muntau die anfallende Arbeit zusammen mit nur einer Mitarbeiterin, Hertha Helmke. Sein Motto lautet: „Niemanden und nichts aufgeben!" Oft sitzen sie bis spätabends an ihren Schreibtischen, denn beide machen diesen Dienst ehrenamtlich neben ihrer eigentlichen Berufsarbeit.

1928 (bis 1963) wird mit Dr. Otto Bornhak ein hauptamtlicher Geschäftsführer eingestellt. Er kommt aus einer Pfarrfamilie, hat Geschichte und Germanistik studiert. Beschrieben wird er als ein Mensch von „weitem Horizont und geistigem Tiefgang".[11] 1929 (bis 1969) kommt seine Schwester Hanna Bornhak dazu, 1930 (bis 1958) Georg Schoppe, ursprünglich Bürohilfskraft, der später viele Reisen in die Gemeinden und Gefängnisse unternimmt.

Die erste Zeit auf seiner neuen Arbeitsstelle empfindet Georg Schoppe als sehr positiv: „Der Vorsitzende war jedenfalls die Seele des Ganzen.

---

9 Schoppe, S. 3

10 Zitiert nach: „Die Geschichte der Gefangenenmission „Schwarzes Kreuz"", Bearbeiter: Hartmut Schäffer, 1.3 Blatt 1–10, in: Handbuch für ehrenamtliche Helfer in der christlichen Straffälligenhilfe.

11 Ebd.

Dabei verstand er es ausgezeichnet, seine Mitarbeiter zu selbständigem und verantwortlichem Handeln heranzuziehen, ihnen auf dem eingeschlagenen Weg volle Freiheit lassend. Offensichtliche Fehler wusste er mit taktvoller Güte zu übergehen. Für mich Anfänger war das besonders angenehm. So herrschte zwischen uns ein Ton geschwisterlicher Offenheit und Verständigung."[12]

Ende 1930 wird die Situation bereits schwieriger: „Diese schöne Zusammenarbeit wurde dadurch sehr beeinträchtigt, dass Bruder Muntau Ende 1930 Reichstagsabgeordneter des Christlich-Sozialen Volksdienstes wurde, so sehr wir andererseits die Wendung begrüßten, da mit ihm noch mehr gläubige Christen in den Reichstag einzogen. Schon in der Wahlkampfzeit war Bruder Muntau nur selten unter uns."[13]

In dieser Zeit wird der Erlass von 1924 nach Ansicht von Muntau immer noch unzureichend umgesetzt. „In den letzten Jahren scheint überhaupt meine Rundverfügung vom 29. Oktober 1924 (…) weithin in Vergessenheit geraten zu sein", schreibt er in einer neuen Rundverfügung vom 2. Januar 1933. Er weist darin noch einmal auf einige Punkte hin, zum Beispiel auf die Wichtigkeit von Gottesdiensten und regelmäßigen Sprechstunden für Seelsorger. Und: „Schließlich wird die Zuziehung von Laien, so neu der Gedanke dem einen oder anderen Pfarrer auch heute noch sein wird, noch nicht überall in dem von mir als richtig erkannten Maße ausgeübt. (…) Aber in jedem Orte wird sich ein ernster Christ oder eine ernste Christin finden, die sich nicht um die Strafsache, sondern allein um die Seele des oder der Gefangenen kümmert sowie bei der Fürsorge für die Familie und bei der Entlassung des Gefangenen mithilft."[14]

3   Knapp der Auflösung entgangen

Doch 1933 geschehen erst einmal ganz andere Dinge: Die Nationalsozialisten kommen an die Macht. Zunächst ändert sich an der Arbeit nichts. „Wir begrüßten vielmehr, dass durch die neuen Machthaber die zunehmende Verweichlichung des Strafvollzuges beendet wurde. Die staatlich gelenkte Fürsorge hatte den Ernst und die Härte der Strafe, die diesen Namen verdient, immer mehr verdrängt. (…) Strafgefangene konnten sich als Opfer der wirtschaftlichen Verhältnisse (Arbeitslosigkeit), ihrer Erbanlagen usw.

---

12 Schoppe, S. 5.

13 Ebd. S. 5-6

14 Ebd.

betrachten ohne eigene Verantwortlichkeit für ihre Straftaten.(…) Wir ahnten ja nicht, wie schnell in den nächsten Jahren Strafzumessung und Strafvollzug ausarten und der Willkür der Machthaber dienstbar gemacht würden."[15]

1933 werden die Strafvollzugsämter aufgelöst, also auch das in Celle, und Muntau als Staatsanwalt nach Naumburg versetzt. In der damaligen Provinz Sachsen gewinnt er weitere Laienhelfer. Die Arbeit in Celle muss allerdings ohne ihn weitergehen; ab und zu kommt er zu Besuch vorbei.

Am 11. Juni 1935 aber verbietet das Reichsjustizministerium jede Laienhelfertätigkeit in den Strafanstalten. Das Schwarze Kreuz selbst entgeht seiner Auflösung nur knapp. Ausschlaggebend ist der Beitritt zur Inneren Mission 1935 und der damit verbundene Schutz durch die Evangelische Kirche. Die christliche Haltung zu den Gefangenen, bei der es nicht um „lebenswertes Leben" oder „gesundes Volksempfinden" geht, ist den Nationalsozialisten verdächtig. In der Zeitschrift „Zur Freiheit" beziehen Muntau und Bornhak klar Position. Die Zeitschrift entgeht mehrmals nur knapp einem Verbot, bis sie 1939 ihr Erscheinen einstellen muss.

Auch Heinrich Strohm, Evangelist des Schwarzen Kreuzes, steht 1938 auf der Blankenburger Allianzkonferenz zu seiner Überzeugung: „Es mag sein, dass nun auch hier derselbe Einwand gemacht wird, der uns jetzt so oft entgegenschallt: Warum Arbeit an Verbrechern, an Asozialen? Wir pflegen heute das Gesunde, Starke, Schöne! Aber über allen Zeiten steht überragend das Heilandswort: Ich bin gefangen gewesen! (…) Weißt du, daß 29 Prozent (der Verbrecher) (…) vor dem sechsten Lebensjahre Vollwaisen waren? Menschenkinder, die genauso gut wie du und ich in diese Welt hineingeboren wurden, nicht, um Verbrecher, sondern um frohe, glückliche, gesunde Menschen zu werden. (…) Jesus wußte, warum er nicht sagte: ‚Wer ein Waisenhaus aufbaut oder unterstützt …', sondern: ‚Wer ein solches Kind aufnimmt in meinem Namen, der nimmt mich auf!' Er wußte, was er sagte. Hätte hier die christliche Familie nicht versagt, wir hätten ein Drittel Verbrecher weniger."[16]

Die Arbeit des Schwarzen Kreuzes läuft zurzeit des Nationalsozialismus weiter, so gut es geht. Die Laienhelfer dürfen nicht mehr in die Gefängnisse, aber es können noch christliche Schriften verschickt werden. Entlassene

---

15 Schoppe, S. 6.

16 „Zur Freiheit", Sept. 1938, S. 58, zitiert nach „Die Geschichte der Gefangenenmission „Schwarzes Kreuz", Bearbeiter: Hartmut Schäffer, 1.3 Blatt 3–4, in: Handbuch für ehrenamtliche Helfer in der christlichen Straffälligenhilfe.

kann das Schwarze Kreuz noch betreuen. „Die Konzentrationslager blieben uns immer verschlossen, trotz mehrfacher Versuche, einzelnen Schützlingen, die nach ordentlicher Strafverbüßung ins KZ überführt wurden, zu folgen."[17] Auch das Celler Übergangsheim für Frauen „Licht nach dem Dunkel" kann weiterhin geöffnet bleiben.

1936 startet die erste Weihnachtsbriefaktion, nach einem englischen Vorbild: Möglichst viele Gefangene sollen handgeschriebene und weihnachtlich ausgeschmückte Weihnachtsbriefe bekommen.

Das ist durchaus aufwendig – etwa eine Stunde braucht es, um solch einen Brief zu schreiben und auszuschmücken. Aber die Aktion stößt auf große Resonanz. In unzähligen Gemeinden werden Briefvorlagen abgeschrieben, mit Kerzen, Tannenzweigen, Liednoten bemalt oder mit Strohsternen beklebt.

Die Sekretärin der Celler Geschäftsstelle Hanna Bornhak blickt 1961 auf die Anfänge zurück: „(1936) konnten wir damals die uns groß erscheinende Anzahl von 2.650 Weihnachtsbriefen an Gefangene versenden. Seitdem ist die Zahl der MithelferInnen und damit auch der Weihnachtsbriefe ständig gestiegen, so dass wir im letzten Jahr 22.750 Briefe in die Anstalten senden konnten. (…) Unsere älteste Helferin (…) ist 97 Jahre alt. Mancher schreibt 100 oder mehr Briefe ganz allein oder schmückt bis zu 500 Briefe aus. Wir stehen immer staunend vor solchen Leistungen!"[18] Über 30 Jahre lang werden die Weihnachtsbriefe geschrieben. Als die Nachfrage von Jahr zu Jahr deutlich sinkt, wird die Aktion Anfang der 1970er Jahre schließlich eingestellt.

Im Krieg wird Georg Schoppe eingezogen, das Geschwisterpaar Bornhak ist jetzt in Celle allein für die Arbeit in der Geschäftsstelle zuständig. „Ohne allzu große Verluste", so Schoppe, übersteht das Schwarze Kreuz in Celle den Krieg. Einen tragischen Vorfall beschreibt er aber doch: Am 9. April 1945 wird das Bahnhofsviertel in Celle bombardiert. Ausgerechnet an diesem Tag macht Schoppe zufällig im Übergangsheim „Licht nach dem Dunkel" Station. „Das Heim in Westercelle hat einen nächtlichen Überfall von Ausländern (Polen) erdulden müssen, die nicht nur geplündert haben, sondern sich auch an mehreren Mädchen und einer Mitarbeiterin vergriffen. Ich war als einziger Mann im Hause, notdürftig bekleidet und gegen die Messer und Pistolen der verhetzten Menschen machtlos."[19]

---

17 Schoppe, S. 6.
18 Ein seltenes Jubiläum. Schreiben von Hanna Bornhak, 1961, S. 1-2.
19 Schoppe, S. 7-8.

4 „Weder rührselig und weichlich noch fanatisch und eifernd"

Nach dem Krieg flieht Muntau, inzwischen pensioniert, in den Westen und setzt sich in Celle für den Wiederaufbau des Schwarzen Kreuzes ein. Dabei gelingt es ihm, in der noch jungen Bundesrepublik Deutschland das niedersächsische Justizministerium dazu zu bewegen, wieder freiwillige Helfer in den Haftanstalten zuzulassen, die den Anstaltspfarrern in der Seelsorge beiseite stehen.

Die Voraussetzungen für eine ehrenamtliche Mitarbeit, die der Erlass nennt, sind auch heute aktuell – wenn es auch sicher ein Idealbild ist, das hier gezeichnet wird: „Nicht ein bloßes Strohfeuer der Begeisterung darf den Helfer bewegen, sondern der feste Wille zu stetiger Mitarbeit. Es muss gewiß sein, daß der Helfer keine Nebenabsichten verfolgt, sondern ausschließlich der Sache selbst dienen will, auch charakterfest genug ist, um diese Haltung zu bewahren. Der Helfer muss ausreichendes Taktgefühl erwarten lassen, das ihn befähigt, zwischen Aufdringlichkeit und zu großer Vertraulichkeit einerseits und Kühle und zu großem Abstand andererseits die richtige Mitte zu halten. Er muß Menschenkenntnis genug haben, um sich von dem Gefangenen nicht täuschen und ausnutzen zu lassen und um zu wissen, wie er den Gefangenen aufschließen kann. Er muß des Wortes mächtig, darf aber nicht redselig sein. Er darf weder rührselig und weichlich noch fanatisch und eifernd sein. Alles in allem muß der Helfer eine reife, gütige Persönlichkeit von schlichter, echter, ehrlicher Glaubensgewissheit und Bekenntnisfreudigkeit sein. (...)" [20]

Der Generalstaatsanwalt in Celle kommt 1951 zu dem Schluss, dass sich der Erlass bewährt hat und die Maßnahmen fortgesetzt werden sollen: „Es bleibt dabei, daß die Unterstützung der Pfarrer durch freiwillige Helfer grundsätzlich gerechtfertigt ist. Der Beweis, daß es Persönlichkeiten gibt, die alle Voraussetzungen für das Ehrenamt eines Laienhelfers erfüllen, scheint mir nach den Erfahrungsberichten erbracht zu sein." [21] Andere Bundesländer folgen der niedersächsischen Initiative.

Auf der Evangelischen Konferenz für Straffälligenpflege kommt es im März 1951 zu einer lebhaften und kontroversen Aussprache über die Laienhelfer

---

20 Erlass 4561-III 3-a² 690/49 vom 12.07.1950 des Niedersächsischen Ministers der Justiz, Abschrift.

21 Mitteilungsblatt des Schwarzen Kreuzes, November 1951, S. 2, zitiert nach „Die Geschichte der Gefangenenmission „Schwarzes Kreuz", Bearbeiter: Hartmut Schäffer, 1.3 Blatt 9, in: Handbuch für ehrenamtliche Helfer in der christlichen Straffälligenhilfe.

des Schwarzen Kreuzes. Einige Anstaltspfarrer und Bedienstete haben Bedenken, „daß der Mangel an psychologischer Aus- und Vorbildung bei den Laienhelfern zu seelsorgerlichen Missgriffen führen könne."[22] Das Schwarze Kreuz reagiert, indem es Ende 1951 zunächst ein Heft mit dem Titel „Ratschläge für die Arbeit an Strafgefangenen und Strafentlassenen" herausgibt.

Mehr und mehr entwickelt sich innerhalb des Schwarzen Kreuzes ein Bewusstsein dafür, dass es beim ehrenamtlichen Einsatz für Gefangene mit einem guten Charakter und besten Absichten nicht getan ist. Es braucht fachliche und seelsorgerliche Begleitung, dazu Austausch, Vernetzung, voneinander lernen. 1965 lädt die Geschäftsstelle zu den ersten Treffen von Ehrenamtlichen ein, zu Regionaltreffen ebenso wie zu Treffen speziell der sogenannten „Briefpaten". Diese „Briefpatenschaften" gewinnen weiter an Gewicht. Gegenüber Besuchen im Gefängnis haben sie den Vorteil, dass man sie von überall her führen kann, ohne dass ein Gefängnis in der Nähe sein muss. Und sie erfordern weniger Zeit und Kraft als die Betreuung eines Gefangenen oder Entlassenen vor Ort.

1953 werden zum ersten Mal Weihnachtspakete hinter Gitter geschickt. Die Gefangenen dürfen zwar ein Weihnachtspaket erhalten, aber haben oft niemanden mehr, der ihnen eines packen könnte. Darum wenden sie sich ans Schwarze Kreuz – damals wie heute. Dieser Arbeitsbereich wurde zu einem der Schwerpunkte des Schwarzen Kreuzes.

5 Zusammenarbeit mit der Arbeit in Frankfurt / Main

Schon 1929 war ein Werk gegründet worden, das ähnliche Ziele und Arbeitsweisen wie das Schwarze Kreuz hatte: Die „Arbeitsgemeinschaft zur Ausbreitung des Evangeliums unter Gefangenen, Strafentlassenen und Einsamen". 1934 verlegte es seine Geschäftsstelle von Kassel nach Frankfurt. Von Anfang an hatte es Bestrebungen gegeben, beide Werke zusammenzuschließen. 1939 beschloss man eine „gegenseitige Verzahnung der praktischen Arbeit in einzelnen Arbeitszweigen" unter dem Namen „Arbeitsgemeinschaft Gefangenenmission Schwarzes Kreuz, Celle – Frankfurt/Main".

---

22 Mitteilungsblatt des Schwarzen Kreuzes, April 1951, S. 5, zitiert nach „Die Geschichte der Gefangenenmission „Schwarzes Kreuz", Bearbeiter: Hartmut Schäffer, 1.3 Blatt 8, in: Handbuch für ehrenamtliche Helfer in der christlichen Straffälligenhilfe.

Zunächst aber macht der Krieg diesen Bemühungen einen Strich durch die Rechnung. Erst einmal wird nur die Weihnachtsbriefaktion zusammen durchgeführt. Erst am 9. Mai 1959 schließen sich die beiden Werke offiziell zusammen. Beide Geschäftsstellen bleiben dabei zunächst erhalten und arbeiten weiterhin selbstständig, die beiden Geschäftsführer (Otto Bornhak in Celle, Alfred Dubian in Frankfurt) sind weiterhin im Amt. Als der letzte Frankfurter Geschäftsführer, Marco Cefariello, 1976 ausscheidet, gibt es nur noch die Geschäftsstelle in Celle.

Nach dem Krieg und der Nachkriegszeit hatte die Arbeit des Schwarzen Kreuzes in der neuen Bundesrepublik gerade wieder ein wenig Fuß gefasst, da kommt es zu neuen Umbrüchen. Im März 1963 stirbt Johannes Muntau, nur eine Woche später Otto Bornhak. Auch andere bewährte MitarbeiterInnen der ersten Jahre hören nach und nach aus Altersgründen auf. Wer neu dazu kommt, bleibt meistens nur kurz dabei.

Der häufige Wechsel der Mitarbeiter und die immer bedrohlicher werdende personelle Unterbesetzung führen dazu, dass der Kontakt zu den mehreren hundert Briefpaten im ganzen Land nur unzureichend gepflegt werden kann. Die Arbeit überlebt mit Hilfe von Menschen wie zum Beispiel Anstaltspfarrer i.R. Siegfried Wehdeking, der jahrelang ehrenamtlich alle zwei bis drei Wochen von Bielefeld nach Celle fährt, um bei den Briefkontakten die wichtigsten Aufgaben zu erledigen.

In dieser Zeit des Umbruchs startet 1973 ein neues Projekt: Das Schwarze Kreuz gibt seinen ersten eigenen Kalender für inhaftierte Menschen heraus. Für die nächsten drei Jahrzehnte ist er ein schlichter Tagesabreißkalender mit kurzen Bibelversen.

6 Neue Bedingungen

Um 1980 festigt sich die Situation im Schwarzen Kreuz allmählich. Es kommt wieder mehr personelle Kontinuität in die Arbeit. Josef Sochocki wird Geschäftsführer (bis 1988), dann Hartmut Schäffer (1988 bis 1997). Otfried Junk, der heutige Geschäftsführer (seit 1998), kommt 1980 als hauptamtlicher Mitarbeiter zum Schwarzen Kreuz.

Gleichzeitig erweitern sich die Möglichkeiten, für die Gefangenen aktiv zu werden. Das neue Strafvollzugsgesetz von 1976 setzt einen größeren Schwerpunkt auf die Resozialisierung von Straftätern. Dabei sieht es ehrenamtlich Mitarbeitende ganz selbstverständlich als sinnvolle Unterstützung des Vollzugs vor. Diese „Öffnung" der Gefängnisse für Außenstehende und zum Beispiel die im Verhältnis zu früher großzügige Gewährung von Urlaub und Vollzugslockerungen verändern den Rahmen für die Arbeit des Schwarzen Kreuzes.

Unverändert wichtig bleibt, dass Ehrenamtliche die Inhaftierten begleiten:

- Ehrenamtliche mit christlichem Hintergrund erweitern das Spektrum der Gefängnisseelsorge. Mit ihrem ganz eigenen Zugang zu den Inhaftierten ergänzen sie die Arbeit der Hauptberuflichen.

- Tägliche Kontakte haben Gefangene nur zu ihren Mitgefangenen und zu den professionellen MitarbeiterInnen in der JVA. Es fehlt die Ergänzung durch die Art Alltagskontakte, wie man sie „draußen" normalerweise im Bekannten- und Freundeskreis hat. Die Beziehungen zu Ehrenamtlichen können dieses Defizit ein Stück weit ausgleichen.

- Ehrenamtliche bringen ein Stück normales Leben mit. Sie kommen aus freien Stücken und könnten, anders als Professionelle, den Kontakt auch jederzeit abbrechen. Das verleiht jeder Begegnung, jedem Brief einen besonderen Wert für die Inhaftierten, dessen sie sich auch durchaus bewusst sind und den sie zu schätzen wissen. Muntau formulierte diesen Sachverhalt so: „… Denn eine größere Hilfe als ein Geldbetrag ist das Bewußtsein des Gefangenen oder Entlassenen, daß sich Tatchristen um ihn bekümmern."[23]

Nach wie vor werden also Christinnen und Christen gesucht, die inhaftierte Menschen besuchen, Briefkontakte führen, ein offenes Ohr für sie haben. Sie sollen aber auch bereit sein, sich für diese Aufgabe ausbilden zu lassen. Wer zu unbedarft daran herangeht, zum Beispiel „einfach ein paar Briefe schreiben" will, ohne die Gefängniswelt zu kennen und die Situation der Inhaftierten, kann mehr Schaden anrichten als Nutzen. Und nach wie vor ist die ehrenamtliche Mitarbeit in der Straffälligenhilfe eine Aufgabe, vor der viele Christen zurückschrecken. Sie scheuen die unbekannte Gefängniswelt, haben Angst, sehen nicht die Bedürftigkeit und die Sehnsüchte der Menschen hinter Gittern – und erst recht nicht, wie sehr ein solches Ehrenamt das eigene Leben bereichern kann.

In den 1980er Jahren werden die ersten regionalen Arbeitskreise gegründet. Ehrenamtliche in verschiedenen Städten in ganz Deutschland führen gemeinsam Gruppenangebote in den Gefängnissen vor Ort durch. Meist sind es Gesprächskreise zu christlichen Themen. Dazu kommen verschiedene

---

23 Rundverfügung VI 15/19 vom 29.10.1924 des Präsidenten des Strafvollzugsamts Celle, Abschrift vom 28.08.1949.

andere Angebote: Besuchskontakte zu einzelnen Gefangenen, Begleitung Entlassener, Begleitung bei Ausgängen, … So wird unter den Ehrenamtlichen Verantwortung geteilt, ebenso Freude und die unvermeidlichen Enttäuschungen. Man kann sich zeitlich abwechseln, Erfahrungen austauschen, neue Mitarbeitende langsam an die Arbeit heranführen.

1985 gibt das Schwarze Kreuz ein ausführliches Handbuch für Ehrenamtliche heraus, 1990 einen eigenen Fernkurs. Zur Ausbildung und Begleitung gehören außerdem Tages- und Wochenendseminare und Studienbriefe.

Nach der Wiedervereinigung ergeben sich neue Möglichkeiten für die neuen Bundesländer. Gert Breuer von der Geschäftsstelle knüpft Kontakte zu verschiedenen Gefängnisseelsorgern, besucht sie und versucht auszuloten, wer offen für eine Zusammenarbeit ist. In Chemnitz beispielsweise stößt er auf positive Resonanz. Zusammen mit Pfarrer Siegfried Tetzner findet er Menschen, die sich für ein Ehrenamt im Gefängnis interessieren, und gibt 1992 ein Seminar für sie. Daraufhin gründet sich wenige Monate später der Arbeitskreis Chemnitz des Schwarzen Kreuzes.

Die ehrenamtliche Mitarbeiterin Annemarie Franzmann übernimmt in den ersten Jahren die Leitung und wird 1994 Regionalbeauftragte für Sachsen (bis 2016). Dort entstehen weitere Arbeitskreise. Diejenigen in Chemnitz, Dresden und Zwickau haben bis heute Bestand.

Außerhalb von Sachsen entsteht in den neuen Bundesländern nur in Cottbus ein Arbeitskreis, der über mehrere Jahrzehnte aktiv ist, bis er 2015 seine Arbeit einstellt. In anderen Orten führen die Initiativen des Schwarzen Kreuzes nicht auf Dauer zum Erfolg. Niemand vor Ort macht sie längerfristig zu seiner eigenen Sache, die Resonanz ist gering.

Hier zeigt sich, was für die Arbeit des Schwarzen Kreuzes insgesamt gilt: Wo die Gefängnisseelsorge oder JVA-Leitung den Einsatz des Schwarzen Kreuzes begrüßt und ihn aktiv unterstützt und wo sich dann engagierte Ehrenamtliche finden, da kann eine langfristige fruchtbare Arbeit entstehen. Wo Einstellungen und Arbeitsweisen nicht zueinander passen und die Resonanz verhalten bleibt, da wird es schwierig.

Auch in der Geschäftsstelle in Celle kommt es zu Veränderungen. Neben der bundesweiten Betreuung der Ehrenamtlichen hat die Arbeit einen weiteren Schwerpunkt, der viel Raum einnimmt: Täglich stehen Entlassene und Angehörige vor der Tür; Inhaftierte der Celler Gefängnisse werden betreut und Kontakte zu Behörden gepflegt. Darum gründet das Schwarze Kreuz 1988 einen Tochterverein „Projekt Brückenbau Celle e.V.", der sich speziell mit dieser Arbeit vor Ort beschäftigen soll; das Schwarze Kreuz ist von jetzt an für die überregionale Arbeit zuständig. 1994 wird „Projekt Brückenbau" offiziell als Anlaufstelle des Landes Niedersachsen anerkannt. [24]

1999 bekommt das Schwarze Kreuz seinen heutigen Namen: „Schwarzes Kreuz Christliche Straffälligenhilfe e.V."

Kurz danach wird das Konzept des Kalenders für Inhaftierte überarbeitet. Er soll in Zukunft mehr handfesten praktischen Nutzen bieten und dazu Impulse für eine Neuausrichtung des Lebens geben. 2003 kommt er zum ersten Mal in neuer Gestalt heraus. Aus dem Tages- ist ein Wochenkalender geworden mit Postkarten, inspirierenden Texten und Platz für Termine. Bibelverse werden Fotos aus dem modernen Leben gegenübergestellt. Die Art und Weise der Kombination lässt verschiedene Interpretationen zu; die Verse erscheinen in neuem Licht. Ein Gefangener teilt sich den Kalender mit seiner Freundin: „Ab und an assoziierten wir dasselbe aus den Vorlagen, doch meistens entstanden vollkommen unterschiedliche Ansichten aus ein und demselben Bild. Dieses begeisterte mich, schärfte im Laufe der Zeit meine Sinne, da ich verschiedene Blickwinkel anzunehmen versuchte, gab mir viele neue Impulse zum Nachdenken."[25]

9000 Menschen hinter Gittern erhalten den Kalender jedes Jahr über die Gefängnisseelsorge. Auch außerhalb der Gefängnisse hat diese besondere Form eines christlichen Kalenders viele Liebhaber gefunden.

Neue Projekte innerhalb der Gefängnisse werden entwickelt und gewinnen an Bedeutung. Zum Beispiel „Tapetenwechsel": Ein Wochenende lang oder an mehreren Terminen begegnen sich Inhaftierte und Menschen von „draußen". Über kreative Ansätze wie Spiele, Malen oder Kleingruppen kommen sie zu allgemeinen Lebensfragen ins Gespräch: Was macht mich stark? Was bedeutet für mich Glück? Dabei stellen sie fest, was sie verbindet; Berührungsängste werden abgebaut.

Und so folgt das Schwarze Kreuz weiter den Entwicklungen im Justizvollzug und entwickelt sich weiter. Zurzeit hat es rund 500 ehrenamtlich Mitarbeitende und Mitglieder in ganz Deutschland. Ausgebildet und begleitet werden sie von der Geschäftsstelle in Celle, in der momentan acht Hauptamtliche arbeiten.

---

24 Um die seither komplizierter gewordenen Verwaltungsabläufe wieder in eine Hand zusammenlegen zu können, sollen beide Vereine 2017 wieder zu einem einzigen verschmolzen werden. Dabei werden beide Bereiche weiterhin inhaltlich selbständig arbeiten.

25 Aus dem Brief des Inhaftierten T.H., JVA Oldenburg, 21.12.2011.

Die positiven Veränderungen, die die Strafvollzugsreform von 1976 mit sich gebracht hatte, haben im Laufe der Jahrzehnte die Arbeit des Schwarzen Kreuzes indirekt stellenweise auch erschwert. Seit der Reform haben die Justizvollzugsanstalten verstärkt Maßnahmen entwickelt, um die Resozialisierung zu fördern: Schul- und Berufsausbildung, Arbeits- und Beschäftigungsangebote, Kurse, Sport- und Freizeitgruppen und manches mehr. Das führt dazu, dass ein Inhaftierter, der den ganzen Tag arbeitet und abends vielleicht noch an einer Sportgruppe teilnehmen möchte, kaum noch Zeit, Kraft oder Interesse hat, an einer Veranstaltung von Ehrenamtlichen teilzunehmen. Die Gesprächsgruppe eines Arbeitskreises oder auch ein Wochenendprojekt der Geschäftsstelle ist für ihn erst einmal ein Freizeitangebot unter verschiedenen anderen. Während die ehrenamtlichen Angebote früher von Inhaftierten durchweg dankbar angenommen wurden, ist das Interesse daran heute wesentlich geringer. Das bedeutet jedoch nicht unbedingt, dass sie weniger einsam wären: Nach wie vor wünschen sie sich Kontakte zu Menschen, die ihnen schreiben und sie besuchen.

Bei allen Veränderungen im Strafvollzug und durch alle Zeiten hindurch haben die MitarbeiterInnen des Schwarzen Kreuzes einen großen Pluspunkt einzubringen, den der Strafvollzug nicht hat. Menschen brauchen andere Menschen; sie brauchen befriedigende soziale Beziehungen. Sie möchten sich als Teil einer Gemeinschaft sicher und aufgehoben fühlen können. Wenn Straffällige von Menschen, die für sie eine Brücke zurück in die Gesellschaft sein könnten, abgelehnt werden, dann werden sie sich andere Formen von Gemeinschaft suchen, die ihnen schaden. Ehrenamtliche dagegen bieten ihnen eine verlässliche, stabile Beziehung. Für Menschen in und nach der Haft sind sie wie ein Geländer, das ihnen auf unsicherem Grund zunächst Halt und Orientierung gibt und das sie später nach und nach loslassen können.

Darin sieht das Schwarze Kreuz seit über neunzig Jahren den Kern dessen, was es tut: Um sein Leben neu auszurichten, braucht jemand, der Straftaten begangen hat, Hilfe und Unterstützung. Die Gesellschaft muss ihm hier entgegenkommen. Das Schwarze Kreuz übernimmt einen Teil dieser Aufgabe. Aus einer christlichen Haltung heraus begleiten seine Ehrenamtlichen straffällig gewordene Menschen während und nach der Haft, indem sie ihnen neue Werte für ein Leben in Gemeinschaft vorleben und vermitteln – durch zuverlässige, vertrauenswürdige und belastbare Beziehungen.

Wo eine solche Beziehung gelingt und ein ehemals Straffälliger mehr und mehr Fuß fasst in der Gesellschaft, da kommt ein Leben wieder ins Lot. Aber genauso bleibt der Gesellschaft vieles erspart: der Schaden anderer

Menschen, eine Atmosphäre von Angst, auch Steuergelder für das Leben in Haft. Aber vor allem gibt es keine neuen Opfer mehr und nicht mehr das ganze Leid, das damit verbunden ist. So ist Straffälligenhilfe gleichzeitig Opferprävention.

Unser Motto „Nächstenliebe befreit" bezieht sich also nicht nur auf Straffällige: Nächstenliebe befreit die ganze Gesellschaft. Den Nächsten lieben, das heißt, ihn mitsamt seinem Versagen und seinen Fehlern anzunehmen – und wo das manchmal angesichts der Straftaten schwerfällt, ihn trotzdem nicht fallenzulassen. Es bedeutet, ihm damit eine kleine Ahnung von der großen Liebe zu geben, die Gott für ihn hat. Es bedeutet, um noch einmal mit Muntau zu sprechen, „niemanden und nichts aufzugeben".

4

Zum 75-jährigen Bestehen der Evangelischen Konferenz für Gefängnisseelsorge in Deutschland (2002)[1]

Alexander Böhm

I.

Am Montag, den 17. Oktober 1927, also vor fast 75 Jahren, haben sich die evangelischen Strafanstaltsgeistlichen Deutschlands in Berlin zu einem festen Verband, dem „Reichsverband der evangelischen Strafanstaltspfarrer Deutschlands", zusammengeschlossen. Der Verband hat wiederholt seinen Namen geändert, erstmals nach neun Jahren im Herbst 1936 in „Konferenz evangelischer – Strafanstaltspfarrer Deutschlands", später – 1970 – nach der Teilung Deutschlands in Konferenz der evangelischen Pfarrer an den Justizvollzugsanstalten in der Bundesrepublik Deutschland und Berlin (West) und heißt nun „Evangelische Konferenz für Gefängnisseelsorge in Deutschland".

---

1 Nachdruck aus Reader Gefängnisseelsorge RGS Nr. 11/2002 Seite 34–46; mit freundlicher Genehmigung des Herausgebers.

Es ist mir eine Ehre und Freude, zu diesem Jubiläum sprechen zu dürfen. Dies nicht zuletzt deshalb, weil ich mich vielen ehemaligen und heutigen Mitgliedern des Verbandes aus fachlicher Zusammenarbeit besonders verbunden fühle.

An der Gründungsversammlung am 17. Oktober 1927 nahmen 54 Anstaltspfarrer teil, darunter Pfarrer Adolf Dörmer, damals Zuchthaus Marienschloss in Rockenberg, der gleich zum Berichterstatter für die Stellungnahme zum neuesten Entwurf des Reichsstrafvollzugsgesetzes bestellt wurde. Pfarrer Dörmer war Anstaltspfarrer in Kassel-Wehlheiden, als ich dort 1957 meinen Dienst im Strafvollzug als Assessor antrat. Für mich waren diese ersten Eindrücke besonders prägend, auch privat bestand unter den leitenden Mitarbeitern und ihren Familien ein enger Kontakt. Pfarrer Dörmer hatte von uns die längste Vollzugserfahrung. Natürlich hatte er Sitz und Stimme in allen Konferenzen, auch in der Disziplinarkonferenz. Und er entsprach ganz meinem Pfarrerbild, war auf Ausgleich und Milderung von Härten bedacht: schlichtete Streitigkeiten, stand auf der Seite der Schwächeren (sowohl bei den Gefangenen wie beim Personal). Sein Verhältnis zu Ordnung und Disziplin schien mir eher konservativ, er beteiligte sich natürlich auch an der Zensur der Gefangenenpost und empfahl nicht selten das Anhalten ihm bedenklich erscheinender Schreiben. Neuerungen, im Sinne von Liberalisierungen, stand er eher skeptisch gegenüber, Freiheitsstrafe und Strafvollzug bejahte er. Es spricht viel dafür, dass er in vielem repräsentativ für die Auffassung und Haltung sowohl der Gründungsmitglieder des Reichsverbands wie auch seiner Amtskollegen Im Jahr 1957 war.

II.

Evangelische Gefängnisseelsorge gab es in Deutschland freilich schon lange Zeit. Sie war in den deutschen Ländern in der Mitte des 19. Jahrhunderts fest verankert, aber auch noch einmal 75 Jahre früher an vielen Stellen anzutreffen. So wirkte am Zuchthaus in Halle seit 1874 als Prediger Heinrich Balthasar Wagnitz, dessen Wirken und dessen Werke für den Vollzug von großer Bedeutung sind. ,,Wer kennt ihn nicht, seine Verdienste um die Gefangenenanstalten überhaupt und seinen rastlosen, unermüdlichen Eifer für die zweckmäßige Behandlung der seiner Vorsorge mit anvertrauten Gefangenen im Zuchthaus zu Halle?", heißt es 1803 in einem Buch des preußischen Justizministers von Armin. Wagnitz verlangte die physische·und die moralische Besserung der Gefangenen. Die physische Besserung war für ihn die äußere Ordnung, die Reinlichkeit, die Sorgfalt bei der Arbeit, die Pünktlichkeit. Sie war vornehmlich Aufgabe der anderen Mitarbeiter des Vollzuges. Die moralische Besserung betraf die Persönlichkeit des Gefangenen, seine Beziehung zu den Mitmenschen, seine Haltung zu seiner Schuld, seine Versöhnung mit Gott. Sie zu bewirken ist Aufgabe des Geistlichen. Ihm kommt deshalb im Vollzug so etwas wie die „geistige Führung" zu. Das war seither allgemeine Ansicht in der Gefangenenseelsorge.

Aber selbst Wagnitz war nicht der Beginn evangelischer Anstaltsseelsorge, sie ist nicht 3 x 75 Jahre alt, sondern dem modernen Strafvollzug immanent; denn schon die Ordnung des ersten auf eine Art von Resozialisierung angelegten Zuchthauses 1595 in Amsterdam legte fest: „Zum Ersten wird alle Sonntage, auch an anderen heiligen Tagen, welche von der Kirche observieret werden, gepredigt, zu welcher Anhörung sich alle Gefangenen einstellen müssen."

III.

Deshalb ist es durchaus erklärungsbedürftig, warum erst vor 75 Jahren eine eigene Organisation der evangelischen Gefängnisseelsorge geschaffen wurde. Die Gründung des Verbandes geht vor allem auf den Berliner Oberpfarrer Dr. Detloff Klatt zurück, der 1927 zwar zunächst nur 2. Vorsitzender wurde. 1. Vorsitzender war der Düsseldorfer Pfarrer Just, der zeitweise Geschäftsführer der rheinisch-westfälischen Gefängnisgesellschaft und daneben in der Inneren Mission verankert war und damit gleich eine Verbindung zu zwei Leitfiguren der evangelischen Strafanstaltsseelsorge, Theodor Fliedner und Johann Hinrich Wichern, herstellt. Dr. Klatt folgte Ihm als 1. Vorsitzender im Jahr 1929 nach und verblieb bis zu seiner Pensionierung im Juli 1940 in diesem Amt. Er ist der Verfasser des Briefes an alle evangelischen Anstaltpfarrer, mit dem er am 26. Juli 1927 zur Gründung des Reichsverbandes aufruft und zur Gründungsversammlung in Berlin einlädt, dabei auch darauf hinweisen kann, dass es eine hochherzige Spende erlaubt, allen Teilnehmern die Kosten für Hin- und Rückfahrt 3. Klasse zu ersetzen. Als Gnade für einen Zusammenschluss nennt er vor allem, dass sich im Strafvollzug auch andere Berufsgruppen, etwa die katholischen Anstaltsgeistlichen, zusammen schließen, dass sich mit dem kommenden Reichsstrafvollzugsgesetz Umwälzungen vorbereiten, die in ganz besonderem Ausmaß das Arbeitsgebiet des Anstaltspfarrers angehen, dass man die Belange der Gefangenengemeinden der eigenen Kirche gegenüber gemeinsam geltend machen müsse und dass die Entwicklung der Gerichtshilfe und Fürsorge ebenfalls eine geschlossene Stellungnahme der Anstaltspfarrer erfordere.

Die evangelische Gefangenenseelsorge musste – so konnte jeder Empfänger des Schreibens aus dieser Aufzählung entnehmen – eine Beschränkung ihres Einflusses im Strafvollzug befürchten. Die Konferenz sollte und wollte deren beherrschende Stellung sichern. Diese Stellung lässt sich an dem gut belegten Leben und Werk von Pfarrer Klatt darstellen.

Von einem Mitglied seiner Gemeinde, das – Oberin eines Krankenhauses – in sozialen Brennpunkten Berlins arbeitete und von dem sozialen Verständnis des Pfarrers beeindruckt war, ermuntert und bestärkt; bewarb sich Pfarrer Klatt 1909 oder 1910 um die Stelle des evangelischen Anstaltsgeistlichen in Berlin-Moabit. Seinen Antrittsbesuch machte er beim Leiter der Strafvollzugsabteilung im preußischen Innenministerium. Das war Dr. Krohne, der seine Vollzugskarriere als evangelischer Anstaltsgeistlicher 1858 in Vechta begonnen hatte, 1873 vom kirchlichen Dienst in den Staatsdienst wechselnd Direktor dieser Anstalt wurde, danach erster Direktor der auch nach seinen Angaben neu erbauten Strafanstalt KasselWehlhelden wurde und nach weiterer Anstaltsleitertätigkeit in Berlin-Moabit schließlich im preußischen Innenministerium Leiter der Strafvollzugsabteilung geworden war. Auch durch seine literararische Arbeit, sein wegweisendes Werk „Gefängniskunde" und die Mitarbeit am Handbuch für Gefängniskunde, nahm er starken Einfluss auf den Strafvollzug in Deutschland. Er war nicht der erste evangelische Geistliche auf dem Posten des Leiters des preußischen Gefängniswesens im Innenministerium. Einer seiner Vorgänger war dort von 1856 bis 1872 Johann Hinrich Wichern, der durch Einbeziehung ausgebildeter Diakone in den Strafvollzugsdienst auch als Aufsichtsbeamte die strenge Einzelhaft der Gefangenen durch häufigen Kontakt mit besonders engagierten frommen Menschen erst zu einem vernünftigen Konzept formte. Dieser bemerkenswerte Beitrag zur Gefängnisreform war nur durch die Förderung des preußischen Königs Friedrich Wilhelm IV. möglich gewesen. Das Experiment scheiterte am Widerstand liberaler und freisinniger Abgeordneter im preußischen Parlament, die nach dem Tode des Königs und unter dessen am Strafvollzug weniger interessierten Nachfolger eine knappe Mehrheit gegen Wichern bildeten und den „protestantischen Orden" aus dem Staatsdienst im preußischen Vollzug vertreiben konnten (sie verweigerten die Mittel zur Finanzierung der Ausbildung des Gefängnispersonals im „Rauhen Haus"). Krohne verteidigte übrigens die Einzelhaft, die von ihren Gegnern für unmenschlich, ja als ein „absurder Gedanke" angesehen wurde, mit Entschiedenheit. Sie entspreche, so schreibt er, dem sittlichen Grund und dem staatlichen Zwecke der Strafe am vollkommensten.

Es liegt nahe, dass bei einer engen personellen Verzahnung von staatlichem Vollzug und Gefängnisseelsorge und dem hohen Ansehen, ja Vorbildcharakter, dessen sich in die staatliche Vollzugestaltung eingebundene Theologen (wie eben Wichern und Krohne) erfreuten, Anstaltspfarrer wenig Distanz zum Straf- und Vollzugsgeschehen entwickelten. Dazu kam die Überzeugung, die wir – holzschnittartig – im Handbuch für Gefängniskunde (1888) bei dem Freiburger Anstaltspfarrer Krauss lesen: „Grundlage der gesellschaftlichen Ordnung, der nationalen und individuellen Sittlichkeit ist die gesunde, erleuchtete Religiosität und lebendige Gottesfurcht. Die Religionslosigkeit ist die Grundursache aller Verbrechen. Die große Menge mindestens ist nur sittlich, wenn sie religiös ist, religiös aber nur, wenn sie kirchlich ist."

Diese Aussage belegt nicht nur die Nähe der Kirche zum Strafgeschehen, sie macht auch deutlich, dass nur das Wirken der Gefängnisseelsorge zur Besserung des Strafgefangenen beitragen kann. Gefängnisseelsorge ist nicht nur der Königsweg, sie ist der einzige Weg zur Resozialisierung. Das sieht Pfarrer Klatt ebenso. Zustimmend zitiert er im Jahre 1924 die in Preußen im Einvernehmen mit den staatlichen Stellen vom evangelischen Oberkirchenrat erlassene Dienstanweisung für die evangelischen Anstaltspfarrer, die die sittliche Festigung des Rechtsbrechers als Zweck aller Bemühungen im Strafvollzug feststellt und der Gefängnisseelsorge hierbei die Aufgabe zuweist, die „inneren Stützpunkte" zu bieten, um den Rechtsbrecher zur Achtung von göttlicher und menschlicher Ordnung zu führen und ihm ein entsprechendes Verhalten in der menschlichen Gesellschaft zu ermöglichen. Die Gefangenenfürsorge schafft demgegenüber nur die „äußeren Stützpunkte". Ihre Bemühungen sind nur dann von dauerndem Werte, wenn die Seelsorge die innere Umkehr und Abkehr des Rechtsbrechers von seinem gesetzwidrigen und asozialen Tun bewirkt hat. Wer ein zerbrochenes Menschenleben wieder aufbauen will, muss wissen – so formuliert Klatt an vielen Stellen – „dass Wunden nur von innen heilen". Und die „Lufthoheit" über dieses Wirken am Innern, über die Gewinnung des inneren Stützpunkts hat der Gefängnisgeistliche. Das steht durchaus in der Tradition von Wagnitz.

Die Trennung von der Gewinnung der inneren und äußeren Stützpunkte ist aber auch nicht zu bewerkstelligen. Denn, so formuliert es Klatt „auf keinem anderen Gebiet der Fürsorge sind materielle, wirtschaftliche Fragen mit den zartesten und verborgensten Fragen des Herzens und des Gewissens so verwurzelt und verwachsen wie bei Untersuchungs- und Strafgefangenen. Beim Aufbau eines neuen Lebens – selbst eines vorwiegend wirtschaftlichen – kann man den Seelsorger nicht entbehren. Gefangenenseelsorge und Gefangenenfürsorge sind selbstverständliche Korrelate, die in einem humanen Strafvollzug, mit dem Zweckgedanken der Erziehung, nicht von außen her in die Anstalt hineingetragen werden können. Sie müssen sich vielmehr in ihr und durch sie entwickeln. Der Anstaltsseelsorger, der Beamte, in dessen Person sich Seelsorge und Fürsorge vereinigen, wird dem Vollzug die wertvollste Mitarbeit leisten". Obendrein soll der Gefangene möglichst alle Kulturwerte, die er in der Freiheit nicht beachtet, vielleicht verachtet oder gar vernichtet hat, während seiner Strafzeit kennen und schätzen lernen – durch wissenschaftliche Vorträge, eine vielseitige Bücherei, durch Öffnung der Gefängnisse für die Kunst. „Dass zu dieser Kulturarbeit des Strafvollzugs der wichtigste Grundpfeiler der heutigen Kultur, die christliche Religion, nicht fehlen kann und darf, wird jedem einleuchten". Das beschreibt etwa den Einfluss der Strafanstaltsseelsorge auf den Strafvollzug vor 1914 und die Lage in Preußen zurzeit der Einberufung der Konferenz.

Dagegen war in Hamburg, Thüringen und Sachsen nach 1918 zunächst die Gefängnisseelsorge ganz abgeschafft, dann, nachdem die Gefangenen dies als Strafverschärfung beklagt hatten, wieder zugelassen aber auf Gottesdienst und seelsorgerisches Einzelgespräch beschränkt: „Gottesdienst und religiöse Seelsorge in der Anstalt sind Angelegenheiten der Religionsgemeinschaften. Den von ihnen mit der Gefängnisseelsorge betrauten Geistlichen ist zur Durchführung der Seelsorge das Abhalten von Sprechstunden außerhalb der Arbeitszeit sowie der Zellenbesuch von Gefangenen ihres Bekenntnisses zu ermöglichen". Eine weitere Mitwirkung des Pfarrers war nicht vorgesehen. Hier nehme, wurde geltend gemacht, die Kirche im Erziehungsvollzug „gar keine Stelle mehr ein".

Nun, 1927, scheint die Entscheidung zu nahen, welches dieser Modelle das preußische, das die Thesen des 19. Jahrhunderts zeitgemäß fortschreibt, oder das thüringische, das zudem akademisch ausgebildeten Fürsorgern ausdrücklich „weltliche Seelsorge" zuweist, Grundlage der Regelung im Reich wird. Ähnlich wie schon in den Grundsätzen für den Vollzug der Freiheitsstrafe vom 7. Juni 1923 sieht § 33 des Entwurfs eines Strafvollzugsgesetzes vom 9. Sept. 1927 vor, dass Geistliche „nach Bedarf im Haupt- und Nebenamt zu bestellen oder durch Vertrag zu verpflichten sind, es sei denn, dass nach der in einem Land getroffenen Regelung von der Übernahme der Seelsorge durch die Anstaltsverwaltung abgesehen ist".

§ 115 des Entwurfs bestimmt dann, dass keinem Gefangenen der Zuspruch eines Geistlichen seines Bekenntnisses versagt wird, und dass für die

Angehörigen der christlichen Kirchen und des jüdischen Glaubens geordnete Seelsorge zu vermitteln ist. Sonst kommt der Anstaltsgeistliche im Rahmen der Vollzugsgestaltung nicht vor. Diese Entscheidung ist für die Gefängnisseelsorge in der Tat von grundlegender Bedeutung, es steht Ihr Einfluss auf dem Spiel. Vor 1918 war das nicht der Fall, auch wenn das alte Verständnis von Strafe unter dem Einfluss der soziologischen Strafrechtsschule zunehmend in Zweifel gezogen wurde. Deshalb sind Versuche einer Verbandsgründung zu Beginn des 20. Jahrhunderts wohl auch nicht erfolgreich gewesen (und nicht nur deshalb, weil eine hochherzige Spende zur Begleichung der Reisekosten fehlte).

Die Regelung im Entwurf 1927 würde wohl auch der heutigen Konferenz missfallen. Vergleicht man sie mit dem Strafvollzugsgesetz, so ist die Stellung der Anstaltsgeistlichen im letzteren wesentlich stärker verankert: Hier gehören die Geistlichen – ohne dass ein Land hiervon absehen könnte – zu den Anstaltsbediensteten (§ 155 II), zur Zusammenarbeit mit allen im Vollzug berechtigt und verpflichtet (§ 154). Sie dürfen sich bei ihrer Arbeit freier Seelsorgehelfer bedienen und Seelsorger von außen zuziehen. Außer Gottesdiensten und Bibelstunden gibt es die religiösen Veranstaltungen, die viele Aktivitäten des Geistlichen erlauben – um nur die wichtigsten Rechte zu benennen.

Die Konferenz sollte also den hergebrachten Status der Gefängnisseelsorge gegen bedenklich erscheinende Neuerungen verteidigen. Man schloss sich zur Abwehr zusammen. Die Referate auf der Gründungsveranstaltung, z. B.: „Warum und mit welchen Mitteln muss der Anstaltsgeistliche danach streben, dass die Fürsorge für Gefangene seine Aufgabe bleibt?" weisen die Richtung.

IV.

Die gesellschaftliche Entwicklung sahen viele Anstaltspfarrer mit Dr. Klatt negativ: Die Begriffe der Autorität, der Familie, der Pflicht, des Eigentums, des Rechts schwänden immer mehr, privates und öffentliches Leben unterlägen zunehmender Schematisierung und Erotisierung, die verheerenden Wirkungen des Alkohols nähmen zu. Die Wahl Hitlers zum Reichskanzler – die ja auch formal im Rahmen der Verfassung erfolgte – und die erste Zeit des sich etablierenden NS-Regimes erweckte bei vielen – allerdings nicht bei Dr Klatt – Hoffnungen. So finden wir auch bei Anstaltspfarrern Stimmen, die die Verschärfungen der Haftbedingungen,

die Abschaffung des Strafvollzugs in Stufen, härtere Strafen und die Stärkung der Disziplin im Vollzug begrüßt haben. Gerechterweise muss man
sagen, dass die Kritik an der Entwicklung vor 1933 weit verbreitet war. Sie
alle kennen die Bemerkung des berühmten Rechtsgelehrten und sozialde-
mokratischen Reichsjustizministers in den 20er Jahren Gustav Radbruch,
dass ihm am Begriff der Strafe nichts an der vernünftigen Behandlung des
Gefangenen alles gelegen sei, dass er sich nicht ein besseres Strafrecht sondern
etwas, das besser sei als Strafrecht – einen rationaleren Umgang mit dem
Rechtsbrecher – wünsche. Weniger bekannt ist, dass diesen Ausführungen in
seinem 1932 gehaltenen Vortrag eine kritische Analyse der strafgerichtlichen
Praxis voranging, die Klage über den durch das Absinken der Strafmaße, die
häufige Annahme mildernder Umstände, die unaufhaltsame Ausnützung
jeder Milderungsmöglichkeit sich zeigenden Energieverlust des Strafrechts,
der zu einer völlig unangebrachten Milde gegenüber vielfach rückfälligen
Berufsverbrechern geführt habe. Auf dieser Folie muss man die Bemerkung
etwa von Pfarrer Just 1934 „Der Berufsverbrecher nahm unsere Mittel in
Anspruch und war obendrein frech. Das Gesetz gegen das Berufsverbre-
chertum hat in solche Kreise einen heilsamen Schrecken gebracht", lesen.
Freilich hat dies von Pfarrer Just gerühmte Gesetz auch das als wichtige
rechtsstaatliche Sicherung geltende Prinzip des Rückwirkungsverbots – und
das auch noch hinsichtlich der Anordnung der Todesstrafe! – aufgehoben.
Jedenfalls sollte (auch heute!) nicht jede Verschärfung von Strafen, nicht
jede Rücknahme von Hafterleichterungen unter einem Generalverdacht
stehen. Übrigens hat bei den Gefängnisgeistlichen die Sorge um zu viel
Vergünstigungen Tradition. Schon Wagnitz, der sich entschieden um die
Beachtung der Menschenrechte im Vollzug bemüht und die insoweit in
der 2. Hälfte des 18. Jahrhunderts eingetretenen Verbesserungen rühmt,
warnt vor aller Übertreibung „dem Überspringen zu den der vorigen Härte
entgegengesetzten Extremen der Empfindeley und Schlaffheit".

Die mit dem NS Regime entstandenen Gefahren für Recht und Humanität,
Frieden und Freiheit wurden von vielen Anstaltspfarrern (nicht anders wie
von den meisten anderen Menschen im In- und Ausland) nicht erkannt,
die ersten Rechtsbrüche als Übergangserscheinung gewertet, die rohen
Reden nicht ernst genommen. Da die Fürsorger, wo es sie gab, entlassen
oder entmachtet wurden und „weltliche Seelsorge" nicht mehr stattfand,
stabilisierte sich mancherorts sogar die Position der Anstaltsgeistlichen.
So sehen 1938 Hausordnungen neben geregelter Religionsausübung
(Gottesdiensten an Sonntagen, Bibelstunden und Religionsunterrichten
an mehreren Wochentagen), eigene von den Pfarrern verwaltete Büchereien
und Zellenbesuche vor. Die Geistlichen sind Fürsorger für alle Gefangenen,

auch zur Vermittlung von Arbeit, Unterkunft und zur Betreuung nach der Entlassung. In einer Hausordnung (Zweibrücken) heißt es zudem: Der vierstimmige Männerchor dient der Verinnerlichung der Gottesdienste an den Festtagen des Jahres. Der einstimmige Gesang soll den allgemeinen Unterricht einleiten und beenden und das Erlebnis der großen gegenwärtigen Zeit vertiefen. Das klingt doch wie 4 : 1 für die Gefängnisseelsorge!

Natürlich dauerte es nicht sehr lange, bis auch die Anstaltspfarrer, die mit den Neuerungen zunächst sehr zufrieden waren, sowohl wegen der immer häufiger verhängten und vollstreckten Todesstrafe, wegen übertriebener Härte im Vollzug und als Unrecht erkannter Geschehnisse, mehr oder weniger Distanz zu dem NS-Staat einnahmen. Später kam es auch zu Einschränkungen seelsorgerlicher Arbeit, obgleich es der Konferenz und ihrer Leitung – 1940 war auf Pfarrer Klatt, Pfarrer Knodt als Vorsitzender gefolgt – immer wieder gelungen ist, im Justizministerium, in dem sich offenbar der Anstaltsseelsorge positiv gegenüberstehende Beamte gehalten hatten, Behinderungen abzuschwächen. Als evangelischer Anstaltspfarrer, der von Anfang an eine entschieden ablehnende Haltung zum NS-Regime eingenommen hat, ist Harald Poelchau bekannt geworden. Er wollte eigentlich nicht Pfarrer werden. Theologie studierte er, um mit seinem Vater – einem Pfarrer – gewissermaßen auf gleicher Augenhöhe diskutieren zu können. Sein Interesse galt sozialen Fragen, so war er Geschäftsführer der Deutschen Vereinigung für Jugendgerichte und Jugendgerichtshilfen und arbeitete sich in das Fürsorgewesen ein. Nach einem Praktikum an der thüringischen Strafanstalt Untermaßfeld bewarb er sich in Thüringen vergeblich um eine Stelle als Fürsorger im Strafvollzug. In der Erkenntnis, dass nach der Machtübernahme die Wirkungsmöglichkeiten im Strafvollzug für staatliche Bedienstete stärker eingeschränkt sein würden als für Pfarrer, trat er als Anstaltspfarrer in den Vollzug in Berlin ein. Schon 1933 bemühte er sich um die politischen Gefangenen, später hatte er Verbindungen zum Widerstand (Kreisauer Kreis) und half den inhaftierten Widerstandskämpfern, von denen er viele auf dem Gang zur Hinrichtungsstätte begleitete. Nach Kriegsende wandte er sich zunächst einer kirchlichen Hilfsmaßnahme für Flüchtlinge zu, beteiligte sich dann aber als Staatsbeamter am Wiederaufbau eines Justizvollzugs in der sowjetischen Besatzungszone in der dortigen Justizverwaltung. Dass aus ihm nicht ein Nachfolger von Wichern und Krohne wurde, lag an der bekannten politischen Entwicklung. Als sich abzeichnete, dass der Strafvollzug in der sowjetischen Besatzungszone der Innenverwaltung und der Volkspolizei zugeordnet werden sollte, sah er für einen Resozialisierungsvollzug keine Chance mehr und nahm seinen Abschied.

In seinen Erinnerungen berichtet er übrigens, dass, er hatte nur wenige Tage zuvor seinen Dienst angetreten, eine Nachricht von Oberpfarrer Dr. Klatt auf seinem Schreibtisch gelegen habe, er solle mit einem wegen Mordes zum Tode verurteilten, vielfach vorbestraften Mann die Nacht vor der Hinrichtung verbringen und ihn zum Schafott begleiten. Poelchau, der diesen Mann auch nicht kannte, wandte sich mit der Bitte an Pfarrer Klatt, diese Aufgabe einem erfahreneren Kollegen zu übertragen. Diese Bitte ist recht brüsk abgelehnt worden, keinerlei Verständnis für die Nöte des jungen Kollegen! Nach 1945 war ein Vetter von Harald Poelchau Anstaltspfarrer in Berlin-Plötzensee. Die Todesstrafe wurde damals (sie wurde ja erst 1949 durch das Grundgesetz abgeschafft) noch verhängt und vollstreckt. So musste auch dieser Pfarrer Gert Poelchau einen Verurteilten auf diesem Weg begleiten. Er berichtet, dass er seinen Vetter in der Vollzugsverwaltung angerufen habe, um sich Rat und Trost zu holen. Er sei von Harald Poelchau kurz abgefertigt worden – wie jener damals von Pfarrer Klatt –, dies müsse jeder mit sich selbst ausmachen.

V.

Als in der Bundesrepublik wieder zentrale Treffen möglich wurden, nahm die Konferenz 1950 ihre Tätigkeit wieder auf. Pfarrer Knodt behielt den Vorsitz und – ähnlich dem Strafvollzug der Nachkriegszeit – knüpfte man an die vor 1933 eingenommenen Positionen an. Aber doch nicht bruchlos und unkritisch. Max Busch hat darauf aufmerksam gemacht, dass nach 1945 bei der Stellenbesetzung mit Erziehungsbeamten (Fürsorgern und Lehrern) im Strafvollzug auf Persönlichkeiten zurückgegriffen wurde, die „ihre Einsatzbereitschaft und ihre seelische Kraft über die schlimmen Jahre hatten retten können". Sie hätten mit einer gedämpften und meist demütigeren, gleichwohl starken Hoffnung gearbeitet, nicht mehr mit dem ungestümen Drang, der in den zwanziger Jahren zu beobachten war. Der Anstaltspfarrer war nicht mehr Konkurrent, den man aus der „weltlichen Fürsorge" heraushalten und auf eine eng begrenzte Seelsorge abdrängen wollte. Seine Hilfe war sehr willkommen. Umgekehrt sahen die Pfarrer, dass sie etwa die gewachsenen Aufgaben der Fürsorge gar nicht mehr würden leisten können. Jedenfalls sind die Spannungen zwischen Anstaltsseelsorge und Fachdiensten, wie sie vor 1933 festzustellen waren, auf beiden Seiten weniger aufgetreten (ohne dass sie – bis heute – ganz verschwunden wären), an die Stelle von Abgrenzung und Konkurrenz ist Zusammenarbeit und Anerkennung von Fachkompetenz getreten.

Gemeinsam mit der Konferenz katholischer Strafanstaltspfarrer Deutschlands unter ihrem Vorsitzenden, Pfarrer Buchholz, mit dem Pfarrer Knodt sich in den Kriegsjahren um die Beibehaltung der Anstaltsseelsorge bemüht hat, werden 1950 Grundsätze und Richtlinien für die Gefangenenseelsorge an den Justizvollzugsanstalten der Bundesrepublik Deutschland erarbeitet. Sie werden den zuständigen Stellen mit der Bitte vorgelegt, sie in Kraft zu setzen. Als völlig unzureichend werden die Grundsätze von 1923, in denen es nur heiße „keinem Gefangenen wird der Zuspruch eines Geistlichen seines Bekenntnisses versagt" und „kein Gefangener darf zu einer kirchlichen Handlung gezwungen werden" bezeichnet. Die Richtlinien sehen eine Anstellung der Geistlichen als Beamte im höheren Vollzugsdienst durch die Justizbehörde im Einvernehmen mit der Kirchenbehörde vor. Zu den Aufgaben gehören die Fürsorge für die Gefangenen und deren Familie, Einsicht in die ein- und ausgehende Gefangenenpost, Abhaltung und Überwachung von Besuchen in besonderen Fällen, Teilnahme an den Konferenzen und Mitwirkung bei der Bearbeitung von Gnadengesuchen, bei Klassifizierung, Rehabilitierung und Resozialisierung der Gefangenen, Durchführung des Erziehungsprogramms, der Freizeitgestaltung, Mitwirkung bei der Ausbildung der Beamten. Die geistliche Dienstaufsicht übt die zuständige Kirchenleitung aus. Die jährlichen Konferenzen der Anstaltsseelsorger werden von der Justizbehörde bezahlt (Reisekosten, Tagegelder, Übernachtungskosten). Die Rechte werden im Einzelnen ausgeführt. Die Seelsorge soll, so heißt es, das Gewissen wecken und fördern und das Bewusstsein der persönlichen Verantwortlichkeit und Verpflichtung gegenüber Gott und gegenüber den Angehörigen, den übrigen Mitmenschen und der Obrigkeit in dem Gefangenen lebendig werden lassen. Der Zuspruch ist nicht auf die Gefangenen zu beschränken, die ausdrücklich danach verlangen. Man wird sagen dürfen, dass diese Regelung die preußische, von Pfarrer Klatt gelobte aus dem Jahr 1924 fortschreibt und den Geistlichen im Strafvollzug eine herausragende Rolle und besonderen Einfluss sichert. Im Übrigen fällt auf, dass der Vorschlag auch Regelungen hinsichtlich einer geordneten Seelsorge für die jüdischen Gefangenen enthält.

Man fragt sich zunächst verwundert, was das denn die Konferenzen der evangelischen und katholischen Anstaltspfarrer angeht. Ist es Ausdruck einer Gesinnung von Wiedergutmachung? Keineswegs. Im preußischen Strafvollzug (aber auch in anderen deutschen Ländern) war schon im 19. Jahrhundert die Seelsorge an jüdischen Gefangenen besonders geregelt, in Berlin gab es einen hauptamtlichen Anstaltsrabbiner, mit dem Dr. Klatt besonders eng befreundet war. Dass nun wieder eine besondere Regelung für die Juden vorgesehen war, sollte deutlich machen: es gibt Juden, Katholiken und Protestanten – aber nichts anderes. Man kann auch dies mit vielen Äußerungen (etwa – aber nicht nur – von Klatt) belegen, wo vom Staat die Fernhaltung von Predigern von Sekten und kleinen religiösen Gemeinschaften verlangt wird. Diese Haltung habe ich noch vor 40 Jahren bei evangelischen Pfarrern angetroffen. Ob sie so ganz überwunden ist?

Nach 25 Jahren Konferenz – Nazizeit, Krieg, Zusammenbruch, Teilung Deutschlands – gelten die Forderungen von 1927 kaum verändert fort. Noch 1954 ist es unter den evangelischen und katholischen Anstaltsgeistlichen einheitliche Meinung, dass der Anstaltspfarrer Staatsbeamter sein muss. Inzwischen tendiert man eher zu dem Modell, dass der Anstaltspfarrer im Dienste der Kirche steht und – gegen Kostenerstattung – auf Zeit an den Vollzug gewissermaßen ausgeliehen wird. Schon Krohne hat eine solche Regelung in seinem Lehrbuch von 1889 als angemessen und wünschenswert propagiert – neu ist die Idee also nicht –, sah aber damals keine Verwirklichungschancen. Mir scheint die Verankerung des·Pfarrers auch formell in seiner Kirche angemessen, aber schon Pfarrer Pfisterer hat („Zwischen Kasernenhof und Schlaraffenland") zurecht darauf hingewiesen, dass Aufgabe, Dienst und Stellung des Pfarrers im Kern von der Gestaltung seiner jeweiligen Anstellung nicht erfasst werden und dass der Gefangene den feinen Unterschied zwischen Schlüsselträgern, die im Staatsdienst und solchen, die im Kirchendienst stehen, nicht so wichtig nähme, wohl aber sehr anerkenne, dass der Anstaltsgeistliche – ungeachtet der Art seiner Anstellung – einer umfassenden Schweigepflicht unterliegt, jedes Geheimnis bei Ihm gut aufgehoben ist.

VI.

Konflikte zwischen Pfarrern und Anstaltsleitern, Seelsorge und Vollzug treten und traten immer auf. Sie sind nicht immer so harmlos wie der, der auf der Jahrestagung der Konferenz von 1956 behandelt wurde. Ein Anstaltspfarrer hatte einem Gefangenen eine gebratene Leber zum Verzehr auf die Zelle gebracht – entgegen dem in der Anstalt Erlaubten und Üblichen und ohne zuvor bei dem Anstaltsleiter um eine Einzelgenehmigung nachzusuchen. Der Anstaltsleiter erteilte ihm einen dienstlichen Verweis, die Beschwerde des Pfarrers blieb erfolglos. Nun beantragte der Pfarrer ein Disziplinarverfahren gegen sich selbst, das der Staatsanwalt mit einer Verwarnung einstellte. Der Fall führte zu einer lebhaften Diskussion, die der Vorsitzende schließlich – in gewisser Hinsicht zum Fall passend – mit dem Hinweis darauf abbrach, dass der Gong zum Abendessen gerufen habe.

Zu ernsthaften Vorfällen kam es später im Zusammenhang mit den RAF-Gefangenen. Hier waren viele Pfarrer in einer schwierigen Lage: Die Gefangenen galten als hoch gefährlich, sie waren extrem isoliert und unterlagen ungewöhnlichen Haftbedingungen, oft gab es – von beiden Seiten – auch keinen vernünftigen Kontakt zu Vollzugsbediensteten. Es lag auf der Hand, dass der Anstaltspfarrer das Gespräch und den Kontakt suchen musste. Die RAF-Gefangenen tendierten aber auch dazu, den Pfarrer auf ihre (terroristische) Seite zu ziehen, jedenfalls standen sie und ihr freier Anhang (einschließlich ihrer Anwälte) in einem derartigen Generalverdacht. In dieser brisanten Gemengelage den richtigen Kurs zu halten, als Einzelkämpfer, der kaum Hilfe von anderen erhielt, war schwer. Die Konferenz hat sich dieser Herausforderung gestellt, die EKD die Stelle eines besonderen Bevollmächtigten für die Anstaltsseelsorge geschaffen.

Als diese Schwierigkeiten: es gab Strafverfahren gegen Anstaltspfarrer, Anstaltsverbote, Beendigung der Tätigkeit im Vollzug, 1979 im Abklingen waren, kam die hessennassauische Kirchenleitung auf den Gedanken, mit dem hessischen Justizministerium für künftige Differenzen ein Schiedsverfahren einzuführen. Eine Schlichtungsstelle, zwei von der Kirchenleitung, zwei vom Justizministerium berufene Personen und ein von beiden Seiten einvernehmlich berufener Vorsitzender mit der Befähigung zum Richteramt, sollte in den Fällen, in denen es zu Schwierigkeiten mit Anstaltspfarrern kommt, einen Vermittlungsvorschlag machen. Allerdings sollte die Schlichtungsstelle bei der Gefährdung der Sicherheit des Vollzugs nicht zuständig sein. Das ist die Schwachstelle dieser Vereinbarung; denn im Justizvollzug wird seit jeher nahezu jede ernsthafte Kontroverse über den Sicherheitsleisten geschlagen. Ich bin sicher, dass selbst bei dem Vorfall mit der gebratenen Leber eine Gefährdung der Sicherheit des Vollzugs sich hätte konstruieren lassen. Und was die Sicherheit angeht, so beansprucht die Vollzugsbehörde insoweit – und man kann ihr dieses Recht kaum absprechen – die „Deutungshoheit", d. h. sie bestimmt die Sicherheitsrelevanz des jeweiligen Sachverhalts. Auch im hessischen Schlichtungsverfahren ist man im Ernstfall also von der Fairness des Ministeriums abhängig.

Allerdings lässt sich am Fall der gebackenen Leber auch die Kehrseite aufzeigen. Unstreitig findet Kontakt nicht nur verbal statt. In der Denkschrift der EKD von 1990, Strafe: Tor zur Versöhnung?, heißt es dazu, die Arbeit des Geistlichen betreffend, diese Lebenserfahrung gelte im Vollzug verstärkt. Die Tasse Kaffee beim Gespräch, die Vermittlung eines Telefongesprächs könnten einmal eine (unzulässige) Vergünstigung, aber durchaus auch ein „Zeichen" im biblischen Sinne sein. Das werde im Vollzug mit streng geordneten Zuständigkeiten als störende Unschärfe stärker empfunden, sei aber unvermeidbar. Freilich müsse der Bezug zum christlichen Glauben immer wieder deutlich gemacht werden. Ähnlich wie bei der Wertung einer vom Anstaltsgeistlichen angebotenen Gruppenmaßnahme als religiöse Veranstaltung i. S. von § 54 StVollzG liegt die Deutungshoheit nun hier bei den kirchlichen Stellen. So könnte der von Pfarrer Seesemann mit lockerungsberechtigten Gefangenen betriebene Waldlauf – Herr Seesemann hat sehr eindrucksvoll beschrieben, was sich dabei bei dem Einzelnen und in der Gruppe entwickelt und abspielt – als religiöse Veranstaltung angesehen werden, auch wenn nicht alle Teilnehmer evangelischer Konfession sind. Die gebackene Leber als „Zeichen", das will weniger einleuchten, es kommt indessen auf den Einzelfall an, den wir – der Gong rief zum Abendessen – nicht genau kennen.

Pfarrer Dr. Kühler, den die Konferenz gebeten hat, bei der Strafvollzugskommission, die die Vorarbeiten für das StVollzG leisten sollte, die Sicht der evangelischen Anstaltsseelsorger zu vertreten, hat frühzeitig – angesichts des breiten Unverständnisses, das ihm damals entgegenschlug, mag man sagen, zur Unzeit – die Überlegung eingebracht, die Wiedergutmachung des durch die Straftat Geschädigten als wesentlichen Aspekt im Strafrecht und im· Strafvollzug zu verankern. Seine Vorstellungen wurden in der Konferenz erörtert und haben sich später als man wird sagen können wichtigster Impuls zu einer strafrechtlichen Umbesinnung, die noch im Gang ist, erwiesen. Auch er hatte seinen Konflikt mit der Strafvollzugsbehörde. Ein wegen vieler Räubereien zu einer langen Freiheitsstrafe verurteilter Gefangener hatte in der Haft einen Roman geschrieben. Das Manuskript vermittelte Pfarrer Kühler aus der Zelle des Schriftstellers gegen das Verbot der Vollzugsbehörde an einen Verlag. In einem anderen Vollzugsroman hat dieser Gefangene, Henry Jaeger, Pfarrer Kühler und seine neue Idee der Stärkung des Wiedergutmachungsgedankens im Rahmen einer spannenden Knaststory einfühlsam beschrieben. Der Roman trägt den – auch für den heutigen Vollzugsalltag bezeichnenden – Titel „Die bestrafte Zeit".

VII.

Schon Pfarrer Klatt hat zur Stellung des Anstaltsseelsorgers vermerkt, es sei „selbstverständlich, dass den Dienst an der bunt zusammengewürfelten Gemeinde nur ein Seelsorger leisten kann, der ein sozialpädagogisch geschulter und erfahrener Psychologe ist". Und in seinen Lebenserinnerungen kann man von den Gefahren lesen, die dem Anstaltspfarrer drohen, der nicht über kritische und aufgeschlossene Gesprächspartner und Helfer verschiedenster Art verfügt. Der Zusammenschluss hat sich diesen Feldern erst im Laufe der Zeit genähert. Seit 1950 dienten die Jahrestagungen auch der Fortbildung vornehmlich durch Vorträge über verschiedene aktuelle Themen und deren Diskussion. Die Konferenz hat seit 25 Jahren aber darüber hinaus Konzepte zur Fortbildung der Anstaltsgeistlichen entwickelt und umgesetzt, die heute sicherstellen, dass eine systematische Einführung in die besonderen Probleme des Strafvollzugs und berufsbegleitende Fortbildung möglich sind.

Das ist umso mehr anzuerkennen, als weder für Anstaltsleiter noch für die Angehörigen der Fachdienste etwas Vergleichbares existiert. Von der hierfür vorgesehenen Vollzugsakademie in Nümbrecht wird nicht einmal mehr geredet (wie noch vor 25 Jahren): jeder tastet sich im Wege von Versuch und Irrtum und abhängig von der Hilfe, die er jeweils bei Kollegen findet oder sich sonst wie sucht, an seine Aufgaben heran.

Zur Tätigkeit der Konferenz wäre noch viel zu sagen, zur Bereicherung, die sie durch die mit der Anstaltsseelsorge befassten Pfarrerinnen und Pfarrer aus den neuen Bundesländern erfahren hat, zu den vielfältigen Stellungnahmen gegenüber Ministerien, Parlamenten, Öffentlichkeit und Kirche. Was die Kirche angeht, so hat sie nicht nur durch Einrichtung des Beauftragten für Strafvollzugsseelsorge und in vielen Fällen materiell geholfen, sondern sich auch mit der Denkschrift von 1990 besonders zu der Arbeit im Strafvollzug, den von diesem betroffenen Menschen und der Anstaltsseelsorge sich bekannt. Ich durfte an der Erarbeitung dieser Denkschrift als Mitglied einer hierfür ausgewählten Arbeitsgruppe teilnehmen und wurde von dieser damit beauftragt, den Entwurf mit den Mitgliedern des Rates der EKD zu besprechen. Dort begegnete ich vielen kritischen Fragen und musste mich mit einigen Änderungen einverstanden erklären (so hatten wir als Arbeitsgruppe „Tor zur Versöhnung" einen Punkt gesetzt. Die Mitglieder des Rates wollten sich eine solche Aussage aber nicht zu eigen machen und verlangten stattdessen das Fragezeichen). Den Mitgliedern der Arbeitsgruppe bin ich sehr dankbar, dass man mir meine Zugeständnisse nicht übel genommen hat. Aber auch mit diesen Zugeständnissen erhielt die Denkschrift im Rat der EKD nur eine knappe Mehrheit. In den Kreisen der Anstaltsseelsorger und bei fortschrittlich eingestellten Vollzugspraktikern und – theoretikern fand die Denkschrift zwar freundliche Aufnahme, aber sie schien doch zu vorsichtig und zu wenig eindeutig. Andererseits war sie das Maximum, was bei den Mitgliedern des Rates der EKD durchsetzbar war. Nach einem ersten leichten Befremden über die Zurückhaltung der Ratsmitglieder habe ich dann aber durchaus verstanden, dass die evangelische Kirche eben nicht nur aus Gefängnisgeistlichen und Anstaltsleitern besteht, dass die Aufgabe einen wichtigen Platz in dem Gesamtspektrum beanspruchen darf, dass aber die dem Ganzen verpflichtete Kirche den Wünschen der sachverständigen Spezialisten auch Grenzen setzen darf, ja muss. Ebenso wie unsere Arbeitsgruppe wird die Konferenz ihre Vorstellungen erarbeiten und deutlich verlautbaren, aber sich auf einen geduldigen Dialog einlassen und anerkennen müssen, dass es auch andere Sichtweisen geben kann und im Gesamtinteresse andere Schwerpunkte gesetzt werden müssen. Was übrigens die Denkschrift der EKD angeht: Sie hat in zwölf Jahren nichts von ihrer Aktualität eingebüßt (oder um es umgekehrt zu sagen: nichts bewirkt). Vielleicht hätte sie doch noch stärker in den Gemeinden diskutiert und in die Öffentlichkeit transportiert werden sollen. Fragen, die uns heute eher mehr bedrücken als damals: „Kein Gefangener darf abgeschrieben werden", „Wer eine schwere Strafe erleidet, verdient besondere Beachtung", „Die Vollzugsreform ist konsequent zu Ende zu führen", „Der Zielkonfllkt zwischen Gewährleistung der Sicherung und Resozialisierung muss entschärft werden", „Die Vollzugsbediensteten benötigen ein klares Vollzugskonzept" sind dort angesprochen. Sie harren nach wie vor einer Lösung.

VIII.

Die Konferenz, die sich intensiv mit dem Wandel in der Bewertung der Strafe – sowohl theologisch wie kriminalpolitisch – befasst hat, ist mit der stärkeren Betonung der Spezialprävention, besonders der Resozialisierung, wie sie vor allem im StVollzG zum Ausdruck kommt, einverstanden, und hat sich gegen Bestrebungen gewandt, Gesichtspunkte von Schuld und Sühne in die Gestaltung von Vollzugsmaßnahmen wieder einfließen zu lassen. Ähnlich wie bei der Diskussion um die Frage, ob der Anstaltsgeistliche Staatsbeamter oder im Dienst der Landeskirche stehen soll, wird die praktische Relevanz dieser Kontroverse vielleicht überschätzt. Jedenfalls ist schon seit vielen Jahren der Zielkonflikt zwischen Sicherheit und Resozialisierung, also den beiden spezialpräventiven Pfeilern des Strafvollzugs, von größerer Bedeutung. Ob Freiheitsstrafe oder sichere Verwahrung, Schuld oder Gefährlichkeit: neue Begriffe schützen nicht vor alten Vorurteilen. Dabei scheint mir das kleinere Problem zu sein, dass man heute stärker an den Schutz der Bürger durch sichere Verwahrung und zurückhaltende Gewährung von Lockerungen denkt, obgleich es verhängnisvoll ist, vorwiegend darauf zu setzen, dass während des Vollzugs möglichst nichts geschieht, das politischen Ärger bereiten könnte, statt Vollzug und spätere Freiheit des Verurteilten gemeinsam zu betrachten und eine Vollzugsgestaltung zu wählen, die auf längere Sicht eine Rückfallminderung verspricht. Problematischer ist es aber, zwischen behandlungsfähigen und -willigen Gefangenen einerseits, nicht resozialisierbaren Insassen anderseits zu unterscheiden und den letzteren ganze Gruppen zuzurechnen. Vor einem Jahr hat der Bundeskanzler aus damals konkretem Anlass gesagt, nach seiner Erkenntnis seien Männer, die sexuelle Gewalttaten gegen Kinder begangen hätten, nicht therapierbar, weswegen hier nur eines in Betracht komme: „wegsperren und zwar für immer". Er hat damit einer weit verbreiteten Stimmung Ausdruck verliehen. Und er hat nichts anderes gesagt als vor 120 Jahren der Begründer der soziologischen Strafrechtsschule, v. Liszt, der die besserungsfähigen Täter erziehen und bessern, die unverbesserlichen Verbrecher aber „unschädlich machen wollte". Letzteres klingt ganz unerträglich, v. Liszt meinte damit aber – wie heute der Bundeskanzler – , dass man die Unverbesserlichen unter für sie möglichst erträglichen Bedingungen so unterbringen müsste, dass sie anderen keinen Schaden zufügen.

Überlegungen der Wirtschaftlichkeit, angesichts der Begrenztheit der Ressourcen gewiss notwendig, verstärken die Gefahr, dass Behandlungsmaßnahmen einer kleiner werdenden Gruppe als resozialisierbar identifizierter Gefangenen zugutekommen, während die anderen mehr oder weniger verwahrt bleiben. Die Konferenz wird nicht umhin können, auch die neuen Steuerungsmodelle, Budgetierung und Controlling, auf ihre Chancen und Risiken abzuklopfen. Obwohl es so aussieht, als ob es heute um ganz andere Fragen gehe als vor 75 oder 150 oder 225 Jahren, dürfte sich im Kern letzten Endes nicht so sehr viel geändert haben. Klatt verweist auf Krohne, seinen verehrten Vorgesetzten, der – schon pensioniert – in Vorträgen (vor dem 1. Weltkrieg!), was den Strafvollzug angeht, über Ideale und Irrtümer gesprochen habe: „Ideale sind es, zu retten, was zu retten ist, keinen aufgeben; Irrtümer sind es, an die Wirkung von Abschreckung und Vergeltung zu glauben". Das ist nach wie vor aktuell und richtig, man könnte vielleicht die Vokabeln Abschreckung und Vergeltung durch „bloßes Wegschließen" ersetzen und könnte ziemlich sicher sein, dass Krohne und Klatt diese Änderung gut heißen würden.

Was nun auch immer die Gefangenenseelsorge beschäftigen mag, sie hat in der Konferenz eine, wie sich in den 75 Jahren ihres Bestehens gezeigt hat, gute Vertretung und ein vorzügliches Forum, grundsätzliches und aktuelles zu beraten und zu vertiefen. Es muss diese Möglichkeit der Aussprache und gegenseitigen Bestärkung geben, nur so können die gemeinsamen

Anliegen und Vorstellungen gegenüber den für den Vollzug politisch Verantwortlichen, gegenüber der Kirche und gegenüber der Öffentlichkeit wirksam vertreten werden.

Literatur

Blöchle, Herbert: Ein leidenschaftlicher Vertreter der Einzelhaft, Zeitschrift für Strafvollzug (ZfStrVo) 1973, 233 ff.

Brandt, Peter: Die evangelische Strafgefangenenseelsorge, Göttingen 1985.

Busch, Max: Zum Problem des Erziehungsbeamten im Strafvollzug, in: Hansgeorg Hildebrandt u. a. (Hg.), Strafvollzug in Hessen, Eine Festgabe für Herrn Professor Dr. Albert Krebs zum 40-jährigen Dienstjubiläum, 1960, 188 ff.

Dörmer, Adolf: Aus der Geschichte der Strafanstalt Kassel-Wehlheiden, in: Hansgeorg Hildebrandt u. a. (Hg.), Strafvollzug in Hessen, Eine Festgabe für Herrn Professor Dr. Albert Krebs zum 40-jährigen Dienstjubiläum, 1960, 28 ff.

Hippel, Robert v.: Beiträge zur Geschichte der Freiheitsstrafe, Zeitschrift für die gesamte Strafrechtswissenschaft 18 (1898), 419 ff., 608 ff.

Kirchenamt im Auftrag des Rates der EKD: Strafe: Tor zur Versöhnung? Gütersloh 1990.

Klatt, Detloff: Treffpunkt Berlin-Moabit, Berlin.

Klatt, Detloff: Der Seelsorger im Strafvollzug, in: Preußisches Justizministerium (Hg.), Strafvollzug in Preußen, 1928, 175 ff.

Klatt, Detloff: Seelsorge an evangelischen Gefangenen, in: Erwin Bumke (Hg.), Deutsches Gefängniswesen, 1928, 256 ff.

Klatt, Detloff: Carl Krohne in geschichtlicher und persönlicher Sicht, ZfStrVo 1962, 2 ff.

Krauss, Karl: Gefängnisseelsorge, 131 ff.; Sonstige Prophylaxe, 380 ff., jeweils in: v. Holtzendorff/v. Jagemann, Handbuch des Gefängniswesens, zweiter Band, 1888.

Krebs, Albert: Die Vorschläge von Heinrich Balthasar Wagnitz zur Ausbildung der Strafanstaltsbediensteten, in: Bockelmann/Gallas (Hg.), Festschrift für Eberhard Schmidt zum 70. Geburtstag, Göttingen 1961, 70 ff.

Krebs, Albert: Begegnungen mit Harald Poelchau, ZfStrVo 1989, 67 ff.

Krohne, Carl: Lehrbuch der Gefängniskunde, Stuttgart 1889.

Maser, Werner/Poelchau, Harald: Der Mann, der tausend Tode starb, Rastatt 1982.

Moller-Dietz, Heinz: Die Denkschrift der Evangelischen Kirche in Deutschland zum Strafvollzug, ZfStrVo 1991, 15 ff.

Oleschinski, Brigitte: Die Abteilung Strafvollzug der deutschen Zentralverwaltung für Justiz in der Sowjetischen Besatzungszone 1945-1949; ZfStrVo 1992, 83 ff.

Oleschinski, Brigitte: Mut zur Menschlichkeit? Die Gefängnisseelsorge im Dritten Reich, ZfStrVo 1995, 13 ff.

Pfisterer, Rudolf: Zwischen Kasernenhof und Schlaraffenland, Lemgo 1973.

Radbruch, Gustav: Der Erziehungsgedanke im Strafwesen (1932), nachgedruckt, in: ZfStrVo 1952/53, 154 ff.

Rassow, Peter (Hg.): Rückblick und Orientierung. Drei Jahrzehnte „Konferenz der evangelischen Pfarrer an den Justizvollzugsanstalten in der Bundesrepublik Deutschland und in Berlin (West)" nach der Neugründung im Jahr 1950, Celle 1980.

Rassow, Peter (Hg.), 60 Jahre. Blätter aus der Geschichte des Zusammenschlusses und der Tätigkeit der evangelischen Gefängnisseelsorger 1927-1986, Hannover 1987.

Ruff, Walter: Erziehungsstrafvollzug und Kirche, Blätter für Gefängniskunde, Band 59 (1928), 211 ff.

Seesemann, Otto: „Wann laufen wir das nächste Mal?" Gefängnisseelsorge sportlich, in: Diekmann, Peter u. a. (Hg.), Nicht sitzen lassen: Gefängnisseelsorge in der Gruppe, Kiel 1989, 93 ff.

Steinbach, Peter/Poelchau, Harald, in: Manfred Lösch (Hg.): Reader Gefängnisseelsorge 5/1995.

5

Die Evangelische Konferenz für Gefängnisseelsorge in Deutschland Themen und Entwicklungen

Ulli Schönrock

„Christus spricht:

Ich bin im Gefängnis gewesen, und ihr seid zu mir gekommen. Was ihr getan habt einem von diesen meinen geringsten Brüdern, das habt ihr mir getan."

(Mt. 25, 36.40)

1   Grundlage und Auftrag

Den Menschen durch sein Leben zu begleiten, durch Höhen und Tiefen, in Grenzsituationen: das gehört zum Auftrag der Kirche von ihren Anfängen her.[1] Lange bevor verschiedene Fachdienste wie Sozialdienst, Psychologischer Dienst oder Pädagogischer Dienst Einzug im hielten, waren Seelsorger im Gefängnis tätig. Folglich war und ist die evangelische Seelsorge auch Bestandteil des Gefängniswesens. „Im Laufe der Jahrhunderte hat sich aus der anfänglichen Liebestätigkeit von einzelnen engagierten Christen in

---

[1]   So und auch im Folgenden Huber, Evangelische Konferenz für Gefängnisseelsorge in Deutschland, S. 5 f.

Deutschland eine vom Gefängniswesen heute nicht mehr weg zu denkende religiöse Betreuung von Gefangenen durch die Kirchen entwickelt, die verfassungsrechtlich in der Weimarer Reichsverfassung institutionalisiert wurde und unverändert auch in das Grundgesetz übernommen wurde"[2].

Wer Gefangene besucht, tritt über eine besondere Schwelle. Der Weg durch den Pfortenbereich eines Gefängnisses lässt die Trennung der Welt „draußen" und der Welt „drinnen" bewusst und spürbar werden. Vom übrigen Leben weitgehend ausgegrenzt, der Freiheit entzogen und teilweise hoch gesichert verbringen Menschen eine Zeit ihres Lebens an einem eng umgrenzten, umfassend kontrollierten Ort, um eine Strafe zu verbüßen und befähigt zu werden, künftig ein Leben ohne Straftaten zu führen.

Seelsorgende begegnen dort Gefangenen, die sich zum einen oft schwer damit tun, das Schuldhafte ihres Handelns anzuerkennen. Zum anderen erleben sie, dass eine Inhaftierung nicht nur massive Einschnitte für den Betroffenen selbst bedeutet, sondern in erheblicher Weise auch in das System der Familie eingreift. Die Trennung von einer zentralen Bezugsperson verändert die Struktur einer Familie und ihre Verhaltensmuster. Nicht selten gerät sie dabei in psychische, soziale und materielle Krisen, erlebt soziale Isolation, ist überfordert und wird von öffentlichen Institutionen abhängig. Ihre Chance auf soziale Teilhabe sinkt rapide.

Daneben sind SeelsorgerInnen auch Gesprächspartner der MitarbeiterInnen im Justizvollzug[3], und müssen dabei aber zugleich das Vertrauen der Gefangenen bewahren, die in ihm vielleicht den einzigen Ansprechpartner haben, dem sie unmittelbares Vertrauen entgegenbringen. Und letztlich erleben SeelsorgerInnen eine Gesellschaft, die mit ihrem Bedürfnis nach Vergeltung oftmals nach Sündenböcken sucht. Sie begegnen im Gefängnis Menschen, mit denen andere nichts zu tun haben wollen. Durch ihre seelsorgliche Arbeit wollen sie die Schwere menschlicher Schuld nicht verharmlosen. Aber sie wollen auch nicht neue Feindbilder aufbauen. Sie wollen Menschen dabei helfen, sich ihrer Schuld zu stellen und einen neuen Anfang zu wagen. SeelsorgerInnen versuchen, Brücken zu bauen aus der abgeschlossenen Welt hinein in Kirchengemeinden, in Kirche und Gesellschaft.

An dieser Stelle ist daran zu erinnern, dass Gott jeden Menschen nach seinem Ebenbild geschaffen hat. (Gen 1,27). Darin gründen die Würde jedes Menschen und die Verheißung Gottes von Frieden, Gerechtigkeit und Versöhnung für Mensch und Schöpfung. Die Würde des Menschen ist

---

2 Eick-Wildgans, S. 25.

3 Zum staatskirchenrechtlichen Status siehe Schäfer, zu § 157 m.w.N., in: Schwind u.a..

unantastbar, weil sie nach theologischem Verständnis von Gott selber geschenkt und garantiert ist. Die Achtung vor der Unverfügbarkeit der Person, ihrer Subjekthaftigkeit und Eigenständigkeit muss gerade auch im Umgang mit Verurteilten gewahrt werden. Damit gehört die Gefängnisseelsorge zum Kernbereich des kirchlichen Dienstes und ist in einem unmittelbaren Sinn Dienst an der Menschenwürde.

Seelsorgende in den Gefängnissen achten dies und vertrauen Gott diese existentiellen Entwicklungsprozesse an. Das eröffnet Freiheit und macht Begegnung jenseits von vorgespiegelter Reue oder Selbstüberschätzung möglich. Getragen werden sie dabei von der Grundeinstellung, dass Gott auf der Seite der Opfer steht, doch auch die TäterInnen nicht verlässt. Gott sagt Ja zum Menschen und Nein zu dessen bösen Taten. Die von Gott geschenkte Würde gehört dem Menschen unverlierbar an, selbst dann, wenn dieser auf das Grausamste ihr entgegen gehandelt hat. Unrechtem Tun und Handeln muss, ganz ohne Frage, Einhalt geboten werden. Doch jedem Menschen soll auch ermöglicht werden, sich von falschem Tun zu trennen und sich neu in die Gemeinschaft zu integrieren[4]. Gefängnisseelsorge ist somit „ … Dienst um des Lebens eines Menschen willen – genauer: ein Dienst um seines Lebens in Freiheit willen".[5]

Das Ziel der Wiedereingliederung in die Gesellschaft, eines Lebens in Freiheit unter Achtung der Würde und Rechte der Anderen hat unbedingte Priorität und kann nur gelingen, wenn Inhaftierte nicht als Feinde sondern als Bürger mit Persönlichkeitsrechten gesehen werden.

SeelsorgerInnen gehen als VertreterInnen der Kirchen in die Gefängnisse [6]und haben sich bereits vor fast 90 Jahren zu einer besonderen Konferenz zusammengefunden. Das Gründungsdatum, die Konstituierung, ist festzulegen auf den 17. Oktober 1927. An diesem Tag haben sich die evangelischen Strafanstaltsgeistlichen Deutschlands in Berlin zu einem festen Verband, dem Reichsverband der evangelischen Strafanstaltspfarrer Deutschlands, zusammengeschlossen. 54 Anstaltspfarrer aus Deutschland nahmen damals teil. Erster Vorsitzender war der Düsseldorfer Pfarrer Just, der zeitweise Geschäftsführer der rheinisch-westfälischen Gefängnisgesellschaft und daneben in der Inneren Mission verankert war. Er stellte damit gleich eine Verbindung zu zwei Leitfiguren der evangelischen Strafanstaltsseelsorge her, nämlich zu Theodor Fliedner und zu Johann Hinrich Wichern. Der Berliner

---

4   Vgl. „Ich war im Gefängnis, und ihr seid zu mir gekommen" – Leitlinien für die Evangelische Gefängnisseelsorge in Deutschland.

5   Engemann, S. 308.

6   www.gefaengnisseelsorge.de, Zugriff 19.09.2016.

Oberpfarrer Dr. Detloff Klatt folgte im Jahr 1929 als Erster Vorsitzender nach und übte das Amt bis zu seiner Pensionierung im Jahr 1940 aus.[7]

Ebenfalls an diesem 17. Oktober 1927, einem Montag, fand „abends 19 Uhr im Hospiz St. Michael, Berlin Wilhelmstraße 48" die Mitgliederversammlung der „Evangelischen Konferenz für Straffälligenpflege", so hieß die Konferenz damals, statt.

Heute sind die ca. 250 evangelischen SeelsorgerInnen in den Justizvollzugsanstalten Deutschlands in der „Evangelischen Konferenz für Gefängnisseelsorge in Deutschland" zusammengeschlossen. Laut Satzung sind die Aufgaben der Konferenz die Förderung der Zusammenarbeit und die Weiterbildung der Mitglieder, die Vertretung der Anliegen der Konferenz in Kirche, Staat und Gesellschaft sowie die Aktivierung der Hilfe an straffällig gewordenen Menschen.[8]

Die Konferenz hat sich in den fast 90 Jahren ihres Bestehens zu Themen, die den Strafvollzug betreffen, öffentlich geäußert, entweder weil sie und ihre Mitglieder es für gesellschaftlich notwendig erachteten oder weil sie als „Fachverband" etwa bei Gesetzesänderungen oder -entwürfen vom Gesetzgeber zur Stellungnahme aufgefordert wurde. Im Folgenden soll daher im Wesentlichen ein Überblick über die Themenschwerpunkte und die aktuellen Stellungnahmen und Äußerungen der Konferenz gegeben werden.

2 Themenschwerpunkte

Die Evangelische Konferenz für Gefängnisseelsorge in Deutschland hat immer wieder öffentlich ihre Stimme erhoben, sei es in einem *„Wort zur besonderen Situation ausländischer Inhaftierter"* (1983), in einem Plädoyer *„Für Abschaffung der lebenslangen Freiheitsstrafe"* (1990), in einem *„Votum zur Abschiebehaft und zur besonderen Situation ausländischer Inhaftierter"* (1995) oder, nach einer gemeinsamen Vorstands- und Beiratssitzung mit den katholischen SeelsorgerInnen bei den bundesdeutschen Justizvollzugsanstalten (1993), mit einer Presseerklärung, die eine dramatische „Anklage" der Verhältnisse in der Untersuchungshaft darstellte und massive Vorwürfe an die Verantwortlichen enthielt.

---

7 Siehe hierzu u.a. Böhm (2002), S. 34–46; ders. (1995), S. 3–13.

8 Satzung der Evangelischen Konferenz für Gefängnisseelsorge in Deutschland vom 23. April 1970 in der Neufassung vom 8. Mai 2014.

Das Thema *Menschenbild* (1997) und *Menschen im Gefängnis* (2005/2009) spielte thematisch eine ebenso wichtige Rolle wie die *seelsorgerliche Verschwiegenheit* (1994). Die Beschäftigung mit den besonderen Erfordernissen im *Frauenvollzug* sowie zwei Stellungnahmen der Konferenz zu diesem Thema (2008 und 2013) wurde ergänzt durch eine Resolution zur „*Fesselung Schwangerer vor und nach der Geburt*", die in den Ministerien deutlich zur Kenntnis genommen wurde. Mit dem Themenbereich *Angehörigenarbeit* hat die Konferenz schon im Jahr 2000 ein wichtiges Schwerpunktthema gesetzt, dass 2014 wieder aufgenommen und durch eine *Stellungnahme zur Angehörigenarbeit und zum Berührverbot bei Besuchen* ergänzt wurde. Im Jahr 2006 hat sich die Konferenz mit der *Förderalismusreform* auseinandergesetzt und sich mit einer Stellungnahme unter eigener Pointierung der Stellungnahme „*Gesetzgebungskompetenz für den Strafvollzug muss beim Bund bleiben*" der Strafrechtswissenschaftler, Strafvollzugsrechtler und Kriminologen vom Dezember 2004 angeschlossen. Die *Ländergesetzgebung (ab 2011)* ist ebenso wie das Thema *Sicherungsverwahrung (seit 2003)* ein Bereich inhaltlicher Schwerpunktsetzung. Gerade zum letzten Thema hat die gemeinsam mit der Katholischen Bundes - Arbeitsgemeinschaft Straffälligenhilfe (BAG-S), der Evangelischen Konferenz für Straffälligenhilfe (EKS) und der Katholischen Konferenz der Seelsorge bei den Justizvollzugsanstalten in der Bundesrepublik Deutschland in Jahr 2003 herausgegebene Erklärung „*Gegen Menschenverwahrung ! Ein Plädoyer zur Abschaffung der Sicherungsverwahrung*" nichts an Aktualität verloren. Auch wenn die rechtliche Seite nach den Urteilen des EuGH und des BVG weitgehend geklärt scheint, wird doch das Thema gerade im Blick auf die Untergebrachten weiterhin in den Blick zu nehmen sein. Dies gilt auch für den Bereich des *Jugendstrafvollzuges* und der *Untersuchungshaft*. Gerade für letzteren hat die Konferenz in einer aktuellen Stellungnahme (2016) verbesserte Rahmenbedingungen insbesondere in den ersten Wochen der Untersuchungshaft gefordert. Mit der Frage, ob *Telefonseelsorge für Untersuchungshäftlinge* in den ersten zwei Wochen ihrer Haftzeit ein hilfreiches Mittel zur Suizidprävention ist, hat sich die Konferenz seit 2011 immer wieder kontrovers auseinandergesetzt.

Auf einem Symposium zum Thema „*Übung der Stille als Freiheitsprozess – Wege zu Autonomie und selbst verantwortetem Leben*" im Oktober 2012 ist die Konferenz der Frage nachgehen, ob und wie es möglich ist, unter extrem fremdbestimmten Umständen wie im Gefängnis Prozesse von Selbstbestimmung und Autonomie zu initiieren und Menschen ihre Freiheit und Würde auch in Zwangskontexten neu entdecken können. Die daraus entstandene interessante und gewinnbringende Diskussion hält bis heute an.

Eine aus der Konferenz heraus konzipierte 2-jährige Weiterbildung zum Geistlichen Begleiter im Gefängnis beginnt in diesem Jahr zum zweiten Mal.

Bei der Verortung im ökumenischen und multireligiösen Dialog hat die Frage *der religiösen Betreuung muslimscher Inhaftierter* seit 2013 stetig an Bedeutung gewonnen.

Viele grundlegende und positive Veränderungen im Strafvollzug sind erst durch Initiative von christlich motivierten Menschen und insbesondere von Gefängnisseelsorgern entstanden. Für Verantwortliche im Strafvollzug und für die Politik, in einigen Fällen wohl auch für die kirchlich Verantwortlichen, war Gefängnisseelsorge daher nie „bequem", wenn es um Fragen des Umgangs mit straffällig gewordenen Menschen ging. In diesem Zusammenhang sei noch einmal explizit auf die 2009 veröffentlichten *„Leitlinien für die Evangelische Gefängnisseelsorge in Deutschland"* verwiesen („Ich war im Gefängnis, und ihr seid zu mir gekommen").

Eine Tagung in der Akademie Bad Boll (1995) gemeinsam mit dem damaligen Beauftragten des Rates der EKD für Gefängnisseelsorge zum Thema *Täter-Opfer-Ausgleich* und die Jahrestagung 2008 in Hofgeismar zum Thema *Restorative Justice* sind Markierungen in einer nach wie vor die Konferenz beschäftigende umfangreichen Debatte um die Reform des Strafrechts und die Entwicklung des Strafvollzuges. Dabei sind die bereits in einer Stellungnahme 2004 festgestellten, unterschiedlichen justizpolitischen Tendenzen nach wie vor erkennbar und durch die Ereignisse der letzten zwei bis drei Jahren in ihrer Ambivalenz deutlicher hervorgetreten: Sicherheit durch Verschärfung von Strafen und Verlängerung von Haft *versus* Sicherheit durch Resozialisierung und weitgehende Haftvermeidung zugunsten ambulanter und alternativer Sanktionsmaßnahmen.

Gegenwärtig beschäftigt sich die Konferenz mit Blick auf die genannten Aspekte mit der Frage nach der *Zukunft des Gefängnissystems* (seit 2013).

3 Jahrestagungen

Die Organe der Konferenz sind die Mitgliederversammlung, der Vorstand und der Beirat (§ 6 Satz 1 der Satzung). In den Regionen (einzelnen oder mehreren benachbarten Bundesländer) arbeiten die Mitglieder der Konferenz in Regionalkonferenzen zusammen (§ 6 Satz 2 der Satzung). Für eine Amtszeit von vier Jahren wählt die Mitgliederversammlung in geheimer Wahl mit einfacher Mehrheit den Vorstand, der aus der oder dem Vorsitzenden, zwei StellvertreterInnen, der Schriftführerin oder dem

Schriftführer und der Schatzmeisterin oder dem Schatzmeister besteht (§ 11 der Satzung). Zwischen den Jahrestagungen führt der Vorstand die Geschäfte und vertritt die Konferenz gegenüber der Öffentlichkeit im Sinne der Mitgliederversammlung (§ 12 der Satzung). Dem Beirat, der den Vorstand berät, gehören von den Regionalkonferenzen entsandte Mitglieder, die SprecherInnen der Arbeitsgemeinschaften sowie besondere Beauftragte an (§§ 13, 14 der Satzung).

Die Mitglieder der Konferenz treffen sich jährlich zu einer Arbeitstagung. Im Rahmen dieser Arbeitstagung findet die ordentliche Mitgliederversammlung statt. (§ 7 Satz 1 der Satzung). Jede Arbeitstagung, die als „Jahrestagung" firmiert, hat ein Schwerpunktthema. Die Ergebnisse der Jahrestagung werden sowohl mit veröffentlichten Stellungnahmen als auch im Rahmen eines festlichen Abends vorgestellt, an dem in der Regel von Seiten des Staates die Justizministerin oder der Justizminister des für den Tagungsort zuständigen Bundeslandes und von Seiten der verfassten Kirche die leitenden Geistlichen und jeweils die zuständigen MitarbeiterInnen der kirchlichen und ministeriellen Verwaltung teilnehmen.

Einzelheiten zu Tagungsorten und Tagungsthemen der letzten Jahre sind beispielhaft der nachfolgenden Aufstellung zu entnehmen.

Aufstellung 1: Tagungsorte und Themen der Jahrestagungen

Nr	Datum	Ort	Thema
53	2002 13.05-17.05	Mainz	„Im Bannkreis des Bösen" und Jubiläum 75 Jahre Evangelische Konferenz für Gefängnisseelsorge
54	2003 05.05.-09.05.	Gerolfingen	„Freiheit, die ich meine" – Gottesdienst und Rituale im Gefängnis
55	2004 03.05.-07.05.	Bad Waldsee	„... geopfert auf dem Altar der Sicherheit – zum prophetischen Auftrag der Gefängnisseelsorge "
56	2005 25.04.-29.04.	Bad Honnef	Lebenswelten

Nr	Datum	Ort	Thema
57	2006 08.05.–12.05.	Schmochtitz/ Bautzen	DU füllst des Lebens Mangel aus – Europäische Nachbarn teilen
58	2007 07.05.–11.05.	Berlin	„Wer bin ich?"
59	2008 08.05.–12.05.	Hofgeismar	Restorative Justice – Wiederherstellende Gerechtigkeit
60	2009 11.05–15.05.	Plön	„Ich danke Dir, dass ich so wunderbar gemacht bin" – Vom Umgang mit dem Körper im Gefängnis
61	2010 26.04.–30.04.	Waldfischbach -Burgalben	Schuld, Scham und Beschämung
62	2011 02.05.–06.05.	Springe	„Narben leben"– traumatisierten Menschen begegnen
63	2012 07.05.–11.05.	Bad Alexandersbad	Opfer vermeiden Jubiläum 85 Jahre Evangelische Konferenz für Gefängnisseelsorge
64	2013 22.04.–06.04.	Freiburg	ZwischenRäume – Architektur und Geist im Gefängnis
65	2014 06.05.–09.05.	Schwerte	Keine Zukunft ohne Herkunft – Angehörige von Inhaftierten
66	2015 04.05.–08.05.	Drübeck/Harz	„Mein ist die Rache"
67	2016 25.04.–29.04.	Seddiner See	„Mit Scheitern leben lernen"

4 Herausforderungen und Perspektiven

In den zu Beginn schon genannten *Leitlinien für die Gefängnisseelsorge in Deutschland* hat die Evangelische Konferenz für Gefängnisseelsorge in Deutschland ihre Vorstellungen für staatliches und kirchliches Handeln formuliert. Diese „Herausforderungen" genannten Anregungen an Staat und Kirchen sollen noch einmal hier wiedergegeben werden.[9]

4.1 Herausforderungen an staatliches Handeln

Die Evangelische Gefängnisseelsorge sieht vor allem in folgenden Bereichen Entwicklungsmöglichkeiten im Umgang mit Straffälligen und Opfern:

- Verbesserung der Opferhilfe;

- Verstärkte Förderung des bürgerschaftlichen Engagements (in der Prävention, im Justizvollzug, bei der Wiedereingliederung Straffälliger);

- Weitergehende Haftvermeidung bei Ersatzfreiheitsstrafen, Drogenabhängigen und Kranken;

- Ausbau ambulanter Maßnahmen und des offenen Vollzuges anstelle geschlossener Anstalten;

- Entwicklung von Alternativen zur Sicherungsverwahrung, die einen angemessenen, schonenden und humanen Umgang mit Menschen gestalten, von denen nach sorgfältiger fachgutachtlicher Prognose weiterhin eine mögliche erhebliche Gefahr für andere ausgeht;

- Ausbau des Täter-Opfer-Ausgleichs und Förderung von Restorative-Justice-Projekten.

- Förderung und Ausbau der Angehörigenarbeit.

4.2 Herausforderungen an kirchliches Leben und Handeln

In der Nachfolge Jesu, der sich den „Verlorenen, denen, die zu Fall gekommen sind", besonders zugewendet hat, sind Christen und christliche Gemeinden aufgerufen, „denen besonders beizustehen und zu helfen, die von gesellschaftlichen Normen abweichen und einen neuen Anfang finden müssen." (EKD-Denkschrift 1990, S. 78). Sie sind in der Pflicht, auf die zuzugehen, die in Unversöhnlichkeit gefangen sind, und Überzeugungsarbeit zu leisten auf dem schwierigen Weg von Selbstgerechtigkeit, Vergeltungsdenken, Furcht und Kontrollbedürfnis, hin zum Mitfühlen, Aussprechen, Verstehen und Versöhnen.

---

9 Siehe Leitlinien für die Evangelische Gefängnisseelsorge in Deutschland, S. 51, 52.

Die Kirchen mit ihren Gemeinden und verschiedenen Arbeitsfeldern haben eine besondere Chance, an der „Basis" zu arbeiten und bürgerschaftliches Engagement zu fördern. Als traditionelle Wertevermittler sind sie gefordert, das Bewusstsein für grundlegende menschliche Werte wach zu halten. Dabei ist auch an einer guten Konflikt-Kultur in unserer Kirche weiter zu arbeiten. Kirchengemeinden sollten einen Empfangsraum bieten sowohl für Opfer von Straftaten als auch für Strafentlassene und Angehörige Inhaftierter. Gemeindearbeit vor Ort, Gefängnisseelsorge und Diakonie sind besser zu vernetzen.

Die Perspektive der Opfer und ihrer Schicksale findet bislang im kirchlichen Handeln keine angemessene Berücksichtigung. Entsprechend dem staatlichen Strafrechtssystem gibt es zwar Gefängnisseelsorge, doch keine Opferseelsorge. NotfallseelsorgerInnen, Krankenhaus- und GemeindepfarrerInnen kümmern sich auch um Opfer von Straftaten, doch eine speziell qualifizierte und kontinuierliche Begleitung Traumatisierter fehlt weitgehend.

Christliche Theologie hat einen erheblichen Anteil am Strafgedanken und seiner Umsetzung. Deshalb muss sich Theologie mit der Frage beschäftigen (siehe das Fragezeichen im Titel der EKD-Denkschrift von 1990): Kann „Strafe" wirklich „Tor zur Versöhnung" sein, oder schließt sie dieses Tor nicht oft zu?"

Besonders im Blick auf die gesellschaftlichen Veränderungen der vergangenen zwei Dekaden haben diese Herausforderungen nichts an Aktualität verloren.

Durch die Neoliberalisierung und der daraus folgenden Globalisierung hat sich eine grundlegende Veränderung des Gefängnissystems ergeben. Dies gilt in Bezug auf die Technologie des Einsperrens, die Behandlung des Täters im Strafvollzug, die Zusammensetzung der Haftpopulation, die Art der verfolgten und auch abgeurteilten Delinquenz und die Bildung neuer Kooperationsnetzwerke, die über die Haft hinaus bestimmte Tätertypen kontrollieren.

Durch haftinterne Vorkommnisse der vergangenen Jahre, durch die kriminologische Forschung und Publikationen von Praktikern wird deutlich, dass das Gefängnissystem reformbedürftig ist.

Wird zudem ernst genommen, dass die Gottesebenbildlichkeit *jedes Einzelnen* unveräußerlich zum Menschsein gehört, gehört der Umgang mit Schuld, Strafe und Versöhnung in der Gesellschaft auch in Zukunft zu den wichtigsten Themen. Vergebung und Gnade statt Rache und Sühne als ein Kern der

Verkündigung können dabei den Horizont weiten von einem auf den Täter orientierten, individualisierten Strafvollzug hin auf die Opfer und die gesellschaftlichen Kontexte des Tatgeschehens selber.

Um diese Botschaft in eine veränderte Praxis gesellschaftlicher Institutionen zu überführen, beschäftigt sich die Evangelischen Konferenz für Gefängnisseelsorge zur Zeit damit, ausgehend von einer Situationsanalyse und theologischen Reflexion, Perspektiven zu erarbeiten und anzubieten, um in einen konstruktiven Dialog unterschiedlicher gesellschaftlicher Akteure, aus Politik, Wissenschaft und Kirche über die „Zukunft des Gefängnisses" zu kommen.

Literatur

Böhm, Alexander: Zur Geschichte der Gefängnisseelsorge seit 1927, in: Evangelische Konferenz für Gefängnisseelsorge in Deutschland (Hg.): Reader Gefängnisseelsorge (RGS) 2002, (Heft 11), S. 34-46.

Böhm, Alexander: Kirche im Strafvollzug – Gefängnisseelsorge im Wandel der Zeit, in: ZfStrVo 1995, S. 3-13 = Reader Gefängnisseelsorge RGS) 1995, S. 39-49.

Eick-Wildgans, Susanne: Anstaltsseelsorge, Berlin 1993.

Engemann, W., Die praktisch-philosophische Dimension der Seelsorge, in: Ders. (Hg.): Handbuch der Seelsorge. Grundlagen und Profile, Leipzig 2007.

Evangelische Konferenz für Gefängnisseelsorge in Deutschland, Leitlinien für die Evangelische Gefängnisseelsorge in Deutschland, Hannover 2009.

Evangelische Konferenz für Gefängnisseelsorge Deutschland, www.gefaengnisseelsorge.de

Satzung der Evangelischen Konferenz für Gefängnisseelsorge in Deutschland vom 23. April 1970 in der Neufassung vom 8. Mai 2014.

Schwind, Hans Dieter/Böhm, Alexander/Jehle, Jörg-Martin/Laubenthal, Klaus (Hg.): Strafvollzugsgesetz – Bund und Länder, Kommentar, 6. Auflage Berlin 2013.

6

Evangelischen Straffälligenhilfe – gestern, heute und morgen

Karl Heinrich Schäfer[1]

1 Vorbemerkung

Was kann evangelische Straffälligenhilfe leisten? Diese Frage hatte die Evangelische Konferenz für Straffälligenhilfe zu allen Zeiten umgetrieben.[2] Gegründet wurde die Konferenz am 17. Oktober 1927 in Berlin als „Evangelische Konferenz für Straffälligenpflege"[3]. Ihr gehörten folgende Mitglieder an:

- Der Central-Ausschuss für die Innere Mission,

- die Landes- und Provinzialvereine der Inneren Mission,

- der Reichsverband der evangelischen Strafanstaltsgeistlichen Deutschlands,

- die Evang. Konferenz für Gefährdeten-Fürsorge,

---

1 Der Verfasser war von 2008 bis 2015 Vorsitzender der Evangelischen Konferenz für Straffälligenhilfe.

2 Siehe Schäfer, in:. Düringer/Schäfer, S. 9–16.

3 Am gleichen Tag wurde auch die Evangelische Konferenz für Gefängnisseelsorge in Deutschland, damals unter dem Namen „Reichsverband der evangelischen Strafanstaltspfarrer in Deutschland" gegründet; 11.05–15.05.

- der Reichsarbeitsnachweisverband der Inneren Mission,
- die Vereinigung evang. Frauenverbände Deutschlands.

Im Laufe der ersten Monate kamen noch folgende Organisationen hinzu:

- der Deutsche Bund evangelisch-kirchlicher Blaukreuzvereine,
- der Deutsche Herbergsverein,
- die Evangelischen Arbeiterkolonien.

Die „Evangelische Konferenz für Straffälligenpflege" wurde Mitglied im „Reichszusammenschluss für Gerichtshilfe, Gefangenen- und Entlassenenfürsorge der freien Wohlfahrtspflege", der am 6. Dezember 1927 unter Wahrung der Selbständigkeit der angeschlossenen Organisationen gegründet wurde. Der Reichszusammenschluss wurde am 31. Juli 1928 vom Reichsminister der Justiz als Reichsfachverband anerkannt. Die Evangelische Konferenz für Straffälligenpflege ihrerseits wurde vom Central-Ausschuss für Innere Mission als Reichsfachverband anerkannt.

Beim Blick auf *das Gestern der evangelischen Straffälligenhilfe* ist an der geschilderter Historie zu erkennen, dass heute noch vorhandene Strukturen bereits 1927 gebildet wurden, wenn auch mancher Organisationsname für unseren heutigen Sprachgebrauch sehr gewöhnungsbedürftig ist. Wichtige Gründe für die Zusammenschlüsse damals waren, dass sich im Strafvollzug auch andere Berufsgruppen, etwa die katholischen Anstaltsgeistlichen, zusammenschlossen und dass sich mit dem kommenden Reichsstrafvollzugsgesetz (das dann doch nicht verabschiedet wurde) Umwälzungen ankündigten, die in ganz besonderem Ausmaß das Arbeitsgebiet der Anstaltspfarrer und die Gefangenenfürsorge angingen.

Das Heute der evangelischen Straffälligenhilfe ist zunächst geprägt von organisatorischen Veränderungen innerhalb des kirchlich-diakonischen Systems. Wichtig ist aber auch der Blick darauf, wie sich der Stellenwert der Themen Straffälligenhilfe und Strafvollzug inzwischen bei verfasster und diakonischer Kirche entwickelt hat. So gibt es z.B. die Evangelische Konferenz für Straffälligenhilfe als eigenständigen Verein nicht mehr. 88 Jahre nach ihrer Gründung beschloss die Mitgliederversammlung am 2. Juni 2015 in Berlin ihre Auflösung, um mit der Evangelischen Obdachlosenhilfe in Deutschland e. V. (EvO) einen neuen Fachverband der Diakonie Deutschland („Evangelischer Bundesfachverband Existenzsicherung und Teilhabe (EBET) – Wohnungsnotfall- und Straffälligenhilfe") zu bilden. Die bisherige Evangelische Konferenz für Straffälligenhilfe ist im neuen Fachverband als „Fachauschuss Straffälligenhilfe" abgebildet. Einige Einzelheiten dieser Entwicklung bei Diakonie Deutschland sollen ebenso dargestellt werden wie die Behandlung dieses Themas durch die Evangelische Kirche in Deutschland (EKD) in Kirchenamt, Rat und Synode der EKD.

Wie kann also *das Morgen der evangelischen Straffälligenhilfe* in Anbetracht der Entwicklung in den letzten Jahren aussehen? Einige nachfolgende Überlegungen sollen die Aussicht darauf vermitteln, dass wegen (oder auch trotz?) dieser *Herkunft die evangelische Straffälligenhilfe eine Zukunft* haben kann und auch sollte.

2 Biblische Begründung für gesellschaftlich verantwortliches Handeln

Eine Kurzdarstellung der biblischen, verfassungsrechtlichen und gesetzlichen Grundlegungen soll den inhaltlichen Hintergrund für das Engagement der evangelischen Straffälligenhilfe verdeutlichen.

Die Gemeinschaft Gottes mit den Menschen beruht auf der Gerechtigkeit Gottes und auf seiner Barmherzigkeit. Darum sind Gerechtigkeit und Barmherzigkeit auch Grundlagen für das Zusammenleben der Menschen. Schon im Alten Testament werden Nächstenliebe und die Liebe zu Gott aufeinander bezogen. Für Jesus ist das Gebot der Gottes- und Nächstenliebe eine Grundnorm. Im Gleichnis vom Barmherzigen Samariter (Lukas 10, 25–37) ist dies markant beschrieben. Ein Schriftgelehrter fragt Jesus: „Meister, was muss ich tun, dass ich das ewige Leben ererbe?" (Lukas 10, 25). Und Jesus antwortet: „Was steht im Gesetz geschrieben? Was liest du? Und dieser antwortet: „Du sollst den Herrn, deinen Gott, lieben von ganzem Herzen, von ganzer Seele, von allen Kräften und von ganzem Gemüt, und deinen Nächsten wie dich selbst" (5. Mose 6, 5; 3. Mose 19, 18). Jesus wiederum antwortet: „Du hast recht geantwortet; tu das, so wirst du leben." Es folgt dann das bekannte Gleichnis vom Barmherzigen Samariter.

Das Gleichnis zeigt: Es gibt keinen Gehorsam gegenüber Gott, der sich nicht auch in der direkten Begegnung mit dem Nächsten bewähren muss. Die Geschichte des Barmherzigen Samariters zeigt, dass es ein Recht auf Erbarmen gibt. Dies bedeutet: Die Parteinahme für Arme, Schwache und Benachteiligte ist ein verpflichtendes Kriterium nicht nur für kirchliches, sondern auch für staatliches Handeln. Dies gilt auch in Bezug auf jeden straffällig gewordenen Menschen, mag seine Schuld, die er auf sich geladen hat, auch noch so schwer wiegen, denn seine Menschenwürde bleibt erhalten.

3 Verfassungsrechtliches Gebot für gesellschaftlich verantwortliches Handeln

Konsequenzen für die rechtliche und praktische Ausgestaltung des Strafvollzugs ergeben sich aus dem Rechtsstaatsprinzip und besonders aus dem Sozialstaatsprinzip des Grundgesetzes (Art. 20 Abs. 1, 28 Abs. 1 GG)[4]. War schon in den Beratungen der Strafvollzugskommission die Gefangenen- und Entlassenenfürsorge als „gemeinsame Aufgabe von Staat und Gesellschaft" bezeichnet worden, so stellte das Bundesverfassungsgericht in seinem „Lebach- Urteil" vom 5. Juni 1973 die verfassungsrechtliche Bedeutung der Wiedereingliederung des Straftäters in die Gesellschaft heraus.[5] Nicht nur der Straffällige müsse im Strafvollzug auf die Rückkehr in die menschliche Gesellschaft vorbereitet werden. Diese müsse ihrerseits bereit sein, ihn wieder aufzunehmen. Verfassungsrechtlich entspreche diese Forderung dem Selbstverständnis einer Gemeinschaft, die die Menschenwürde in den Mittelpunkt ihrer Wertordnung stelle und dem Sozialstaatsprinzip verpflichtet sei. Das Resozialisierungsgebot hat damit Verfassungsrang.

4 Die Einbeziehung „Dritter" in die Vollzugsgestaltung

In konsequenter Verfolgung dieses genannten Verfassungsprinzips verbietet es sich also, die Öffentlichkeit aus der Vollzugsarbeit auszublenden und die Gesellschaft somit aus ihrer Verantwortung zu entlassen. Schließlich dient auch eine realistische Konfrontation des Gefangenen mit der Gesellschaft dazu, schädlichen Folgen des Freiheitsentzuges entgegenzuwirken und Hilfe zur Wiedereingliederung zu gewähren.

Die Verantwortung der Gesellschaft gegenüber Gefangenen setzt nicht erst mit dem Zeitpunkt der Entlassung ein. Eine wichtige Rolle bei den Bemühungen um Sozialisation und Wiedereingliederung spielt daher die Mitarbeit von BürgerInnen nicht nur außerhalb, sondern vor allem auch innerhalb der Vollzugsanstalten. Der Strafvollzug und seine MitarbeiterInnen können weder ein Monopol der Behandlung der Gefangenen beanspruchen noch eine Resozialisierung allein leisten, da sie die Gefangenen nur „ein Stück auf dem Weg der (erwünschten) Entkriminalisierung" begleiten können. Die verhängnisvolle Trennung zwischen Straffälligen und Gesellschaft würde fortdauern.

---

4 Zum Rechtsstaatsprinzip siehe BVerfG NJW 1972, S. 811 ff.
5 BVerfG NJW 1973, S. 1226 ff.

Lagen die Anfänge ehrenamtlicher Tätigkeit in Strafanstalten im Engagement christlich motivierter WohltäterInnen von Gefangenen begründet[6], so spielen heute neben christlichen Beweggründen persönlich-humanitäre, berufliche und gesellschaftspolitische Interessen eine Rolle. Es gibt aber auch eine Verpflichtung des Staates, mit Menschen und Organisationen zusammenzuarbeiten, die christlich motiviert mitwirken wollen.

Das oben erwähnte Gleichnis vom Barmherzigen Samariter wird zwar immer noch als eine Art „Magna Charta" von Caritas und Diakonie bezeichnet[7]. Über die Bedeutung des caritativen und diakonischen Handelns als helfendes Handeln hinaus kommt jedoch auf der politischen Ebene des öffentlichen Handelns auch dem institutionellen Gewicht von Caritas und Diakonie eine immer größere Bedeutung zu.

5 Gesetzliche Regelungen der Einbeziehung „Dritter"

Im Rahmen der Zusammenarbeitsklausel von § 154 des bundesdeutschen Strafvollzugsgesetzes (StVollzG) vom 16. März 1976 wurden alle im Vollzug Tätigen verpflichtet, mit den Behörden und Stellen der Entlassenenfürsorge, der Bewährungshilfe, den Aufsichtsstellen für die Führungsaufsicht, den Arbeitsämtern, den Trägern der Sozialversicherung und der Sozialhilfe, den Hilfeeinrichtungen anderer Behörden und den Verbänden der freien Wohlfahrtspflege eng zusammenzuarbeiten. Während mit der Nennung der verschiedenen Behörden und staatlichen Einrichtungen eine Pflicht der Vollzugsbehörden festgelegt wird, Entlassungsvorbereitungen schon während der Haftzeit zu organisieren, werden mit den Verbänden der freien Wohlfahrtspflege Einrichtungen angesprochen, die systematische „außerstaatliche" Straffälligenbetreuung anbieten und damit für die Wiedereingliederung Straffälliger wesentliche Funktionen erfüllen.

Der Bundesgesetzgeber hat in § 154 Abs. 2 Satz 2 StVollzG lediglich mit einer Soll-Vorschrift die Vollzugsbehörden angewiesen, mit Personen und Vereinen, deren Einfluss die Eingliederung des Gefangenen fördern kann, zusammenzuarbeiten.

Die Bundesländer, die nach der Föderalismusreform vom Recht zu einer eigenen Landesgesetzgebung für den Strafvollzug Gebrauch gemacht haben,

---

6 Vgl. dazu ausführlich Schäfer, Anstaltsbeiräte, S.14 m.w.N.
7 Becker, Perspektiven der Diakonie.

haben die Einziehung Dritter in die Gestaltung des Strafvollzugs im Detail durchaus unterschiedlich geregelt.

In *Baden Württemberg*[8] arbeiten die Justizvollzugsanstalten mit anderen Einrichtungen, Organisationen und Personen, die Gefangenen förderliche soziale Hilfestellungen leisten oder deren Einfluss ihre Eingliederung, Behandlung oder Erziehung fördern können, eng zusammen (§ 16). In § 87 des 3. Buches, das Regelungen zum Strafvollzug enthält, wird dies noch etwas konkreter formuliert.

Bayern[9] hat Fragen der Zusammenarbeit mit Dritten in § 175 Abs. 2 lapidar und knapp geregelt: „Die Anstalten arbeiten mit Behörden, Verbänden der freien Wohlfahrtspflege, Vereinen und Personen, deren Einfluss die Eingliederung der Gefangenen fördern kann, eng zusammen."

Brandenburg[10] sieht – wie andere Bundesländer auch- im Rahmen der Vorbereitung der Eingliederung (§ 50 Abs. 2) vor, dass die Anstalt mit Personen und Einrichtungen außerhalb des Vollzugs „frühzeitig" zusammenarbeiten und die zuständigen Stellen „an der sozialen und beruflichen Eingliederung der Straf- und Jugendstrafgefangenen" beteiligen soll.

Bremen[11] hat eine nahezu wortgleiche Regelung wie Brandenburg vorgenommen.

In *Hamburg*[12] arbeiten die Anstalten „mit den Behörden und Stellen der Entlassenen- und Straffälligenhilfe, der Bewährungs- und Jugendbewährungshilfe, der Aufsichtsstellen für die Führungsaufsicht, der Bundesagentur für Arbeit, den Trägern der Sozialversicherung und der Sozialhilfe, den Hilfeeinrichtungen anderer Behörden, den Verbänden der freien Wohlfahrtspflege sowie mit Vereinen und Personen die Eingliederung der Gefangenen fördern kann, insbesondere auch ehrenamtlich engagierte Personen, eng zusammen."

---

8 Gesetzbuch über den Justizvollzug in Baden-Württemberg vom 10. November 2009.

9 Gesetz über den Vollzug der Freiheitsstrafe, der Jugendstrafe und der Sicherungsverwahrung vom 10. Dezember 2007.

10 Gesetz über den Vollzug der Freiheitsstrafe, der Jugendstrafe und der Untersuchungshaft im Land Brandenburg (Brandenburgisches Justizvollzugsgesetz-BbgJVollzG) vom 24. April 2013.

11 Bremisches Strafvollzugsgesetz vom 25. November 2014, § 42.

12 Gesetz über den Vollzug der Freiheitsstrafe und der Sicherungsverwahrung vom 14. Juli 2009 (§ 107 Abs. 1).

Hessen[13] hat in § 16 Abs.1 HStVollzG detailliert benannt, mit welchen „Dritten" eine Anstalt „frühzeitig" zusammen zu arbeiten hat. Ungewöhnlich und bemerkenswert: Im letzten Satz der genannten Regelung wird die Bewährungshilfe unmittelbar verpflichtet: „Die Bewährungshilfe ist zu einer solchen Zusammenarbeit schon während des Vollzugs verpflichtet, um einen bestmöglichen Übergang der Betreuung zu gewährleisten." Hessen wartet auch mit einem weiteren bemerkenswerten Novum auf. Die „Einbeziehung Dritter" wird bereits in § 7, also im Ersten Titel, der die Grundsätze des Vollzugs der Freiheitsstrafe festlegt, genannt: „Die Anstalten arbeiten mit öffentlichen Stellen sowie privaten Organisationen und Personen, die der Eingliederung der Gefangenen förderlich sein können, zusammen." Damit wurde zum ersten Mal die Einbeziehung Dritter nicht nur als wünschenswert, förderlich oder sinnvoll benannt, sondern als Grundsatz des Vollzugs der Freiheitsstrafe normiert. Diese gesetzliche Regelung wird damit dem Auftrag aus dem Urteil des Bundesverfassungsgerichts zum Sozialstaatsprinzip in besonderer Weise gerecht.

Mecklenburg-Vorpommern[14] hat in § 42 Abs.2 StVollzG M-V eine nahezu wortgleiche Regelung wie Brandenburg vorgenommen.

Niedersachsen hat die Frage der Zusammenarbeit mit den Behörden und Stellen der Entlassenen- und Straffälligenhilfe in § 181 NJVollzG im Zusammenhang mit Organisationsbestimmungen geregelt.[15]

Nordrhein-Westfalen[16] wiederum ist dem Beispiel Hessens gefolgt und hat die Einbeziehung Dritter in die Vollzugsgestaltung bei den grundlegenden Bestimmungen in § 5 StVollzG NRW eingeordnet. Wörtlich wird z.B. festgehalten: „Die Arbeit ehrenamtlicher BetreuerInnen wird unterstützt" (§ 5 Abs.2, Satz 1 StVollzG NRW).

---

13 Gesetz über den Vollzug der Freiheitsstrafe und der Sicherungsverwahrung vom 28. Juni 2010.

14 Gesetz über den Vollzug der Freiheitsstrafe in Mecklenburg-Vorpommern (Strafvollzugsgesetz Mecklenburg-Vorpommern-StVollzG M-V) vom 7. Mai 2013.

15 Niedersächsisches Justizvollzugsgesetz (NJVollzG) vom 14. Dezember 2007 in der Fassung der Bekanntmachung vom 8. April 2014.

16 Gesetz zur Regelung des Vollzuges der Freiheitsstrafe in Nordrhein-Westfalen (Strafvollzugsgesetz Nordrhein-Westfalen-StVollzG NRW) vom 13. Januar 2015.

Rheinland-Pfalz[17] (§ 49 Abs.2 LJVollzG), *Saarland[18]* (§ 42 Abs. 2 SLSt-VollzG), *Sachsen[19]*(§ 42 Abs.2 SächsStVollzG) und *Thüringen[20]* (§50 Abs.2 ThürJVollzGB) haben ihre Landesregelungen unter dem Stichwort „Vorbereitung der Eingliederung" getroffen und nahezu wortgleich wie schon andere Bundesländer die frühzeitige Zusammenarbeit mit Personen und Einrichtungen außerhalb des Vollzugs hervorgehoben.

Schleswig-Holstein hat in einem am 1. September 2016 in Kraft getretenen Gesetz über den Vollzug der Freiheitsstrafe in Schleswig-Holstein [21] die Frage der Einbeziehung Dritter – dem Beispiel Hessens folgend – in den allgemeinen und grundlegenden Bestimmungen geregelt. So heißt es bei „Grundsätze der Vollzugsgestaltung" (§ 3 Abs. 7, Sätze 1 und 2): „Der Bezug der Gefangenen zum gesellschaftl9ichen Leben ist zu wahren und zu fördern. Personen und Einrichtungen außerhalb des Vollzuges sollen in den Vollzugsalltag einbezogen werden."

Bei *Berlin* und *Sachsen-Anhalt* standen landesspezifische Regelungen noch aus, so dass die Bestimmungen des bundesdeutschen Strafvollzugsgesetzes weiter gelten.

6 Zur Position von Diakonie Deutschland

Vor dem Hintergrund des konkreten staatlichen Handelns kommt der Positionierung von Diakonie Deutschland besondere Bedeutung zu. So hatte auch im Auftrag der Diakonischen Konferenz des Diakonischen Werks der EKD eine Expertengruppe eine Expertise gefertigt, die Uwe Becker im Jahr 2011 herausgegeben hatte unter dem Titel „Perspektiven der Diakonie im gesellschaftlichen Wandel"[22]. Eine Kernaussage dieser Expertise bestand in der Feststellung, dass über die Bedeutung des caritativen und diakonischen Handelns als helfendes Handeln hinaus auf der politischen Ebene des öffentlichen Handelns auch dem institutionellen Gewicht von Caritas und Diakonie eine immer größere Bedeutung zukomme.

---

17 Landesjustizvollzugsgesetz (LJVollzG) vom 8. Mai 2013.

18 Gesetz über den Vollzug der Freiheitsstrafe im Saarland (Saarländisches Strafvollzugsgesetz-SLStVollzG) vom 24. April 2013.

19 Gesetz über den Vollzug der Freiheitsstrafe und des Strafarrests im Freistaat Sachsen (Sächsisches Strafvollzugsgesetz-SächsStVollzG) vom16. Mai 2013.

20 Thüringer Justizvollzugsgesetzbuch (ThürJVollzGB) vom 27. Februar 2014.

21 Landesstrafvollzugsgesetz Schleswig-Holstein – LStVollzG SH vom 1.09.2016.

22 Becker, a.a.O.

Von dieser diakoniepolitischen Position hat sich Diakonie Deutschland bei den Themen Strafvollzug und Straffälligenhilfe zumindest im organisatorischen, personellen und finanziellen Bereich, aber auch in den inhaltlichen Aussagen in den letzten Jahren kontinuierlich und offenbar entscheidend zurückgezogen.

Seit Beginn der 2000er Jahre gab es eine enge Verflechtung zwischen der Arbeit des Diakonischen Werks und ihrem Fachverband Evangelische Konferenz für Straffälligenhilfe, die gemäß den getroffenen Vereinbarungen z.B. in Verlautbarungen wie folgt formuliert wurde[23]:

Hintergrund: Evangelische Konferenz für Straffälligenhilfe (EKS)
Die EKS fasst die Arbeit von evangelischen Organisationen und Einrichtungen zusammen, die im Bereich der Straffälligen-, Gefangenen- und Haftentlassenenhilfe tätig sind. Sie betätigt sich als Lebens- und Wesensäußerung der Evangelischen Kirche in Deutschland (EKD) im Sinne evangelischer Diakonie und in praktischer Ausübung christlicher Nächstenliebe. Mitglieder der Konferenz sind die Diakonischen Werke der Gliedkirchen und evangelischen Einrichtungen und Dienste im genannten Bereich auf Bundesebene. Die EKS ist als einer von 70 Fachverbänden dem Evangelischen Werk für Diakonie und Entwicklung (EWDE) angeschlossen.

Beim Diakonie Bundesverband gab es einen Referenten, der mit der Hälfte seiner Tätigkeit für den Bereich Straffälligenhilfe zuständig war und – wie in vergleichbaren Fällen anderer Fachverbände auch – in Personalunion die Geschäftsführung der Evangelischen Konferenz für Straffälligenhilfe wahrnahm. Zur Referententätigkeit gehörten Bildung, Einberufung und Leitung eines Arbeitskreises zu fachlichen Fragestellungen, um die Verbindung zur Basis auf den verschiedenen Ebenen herzustellen und um sich über die aktuelle Situation vor Ort zu informieren. Diese Funktion wurde in den vergangenen Jahren faktisch durch den Vorstand der EKS im Einvernehmen mit dem Diakonie Bundesverband ausgeübt. Durch die Personalunion des Referenten mit der Geschäftsführung war eine Synergie gegeben.

Zur Referententätigkeit gehörte auch die Information der gliedkirchlichen Diakonischen Werke über aktuelle Ereignisse und über die entsprechende diakoniepolitische Positionierung. Dies geschah in vielen Fällen auf dem Postweg oder elektronisch. Bei einigen Themen bedurfte es eines Fach-

---

23 Pressemitteilung Nr. 02/2014 vom 7. Oktober 2014 („Neue Wege in der evangelischen Straffälligenhilfe").

tags oder einer methodischen Veranstaltung. Diese Funktion hatte in den vergangenen Jahren ebenfalls faktisch die EKS ausgeübt, wobei vielfach der Fachtag oder die Fachwoche aus Synergiegründen mit der Mitgliederversammlung der EKS verbunden wurden. Die fachbezogene Mitarbeit bei der LIGA der Wohlfahrtsverbände auf Bundesebene und die Verbreitung der Informationen an die gliedkirchlichen Diakonischen Werke erfolgte ebenfalls durch den für Straffälligenhilfe zuständigen Referenten. Der Diakonie Bundesverband ist Mitglied bei der Bundesarbeitsgemeinschaft Straffälligenhilfe (BAG-S) und wurde dort vom Referenten vertreten.

Die Situation beim Diakonie Bundesverband im Bereich Straffälligenhilfe war seit dem Weggang des etatmäßigen Referenten im Mai 2011 problematisch und wurde auch durch die Einstellung einer unerfahrenen Halbtagskraft (entgegen dem EKS- Votum) für wenige Monate in den Jahren 2012 und 2013 und eine weitere Übergangslösung nicht positiv verändert. Die inhaltliche Arbeit hatten seit Mai 2011 die Vorstandsmitglieder der EKS geleistet. Verschiedene Pressemitteilungen z.B. zur Sicherungsverwahrung, zur Arbeitslosenversicherung der Gefangenen, zur Rente für arbeitende Gefangene oder zu § 63 StGB belegen dies beispielhaft. Die Pressemitteilungen der EKS hätte auch der Diakonie Bundesverband übernehmen oder verantworten können, was nicht geschah. Eine inhaltliche Positionierung des Diakonie Bundesverbands hat seit dieser Zeit nicht mehr stattgefunden. Vorrang sollte die Einbeziehung der Landesreferenten der gliedkirchlichen diakonischen Werke mit ihrer fachlichen Kompetenz im jeweiligen thematischen Bedarfsfall haben.

Im Jahr 2014 wurde die Geschäftsführung des Fachverbandes durch den Diakonie Bundesverband ebenso einseitig aufgekündigt wie die bis dahin geltende separate Reisekostenregelung für den ehrenamtlichen Vorsitzenden der EKS. Weitere finanzielle Zuschüsse für die inhaltliche Arbeit wurden für die Zukunft gestrichen. Die Geschäftsführung wurde EKS-intern geregelt und von 2014 bis zur Auflösung der EKS im Jahr 2015 durch Diakonie Sachsen in Radebeul und das „Schwarze Kreuz" in Celle wahrgenommen.

Als Folge dieser Entwicklung traf die EKS in einer Mitgliederversammlung am 7. Oktober 2014 in Hannover schließlich die Grundsatzentscheidung, den Weg zur Bildung eines neuen Fachverbandes gemeinsam mit der Evangelischen Obdachlosenhilfe in Deutschland e. V. (EvO) freizumachen. Damit wurden die Weichen für die Arbeit in den nächsten Jahren gestellt. Die EKS musste aus formaljuristischen Gründen zunächst ihre Auflösung beschließen, bevor sich der neue Fachverband am 2. Juni 2015 konstituieren und die erforderlichen Wahlen für einen paritätisch zu besetzenden Vorstand durchführen konnte.

Der besonderen Funktion der EKS wurde dadurch Rechnung getragen, dass ihre bisherigen Aufgaben durch einen „ständigen Fachausschuss Straffälligenhilfe" wahrgenommen werden. Hierzu zählt insbesondere die Einbeziehung der Evangelischen Konferenz für Gefängnisseelsorge in Deutschland, die einen Vertreterin oder einen Vertreter in den Fachausschuss entsenden kann. Hierdurch sollte an die bewährte gemeinsame Tradition seit Gründung beider Konferenzen im Jahr 1927 angeknüpft werden. Ähnliches gilt für die ökumenische Zusammenarbeit mit der Katholischen Bundes-Arbeitsgemeinschaft Straffälligenhilfe, mit der seit Jahren gemeinsame öffentliche Verlautbarungen erfolgten und gemeinsame Vorstandssitzungen und Fachwochen stattfanden.[24] Besonders hervorzuheben ist der von Evangelischen Konferenz für Straffälligenhilfe und der Katholischen Bundes-Arbeitsgemeinschaft Straffälligenhilfe gemeinsam verantwortete „Orientierungsrahmen zur Zusammenarbeit mit dem Justizvollzug", der 12 Jahre nach der ersten Auflage in aktualisierter Form im Jahr 2010 herausgegeben wurde.[25]

Die Darstellung lässt unschwer erkennen, dass der neue Weg in die „Unselbständigkeit" „nicht ganz freiwillig und schmerzfrei" eingeschlagen wurde. So äußerte der EKS- Vorsitzende am 7. Oktober 2014:[26]

„Obwohl wir uns eine andere Lösung hätten vorstellen und insbesondere die Aufgabe der bisherigen Synergie zwischen dem Fachverband EKS und der Referententätigkeit des Diakonie Bundesverbandes fachlich nicht nachvollziehen können, haben wir uns den übergeordneten strukturellen Überlegungen und Maßnahmen nicht verschließen wollen. Wir erwarten nun allerdings, dass der Diakonie Bundesverband mit der gleichen Konsequenz auch andere Fachverbände zur Zusammenarbeit und Fusion bringt. Wir hoffen weiterhin, dass die Straffälligenhilfe als kirchlich-diakonische Aufgabe im Diakonie Bundesverband wieder einen höheren Stellenwert bekommt".

---

24 Siehe hierzu beispielhaft die Dokumentation der Fachwoche vom 25.–27. November 2013 in Wiesbaden bei Schäfer/Bunde, Ökonomische Faktoren in der Straffälligenhilfe. Wirtschaftlichkeit contra Resozialisierung?

25 Siehe hierzu ausführlich Düringer/Schäfer, Was kann kirchliche Straffälligenhilfe leisten?

26 Pressemitteilung Nr. 02/2014 vom 7. Oktober 2014 („Neue Wege in der evangelischen Straffälligenhilfe").

Der am 2. Juni 2015 neu gegründete „Evangelische Bundesfachverband Existenzsicherung und Teilhabe e.V. (EBET) – Wohnungsnotfall- und Straffälligenhilfe" erklärte in einer Pressemeldung vom 4. Juni 2015 Folgendes[27]:

> *„Die Evangelische Konferenz für Straffälligenhilfe (EKS) und die Evangelische Obdachlosenhilfe in Deutschland e. V. (EvO) haben sich zum Evangelischen Bundesfachverband Existenzsicherung und Teilhabe (EBET) – Wohnungsnotfall- und Straffälligenhilfe zusammengeschlossen. „Wir sehen den Zusammenschluss der beiden Fachverbände als zukunftsweisende Entscheidung, die gute organisatorische Rahmenbedingungen schafft für die Arbeit für die Menschen, die wie obdachlose und straffällige Menschen am Rande der Gesellschaft stehen. Wir bedanken uns bei allen, die diesen Schritt ermöglichten.", erklärte der Vorsitzende, Jens Rannenberg.*
>
> *Der neue Verband EBET fasst zum einen die Arbeit von evangelischen Organisationen und Einrichtungen zusammen, die im Bereich der Straffälligen-, Gefangenen- und Haftentlassenenhilfe tätig sind. Zum anderen vertritt er rund 450 diakonische Einrichtungen und Dienste in der Bundesrepublik, die sich um obdachlose und ausgegrenzte Menschen kümmern. Der Bundesfachverband ist dem Evangelischen Werk für Diakonie und Entwicklung angeschlossen.*
>
> *Als Vorstand im Sinn des Bürgerlichen Gesetzbuchs vertreten Helmut Bunde, Radebeul, Stefan Gillich, Frankfurt/M. und Jens Rannenberg, Kästorf, den Evangelischen Bundesfachverband Existenzsicherung und Teilhabe e. V. (EBET) – Wohnungsnotfall- und Straffälligenhilfe nach außen."*

7 Zur Position der Evangelischen Kirche in Deutschland (EKD)

Hatte bei der Diakonie Deutschland die Ländergesetzgebung für den Strafvollzug die Entscheidung für den Vorrang der Einbeziehung der Landesreferenten der gliedkirchlichen diakonischen Werke erleichtert oder befördert, war die Föderalismusreform auch für die Evangelische Kirche in Deutschland (EKD) offenbar ein Anlass, sich nicht mehr in zentraler kirchenpolitischer Verantwortung für das Thema Strafvollzug zu sehen.

---

27 Pressemitteilung vom 4. Juni 2015 („Evangelischer Bundesfachverband Existenzsicherung und Teilhabe e.V. (EBET) – Wohnungsnotfall- und Straffälligenhilfe aus der Taufe gehoben").

Durch die Föderalismusreform hatte der Bundesgesetzgeber zum 1. September 2006 seine Gesetzgebungszuständigkeit verloren.[28] Der Übergang der Gesetzgebungskompetenz ist vor dem Hintergrund des damaligen Bund-Länder-Streits um Zuständigkeiten zu sehen, hatte also keine fachliche Begründung.[29] Entsprechend kritisch waren Kommentare und Appelle der Fachöffentlichkeit[30] und Entschließungen kirchlicher Gremien. So hatten z.b. Strafrechtswissenschaftler, Strafvollzugsrechtler und Kriminologen im Dezember 2004 eine entsprechende Erklärung unterzeichnet („Gesetzgebungskompetenz muss beim Bund bleiben")[31]. Die Evangelische Konferenz für Gefängnisseelsorge in Hessen hatte sich im April 2006 an die Kirchensynode der Evangelischen Kirche in Hessen und Nassau gewandt mit der Anregung und Bitte, sich gegen die beabsichtigte Kompetenzverlagerung der Strafvollzugsgesetzgebung auszusprechen. Auf Antrag des Kirchensynodalvorstandes beschloss die Kirchensynode der EKHN am 5. Mai 2006 u.a. Folgendes[32]:

> *„Die Kirchensynode der Evangelischen Kirche in Hessen und Nassau lehnt die Kompetenzverlagerung für die Gesetzgebung im Strafvollzug an die Länder deutlich ab und plädiert für eine Beibehaltung der Verantwortung des Bundes.*
>
> *Gerechtigkeit erfordert Rechtseinheit, d.h. eine in gleicher Form gültige, also möglichst gerechte Umsetzung eines gefällten Urteils unter Wahrung der Menschenwürde."*

Eine entsprechende deutliche Positionierung der EKD war nicht erkennbar. Allerdings hatte sich die EKD bereits vor der Föderalismusreform organisatorisch, personell und finanziell im Wesentlichen von den Themen Strafvollzug und Straffälligenhilfe verabschiedet. Während sich auf gliedkirchlicher Ebene die Kirchensynode der Evangelischen Kirche in Hessen und Nassau im Jahr 2000 mit dem Schwerpunktthema „Justizvollzug, Gefängnisseelsorge und

---

28 Siehe Föderalismusreformgesetz vom 28.8.2006 (BGBL. I, 2006, S. 2034).

29 Neubacher, Abschnitt E, Rdnr. 13, in: Laubenthal/Nestler/Neubacher,/Verrel, Strafvollzugsgesetze; Jehle, Rdnr. 8 vor § 1., in: Schwind/Böhm/Jehle/Laubenthal, Strafvollzugsgesetz.

30 So z.B. Müller-Dietz, Heinz, Strafvollzugsrecht als Ländersache?, S. 38–40; Schäfer, Dreißig Jahre Strafvollzugsgesetz-eine Erfolgsbilanz?, S. 198–203.

31 Cornel, S. 2 f.

32 Kirchensynodalvorstand der EKHN (Hg.), Protokoll der Verhandlungen der Kirchensynode der EKHN über die 5. Tagung der Zehnten Synode, S. 225; Evangelische Kirche in Hessen und Nassau, Pressemitteilung 23/2006 vom 5. Mai 2006 („EKHN-Synode kritisiert Pläne zur Regionalisierung des Strafvollzugs").

Straffälligenhilfe" beschäftigt hatte[33] und mit ihren klaren Aussagen zum Resozialisierungsgebot des Strafvollzugsgesetzes nicht nur die Verantwortung der gesamten Kirche für Gefangene und deren Angehörige, die Opfer von Straftaten und die Bediensteten in den Justizvollzugsanstalten betont[34], sondern auch den öffentlichen Widerspruch des hessischen Justizministers hervorgerufen hatte[35], wurden frühere Aktivitäten zu diesen Themen von Synode, Rat und Kirchenamt der EKD nicht mehr fortgesetzt. Augenfällig wurde die neue Denkweise und geänderte Schwerpunktsetzung, als der Rat der EKD am 26. März 2004 beschloss, die (halbe) Pfarrstelle für den EKD-Beauftragten für die Seelsorge an Justizvollzugsanstalten ab dem Haushaltsjahr 2005 zu streichen. In der Haushaltsdebatte in der EKD-Synode im November 2004[36] hatte der Vorsitzende des Haushaltsausschusses dazu u.a. ausgeführt:

> „Diese Beauftragung wurde damals im Zusammenhang mit der Inhaftierung der sog. Baader-Meinhof-Gruppe ausgesprochen und sollte der Klärung von komplexen Fragen der Seelsorge in Hochsicherheitstrakten, bei Hungerstreiks, usw. dienen. Der Rat der EKD sieht die Bewältigung der Anforderungen im Bereich der Gefängnisseelsorge auch heute noch als ein wichtiges Thema an, hält jedoch eine hauptamtliche Beauftragung nicht mehr für erforderlich. "

In der darauf folgenden Debatte wiesen Synodale darauf hin, dass der Beauftragte der EKD 23 Jahre lang eine bewährte Anlaufstelle für die Gefängnisseelsorge und für die Verantwortlichen in den Vollzugsanstalten und Ministerien war und dass die beiden bisherigen Amtsinhaber ein (auch der EKD zu Gute kommendes) hohes Ansehen besaßen. Es wurde auch eine klare inhaltliche Positionierung der EKD in Zeiten vielfacher Paradigmenwechsel im Strafvollzug gefordert[37]. Die EKD-Synode stimmte schließlich mit der Verabschiedung des Haushalts für das Jahr 2005 der Stellenstreichung zu. Als „Trostpflaster" für die Stellenstreichung wurden die Mittel für die Konferenz der Gefängnisseelsorge um 15.000 Euro

---

33 Kirchensynodalvorstand der EKHN (Hg.), Protokoll der Verhandlungen der Kirchensynode der EKHN über die 7. Tagung der Neunten Synode, S. 79–134.

34 Siehe Evangelische Kirchenzeitung vom 17.12.2000.

35 Presseinformation Nr. 174/2000 des Hessischen Ministeriums der Justiz vom 7. Dezember 2000 („Justizminister Dr. Christian Wagner: Resolution der Synode der Evangelischen Kirche von Hessen und Nassau nimmt die Realitäten im Strafvollzug nicht zur Kenntnis").

36 Kirchenamt der EKD, Bericht über die 3. Tagung der 10. Synode der Evangelischen Kirche in Deutschland, S. 101.

37 Ebd., S. 106.

erhöht und damit verdoppelt. Die inhaltliche Arbeit sollte also nicht mehr hauptamtlich durch das Kirchenamt der EKD verantwortet werden, sondern wurde den in der Konferenz insoweit neben- und ehrenamtlich tätigen GefängnisseelsorgerInnen der Justizvollzugsanstalten der Länder auferlegt.

In den Folgejahren wurden in der EKD-Synode Themen von Strafvollzug und Straffälligenhilfe nicht mehr explizit behandelt. Auch die der Synode vorgelegten und vorgetragenen Berichte des Diakonischen Werks bzw. von Diakonie Deutschland enthielten keine Aussagen zu diesen Themen.

Diese Entwicklung ist nicht nur bedauerlich, sondern vor dem Hintergrund der wichtigen Rolle, die die EKD in früheren Jahren spielte, kaum nachvollziehbar. So war die Evangelische Konferenz für Gefängnisseelsorge in Deutschland – wie schon erwähnt - ebenfalls am 17. Oktober 1927 in Berlin gegründet worden. Sie hatte in all den Jahren unter schwierigsten Bedingungen sachkundig und engagiert die Belange der Gefängnisseelsorge in Deutschland vor Ort, in den regionalen Bezügen und bundesweit vertreten. Die Unabhängigkeit in inhaltlichen Fragen einerseits und die Anbindung an die EKD und die Geschäftsführung im Kirchenamt andererseits waren für die Konferenz immer wichtig.

Die Empfehlungen der EKD zur Seelsorge in Justizvollzugsanstalten von 1979[38] und noch umfassender die Denkschrift der EKD zum Strafvollzug 1990[39] haben den kirchlichen Auftrag deutlich gemacht, öffentlich für die Belange eines behandlungsorientierten Strafvollzugs einzutreten.[40] Auf dieser Grundlage hat auch die Evangelische Konferenz für Gefängnisseelsorge in Deutschland immer wieder öffentlich ihre Stimme erhoben, sei es in einem „Wort zur besonderen Situation ausländischer Inhaftierter" (1983), in einem Plädoyer „Für Abschaffung der lebenslangen Freiheitsstrafe" (1990), in einem „Votum zur Abschiebehaft und zur besonderen Situation ausländischer Inhaftierter" (1995) oder nach einer gemeinsamen Vorstands- und Beiratssitzung mit den katholischen SeelsorgerInnen bei den bundesdeutschen Justizvollzugsanstalten (1993) mit einer Presseerklärung, die eine dramatische „Anklage" der Verhältnisse in der Untersuchungshaft darstellte und massive Vorwürfe an die Verantwortlichen enthielt.

---

38 Kirchenkanzlei der EKD (Hg.), Seelsorge in Justizvollzugsanstalten.

39 Kirchenamt der EKD (Hg.), Strafe: Tor zur Versöhnung?; Müüler-Dietz, Heinz, Die Denkschrift der EKD zum Straffolzug, S. 15 ff.

40 Vgl. Schäfer, Rdnr. 17 zu § 157 m.w.N., in: Schwind/Böhm/Jehle/Laubenthal, Strafvollzugsgesetz

Viele grundlegende und positive Veränderungen im Strafvollzug sind erst durch Initiative von christlich motivierten Menschen und insbesondere von Gefängnisseelsorgern entstanden. Für Verantwortliche im Strafvollzug und für die Politik, in einigen Fällen wohl auch für die kirchlich Verantwortlichen, war Gefängnisseelsorge daher nie „bequem", wenn es um Fragen des Umgangs mit straffällig gewordenen Menschen ging. Speziell für die Gefängnisseelsorge ist zudem auch auf die 2009 veröffentlichten „Leitlinien für die Evangelische Gefängnisseelsorge in Deutschland" zu verweisen („Ich war im Gefängnis, und ihr seid zu mir gekommen").

8 Perspektiven für die evangelische Straffälligenhilfe

Wie kann also „das Morgen" der evangelischen Straffälligenhilfe und – in diesem Kontext einzubeziehen – der evangelischen Gefängnisseelsorge in der länderübergreifenden Wahrnehmung in Anbetracht der Entwicklung in den letzten Jahren aussehen? Gibt es überhaupt eine Zukunft? Einige Überlegungen sollen Möglichkeiten der verfassten Kirche (hier: EKD) und der diakonischen Kirche (hier: Diakonie Deutschland) aufzeigen, damit die kirchliche Verantwortung in den Bereichen Strafvollzug und Straffälligenhilfe erkennbar wird und Wirksamkeit entfalten kann.

Die Evangelische Konferenz für Straffälligehilfe und die Evangelische Konferenz für Gefängnisseelsorge in Deutschland haben bereits gemeinsam angeregt, die EKD möge mit einer Neufassung einer „Denkschrift", die wie 1990 über Seelsorgefragen hinausgehen sollte, wieder zum Strafvollzug Position beziehen.[41] Dabei ist es nicht der reine Zeitablauf, der die Idee aufkommen lässt, nach über 25 Jahren eine Aktualisierung vorzunehmen. Vielmehr sind es die in Staat und Gesellschaft festzustellenden Veränderungen und Umwälzungen, die sich auch auf die Verhältnisse in Justizvollzug und Justizvollzugsanstalten auswirken und aktuelle orientierende kirchliche Antworten notwendig erscheinen lassen.

Nicht abschließend, aber beispielhaft seien zu den Veränderungen seit 1990 folgende Stichworte genannt:

• Wiedervereinigung in Deutschland

• Europäischer Einigungsprozess

---

41 EKS, Pressemitteilung Nr. 01/2014 vom 5. Mai 2014 („Kirchliche Positionierung zum Strafvollzug erwünscht").

- Globalisierung. Zuwanderung
- Demographische Entwicklung
- Veränderung der Gefangenenpopulation, muslimische Gefangene
- Veränderung der Gefangenenzahlen
- Föderalismusreform und Ländergesetzgebung
- Privatisierung in Strafvollzug und Straffälligenhilfe
- Neue Sicherheitssysteme (Elektronische Überwachung)
- Neue Informationssysteme (IT)
- Neue bauliche Konzepte und Maßnahmen
- Betreuung und Entlassung von besonderen Personengruppen (Sicherungsverwahrte, Sexualstraftäter)
- Umgang mit Abschiebungsgefangenen

Als Gegenargument reicht es dabei nicht aus, im Hinblick auf die Ländergesetzgebung im Strafvollzug auf eine Zuständigkeit der einzelnen Landeskirchen zu verweisen. Zum einen ist die Beteiligung der Kirchenkonferenz ohnehin eine wichtige Erkenntnisquelle für die EKD und wird es auch trotz Ländergesetzgebung bleiben. Zum andern sind Grundrechte und sich aus dem Grundgesetz ergebenden Grundsätze und Prinzipien (Rechtsstaatsprinzip, Sozialstaatsprinzip) über Länderzuständigkeiten hinausgehende inhaltliche Leitlinien, die für den Strafvollzug Geltung haben. Und die Bibel ist schließlich auch nicht „Ländersache". Für die EKD in ihrer Zuständigkeit und Kompetenz gibt es also genügend Anlass, sich in einem zwar immer wieder umkämpften, im Wesentlichen nicht sonderlich populären und „attraktiven", aber für die betroffenen Personen (Opfer und Täter, Gefangene und Bedienstete, Gefangene und Angehörige, Familien und Nachbarn) außerordentlich wichtigen Bereich zu engagieren und zu artikulieren.

Der oben erwähnte Orientierungsrahmen der Evangelischen Konferenz für Straffälligenhilfe und der Katholischen Bundes-Arbeitsgemeinschaft Straffälligenhilfe zur Zusammenarbeit mit dem Justizvollzug greift ebenfalls die in den letzten Jahren erheblich veränderten Bedingungen in Strafvollzug und Straffälligenhilfe auf. Dieser Orientierungsrahmen ist keineswegs lediglich eine Information und Anregung für die „eigenen Reihen". Er ist auch keine unbotmäßige Einmischung in staatliche Zuständigkeiten.

Vielmehr ist er eine unerlässliche Beteiligung christlichen Engagements hinsichtlich der Behandlung und Betreuung straffällig gewordener und inhaftierter Menschen. Im oben erwähnten Gleichnis vom Barmherzigen Samariter werden bereits – wenn man so will – Rechtsstaatsprinzip und Sozialstaatsprinzip und vor allem auch die Bedeutung der Menschenwürde ungeachtet sperriger religiöser oder politischer Auffassungen erkennbar.

Im Jahr 2011 hatte sich der Vorstand der Evangelischen Konferenz für Straffälligenhilfe in einer Klausurtagung Gedanken zu Standortbestimmung und Perspektiven der christlichen Straffälligenhilfe gemacht und folgende Thesen formuliert:

1. Die christliche Straffälligenhilfe hat sich dafür einzusetzen, dass Resozialisierung als soziale Integration, Chancengerechtigkeit und gesellschaftliche Teilhabe erhalten bleibt. Ich bin etwas zuversichtlicher als noch vor einiger Zeit, dass uns das gelingen wird.

2. Christliche Straffälligenhilfe muss erkennbar und glaubwürdig sein. Sie muss erkennbar sein durch das Evangelium, da ansonsten ihr Angebot sich nicht vom Angebot anderer freier Träger unterscheidet. Das christliche Menschenbild, christliche Traditionen und ethische Prämissen sind wichtige Grundlagen für den Zusammenhalt unserer Gesellschaft. Caritas und Diakonie übernehmen staatliche Aufgaben und geben ihnen ein eigenes Profil. Wir müssen uns insoweit immer wieder selbst prüfen.

3. Christliche Straffälligenhilfe muss der Gefahr begegnen, innerhalb der Kirche als Spezialorganisation von der gesamtkirchlichen Verantwortung abgeschnitten zu werden. Wo kein diakonisches Handeln gegeben ist, ist Kirche möglicherweise nur ein religiöser Club. Verkündigung und Seelsorge als Kernaufgaben von verfasster Kirche sind ohne diakonisches Handeln Stückwerk und stellen allein nicht „Kirche" im umfassenden Sinn dar.

Die evangelische Straffälligenhilfe (im ökumenischen Kontext: die christliche Straffälligenhilfe) verfügt mit dem biblischen Gebot der Nächstenliebe über ein Alleinstellungsmerkmal besonderer Art.[42] Sie wirkt maßgeblich daran mit, dass Resozialisierung als soziale Integration, Chancengerechtigkeit und gesellschaftliche Teilhabe erhalten bleibt. Sie hilft Strafgefangenen, sich aus dem Teufelskreis der Straffälligkeit zu lösen. Ihre tätige Nächstenliebe „befreit".

---

42 So schon Deimling, S. 13–26.

Verfasste und diakonische Kirche werden ihrer gesellschaftlichen Verantwortung und Bedeutung, aber auch ihrer innerkirchlichen Verantwortung gegenüber den vielen engagierten MitarbeiterInnen in der Gefängnisseelsorge und in der evangelischen Straffälligenhilfe nur dann gerecht, wenn sie die Diskussion um die Themen Strafvollzug und Straffälligenhilfe nicht ausschließlich der seelsorgerlichen und diakonischen Praxis überlassen, sondern im kirchlichen, politischen und gesellschaftlichen Diskurs selbst erkennbar und glaubwürdig Zeugnis ablegen und inhaltlich Position beziehen.

Literatur

Becker, Uwe (Hg.): Perspektiven der Diakonie im gesellschaftlichen Wandel, Berlin 2011.

Böhm, Alexander: Kirche im Strafvollzug – Gefängnisseelsorge im Wandel der Zeit, in: ZfStrVo 1995, S. 3–13 = Reader Gefängnisseelsorge RGS) 1995, S. 39–49.

Böhm, Alexander: Zur Geschichte der Gefängnisseelsorge seit 1927, in: Reader Gefängnisseelsorge (RGS) 2002, S. 34–46 (Heft 11).

Cornel, Heinz: Gesetzgebungskompetenz für den Strafvollzug- Föderalismuskommission wünscht Übertragung auf Länder, in: Neue Kriminalpolitik 2005, S. 2 und 3.

Deimling, Gerhard: Zum Selbstverständnis christlicher Straffälligenhilfe in Geschichte und Gegenwart, in: Gefährdetenhilfe Scheideweg (Hg.), Diakonische Straffälligenhilfe schafft Lebensräume, Dokumente und Konzepte aus der internationalen Gefährdetenhilfe-Bewegung, 2. Aufl. 1995, S. 13–26.

Düringer, Hermann/Schäfer, Karl Heinrich (Hg.): Was kann kirchliche Straffälligenhilfe leisten? Zur Umsetzung des Orientierungsrahmens zur Zusammenarbeit mit dem Justizvollzug, Frankfurt/Main 2012.

Kirchenamt der EKD (Hg.): Strafe: Tor zur Versöhnung? Eine Denkschrift der EKD zum Strafvollzug, Gütersloh 1990.

Kirchenamt der EKD, Bericht über die 3. Tagung der 10. Synode der Evangelischen Kirche in Deutschland vom 7. bis 11. November 2004 in Magdeburg.

Kirchenkanzlei der EKD (Hg.): Seelsorge in Justizvollzugsanstalten. Empfehlungen des Rates der EKD, Gütersloh 1979.

Kirchensynodalvorstand der EKHN (Hg.): Protokoll der Verhandlungen der Kirchensynode der EKHN über die 7. Tagung der Neunten Synode vom 5. bis 9. Dezember 2000.

Kirchensynodalvorstand der EKHN (Hg.): Protokoll der Verhandlungen der Kirchensynode der EKHN über die 5. Tagung der Zehnten Synode vom 4. bis 6. Mai 2006.

Laubenthal, Klaus/Nestler, Nina/Neubacher, Frank/Verrel, Torsten: Strafvollzugsgesetze, 12. Auflage, München 2015.

Müller-Dietz, Heinz: Die Denkschrift der EKD zum Strafvollzug, in: ZfStrVo 1991, 15 ff.

Müller-Dietz, Heinz: Strafvollzugsrecht als Ländersache?, in: ZfStrVo 2005, S. 38–40.

Schäfer, Karl Heinrich: Anstaltsbeiräte – die institutionalisierte Öffentlichkeit?, Heidelberg 1987.

Schäfer, Karl Heinrich: Dreißig Jahre Strafvollzugsgesetz-eine Erfolgsbilanz?, in: ZfStrVo 2006, S. 198–203.

Schäfer, Karl Heinrich: Kirchliche Straffälligenhilfe und gesellschaftliche Verantwortung, in: Düringer/ Schäfer, a.a.O., S. 9–16.

Schäfer, Karl Heinrich/Bunde, Helmut (Hg.): Ökonomische Faktoren in der Straffälligenhilfe. Wirtschaftlichkeit contra Resozialisierung?, Freiburg 2014.

Schwind, Hans Dieter/Böhm, Alexander/Jehle, Jörg-Martin/Laubenthal, Klaus (Hg.), Strafvollzugsgesetz – Bund und Länder, Kommentar, 6. Auflage Berlin 2013.

7

Struktur und Entwicklung der Angebote der diakonischen Straffälligenhilfe

Wolfgang Schmitt

1 Vorbemerkung

Die Diakonie Deutschland ist mit ihren 30.100 Angeboten und einer Kapazität von über einer Million Betten/Plätzen bundesweit zweitgrößter Träger von Einrichtungen für die Pflege, Betreuung und Begleitung von Menschen. In diesen Einrichtungen arbeiten etwa 464.000 qualifizierte MitarbeiterInnen

Die Statistik im Zentrum Kommunikation der Diakonie Deutschland informiert mit der Einrichtungsstatistik zuverlässig und aktuell über die der Diakonie angeschlossenen Einrichtungen und Dienste[1], ihre Kapazitäten sowie die in ihnen tätigen hauptamtlichen Mitarbeitenden[2].

---

1 Nicht erfasst werden die Maßnahmen der Katastrophenhilfe.

2 Bei den in der Einrichtungsstatistik erhobenen Mitarbeitenden handelt es sich nicht nur um Pflegepersonal, sondern auch um andere Dienstarten. Mögliche Mitarbeiter/Platz- oder Mitarbeiter/Betten-Relationen sollten also vorsichtig interpretiert werden. Nicht erfasst werden die auf Honorarbasis tätigen sowie die insgesamt schätzungsweise rund 700.000 ehrenamtlichen Mitarbeitenden.

Um Veränderungen sehen zu können, ist die Einrichtungsstatistik als Langzeitstudie konzipiert. Sie wird in Zusammenarbeit mit den Landesverbänden in zweijährigem Turnus und mit einem nahezu gleichen Untersuchungsdesign durchgeführt, um neben aktuellen Daten auch langfristige Entwicklungen zu dokumentieren und gute Vergleichbarkeit zu gewährleisten.

2 Diakonische Straffälligenhilfe

In der Einrichtungsstatistik der Diakonie Deutschland werden folgende Angebote der Straffälligenhilfe erfasst:

- im stationären Bereich die Übergangsheime und Wohngemeinschaften für gefährdete Erwachsene, insbesondere Haftentlassene,

- im ambulanten Zweig die Stellen der Jugendgerichtshilfe,

- die Beratungsstellen für Straffällige und Haftentlassene sowie

- die ambulanten Maßnahmen für Straffällige: Täter-Opfer-Ausgleich, gemeinnützige Arbeit inkl. sozialpädagogischer Betreuung.

Zum Stichtag 01.01.2014 wurden

- 26 diakonische Übergangsheime und Wohngemeinschaften für gefährdete Erwachsene mit insgesamt 442 Betten und 164 Mitarbeitenden gezählt,

- 27 Stellen der Jugendgerichtshilfe mit 92 Beschäftigten,

- 63 Beratungsstellen für Straffällige und Haftentlassene mit 124 Angestellten sowie

- 8 ambulante Maßnahmen für Straffällige mit 16 Mitarbeitenden.

Schaubild 1 gibt einen Überblick über die Entwicklung der Zahl der Angebote, Kapazitäten und Mitarbeitenden der diakonischen Straffälligenhilfe insgesamt. Während die Zahl der Angebote der diakonischen Straffälligenhilfe insgesamt seit dem Jahr 2002 mit 123 Angeboten und dem Jahr 2014 mit 124 Angeboten nahezu unverändert blieb, sind die Mitarbeitendenzahlen in diesem Zeitraum leicht gesunken, von 413 auf 396, um 4 Prozentpunkte.

Schaubild 1:

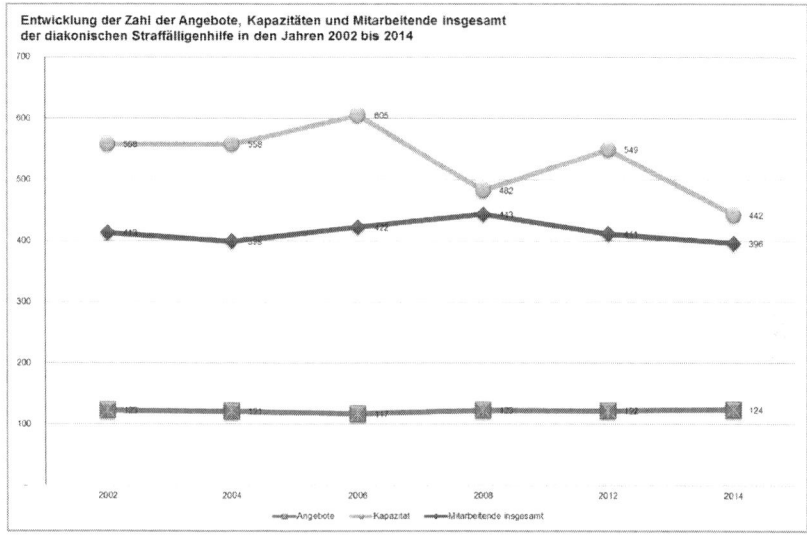

Entwicklung der Zahl der Angebote, Kapazitäten und Mitarbeitende insgesamt
der diakonischen Straffälligenhilfe in den Jahren 2002 bis 2014

Schaubild 2:

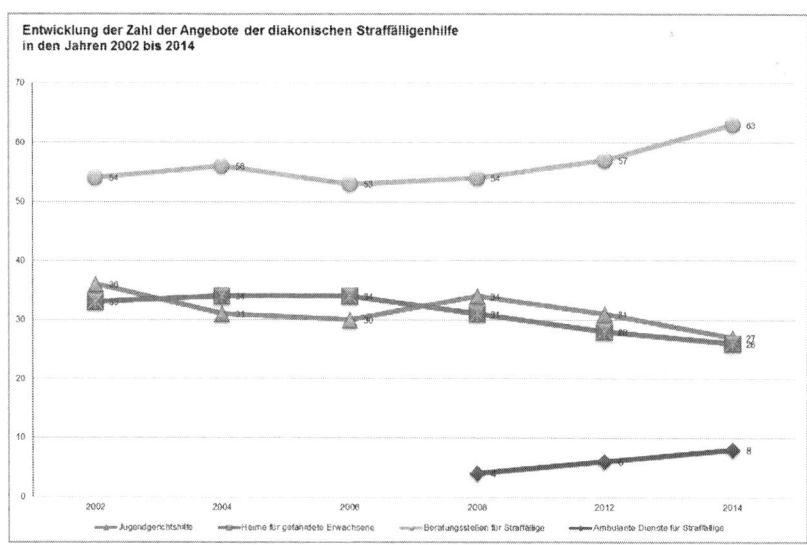

Entwicklung der Zahl der Angebote der diakonischen Straffälligenhilfe
in den Jahren 2002 bis 2014

Die ambulanten Dienste für Straffällige wurden erst ab dem Jahr 2008 durch die Einrichtungsstatistik der Diakonie erhoben, die von vier Stellen im Jahr 2008 auf acht Stellen im Jahr 2014, um 100 Prozent, angestiegen sind (siehe Schaubild 2). Ebenso haben die Beratungsstellen für Straffällige Zunahmen zu verzeichnen, von 54 im Jahr 2002 auf 63 im Jahr 2014, um 17 Prozent. Dagegen sank die Zahl der Heime für gefährdete Erwachsene von 36 2002 auf 26 2014, um 25 Prozent, und die der Stellen der Jugendgerichtshilfe in diesem Zeitraum von 33 auf 26, um 21 Prozent.

3 Entwicklung der Kapazitäten der Angebote der diakonischen Straffälligenhilfe

In der Einrichtungsstatistik werden im ambulanten Bereich keine Plätze erhoben. Deshalb beziehen sich die Kapazitäten der Angebote nur auf die Heime für gefährdete Erwachsene.

Bei den Heimen für gefährdete Erwachsene sind die Kapazitätszahlen von 558 im Jahr 2002 auf 442 im Jahr 2014, um 21 Prozent, gesunken[3].

4 Entwicklung der Mitarbeitendenzahlen der Angebote der diakonischen Straffälligenhilfe

Sowohl die Beschäftigtenzahlen der ambulanten Dienste für Straffällige als auch die der Stellen der Jugendgerichtshilfe verzeichnen zwischen 2002 und 2014 zweistellige Zuwachsraten (Schaubild 3). Die Mitarbeitendenzahl der ambulanten Dienste für Straffällige nahm von 4 auf 16, um 300 Prozent, zu, die der Stellen der Jugendgerichtshilfe von 75 auf 92, um 23 Prozent. Stattdessen sank die Zahl der Angestellten der Beratungsstellen für Straffällige von 141 auf 124, um 12 Prozent, und die der Heime für gefährdete Erwachsene von 197 auf 164, um 17 Prozent.

---

3 Siehe Schaubild 1.

Schaubild 3:

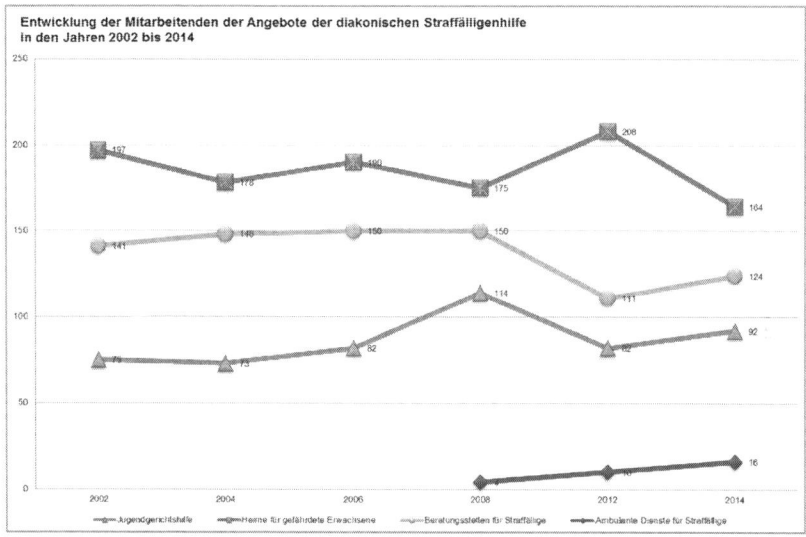

Entwicklung der Mitarbeitenden der Angebote der diakonischen Straffälligenhilfe in den Jahren 2002 bis 2014

5 Entwicklung der Zahl der Angebote der diakonischen Straffälligenhilfe nach Bundesländern

Nordrhein-Westfalen ist das Bundesland mit den meisten Angeboten der Straffälligenhilfe. Allerdings geht hier die Zahl der Angebote von 66 im Jahr 2002 auf 50 im Jahr 2014, um 24 Prozentpunkte, zurück (siehe Schaubild 4). Die Bundesländer Berlin, Bremen, Hamburg, Rheinland-Pfalz, Saarland, Sachsen-Anhalt und Thüringen sind aufgrund der geringen Zahl der Einrichtungsangebote in der Darstellung nicht berücksichtigt. Besonders zu erwähnen sind hier die zweistelligen Steigerungsraten in Hessen, von 3 im Jahr 2002 auf 11 im Jahr 2014, 260 Prozent, und Sachsen, von 9 im Jahr 2002 auf 14 im Jahr 2014, um 56 Prozentpunkte.

Schaubild 4:

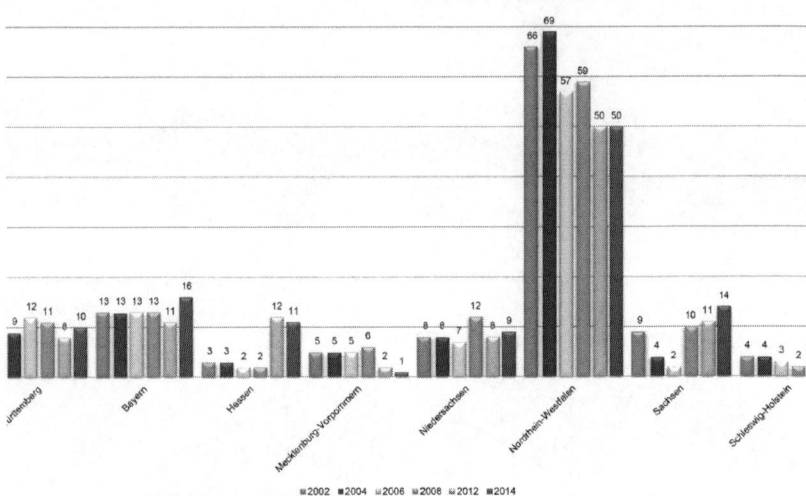

2002 2004 2006 2008 2012 2014

6 Entwicklung der Kapazitäten der Angebote der diakonischen Straffälligenhilfe nach Bundesländern

Die Kapazitäten der Angebote der diakonischen Straffälligenhilfe beziehen sich in diesem Fall nur auf die Heime für gefährdete Erwachsene. Die Entwicklung der Platzzahlen verläuft uneinheitlich. Während die in der Einrichtungsstatistik gemeldeten Zahlen für die Kapazitäten der Heime für gefährdete Erwachsene in Bayern, Hessen, Niedersachsen und Nordrhein-Westfalen rückläufig sind, ist in Mecklenburg-Vorpommern eine Zunahme zu verzeichnen. In Mecklenburg-Vorpommern stiegen die Platzzahlen von 19 im Jahr 2002 auf 34 im Jahr 2014, um 79 Prozent, in Baden-Württemberg sind die Zahlen mit 98 bzw. 96 nahezu gleich geblieben.

In zweistelliger Größenordnung bewegen sich die Veränderungsraten in Bayern von 166 im Jahr 2002 auf 101 im Jahr 2014, um 39 Prozent, und in Hessen von 25 im Jahr 2002 auf 19 im Jahr 2014, um 24 Prozent. In Nordrhein-Westfalen nahm die Platzzahl von 154 im Jahr 2002 auf 143 im Jahr 2014, um 7 Prozent, ab[4].

---

4 Für Sachsen und Schleswig-Holstein fehlen für bestimmte Jahre die Angaben.

7 Entwicklung der Mitarbeitendenzahlen der Angebote der diakonischen Straffälligenhilfe nach Bundesländern

Positive Zuwächse verzeichnen die Bundesländer Baden- Württemberg, Hessen, Mecklenburg-Vorpommern, Niedersachsen und Sachsen, während in Bayern und Nordrhein-Westfalen Abnahmen zu beobachten sind. In Baden-Württemberg nimmt die Zahl der Mitarbeitenden in den Angeboten der diakonischen Straffälligenhilfe des EBET von 30 im Jahr 2002 auf 49 im Jahr 2014, um 63 Prozent, zu, in Hessen von 4 auf 21, um 425 Prozent, in Mecklenburg-Vorpommern von 5 auf 10, um 50 Prozent, in Niedersachsen von 26 auf 44, um 41 Prozent, und in Sachsen von 14 auf 29, um 107 Prozent zu. In Bayern sinkt die Zahl der Beschäftigten von 78 im Jahr 2002 auf 63 im Jahr 2014, um 19 Prozent, und in Nordrhein-Westfalen von 219 auf 205, um 6 Prozent.

8 Entwicklung der Zahl der Heime für gefährdete Erwachsene, insbesondere Haftentlassene, nach Bundesländern

Im Folgenden wird die Entwicklung der Heime für gefährdete Erwachsene, insb. Haftentlassene, und der Beratungsstellen für Straffällige nach Bundesländern exemplarisch aufgezeigt.

In Baden-Württemberg wurden im Jahr 2014 mit 5 Nennungen weniger Heime für gefährdete Erwachsene gemeldet als im Jahr 2002 mit 7, was einem Rückgang von 28 Prozent entspricht.

In Bayern sank die Zahl der Heime für gefährdete Erwachsene von 9 im Jahr 2002 auf 6 im Jahr 2014, um 33 Prozent, während die Zahl dieser Heime in Nordrhein-Westfalen im gleichen Zeitraum von 7 auf 9, um 28 Prozent stieg.

9 Entwicklung der Mitarbeitendenzahlen der Heime für gefährdete Erwachsene, insbesondere Haftentlassene, nach Bundesländern

In fast allen Bundesländern nahm die Beschäftigtenzahl der Heime für gefährdete Erwachsene zu.

In Nordrhein-Westfalen stieg die Zahl der Mitarbeitenden in den Heimen für gefährdete Erwachsene von 55 im Jahr 2002 auf 92 im Jahr 2014, um 67 Prozentpunkte, in Niedersachsen in diesem Zeitraum von 18 auf 24, um 33 Prozentpunkte, und in Mecklenburg-Vorpommern von 4 auf 10, um 150 Prozentpunkte. In Bayern verringerte sich die Zahl der Beschäftigten von 63 im Jahr 2002 auf 38 im Jahr 2014, um 40 Prozent.

10 Entwicklung der Zahl der Beratungsstellen für Straffällige nach Bundesländern

Über die meisten Beratungsstellen der Diakonie für Straffällige verfügen Nordrhein-Westfalen, Niedersachsen, Bayern und Hessen (Schaubild 5). Während sich in Nordrhein-Westfalen die Zahl der Beratungsstellen für Straffällige von 31 im Jahr 2002 auf 23 im Jahr 2014, um 26 Prozent, verringerte und in Niedersachsen von 7 2002 auf 8 2014, um 14 Prozent, erhöhte, wurden in Sachsen für das Jahr 2014 2 Stellen mehr, um 66 Prozent, in Bayern 5 Stellen mehr, um 125 Prozent, und in Hessen 8 Stellen mehr, um 800 Prozent, als im Jahr 2002 gemeldet.

Schaubild 5:

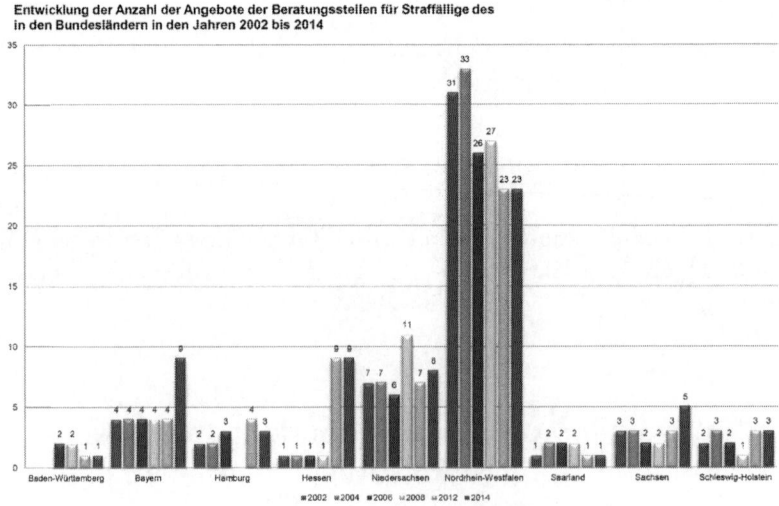

Entwicklung der Anzahl der Angebote der Beratungsstellen für Straffällige des in den Bundesländern in den Jahren 2002 bis 2014

11 Entwicklung der Mitarbeitendenzahlen der Beratungsstellen für Straffälligenhilfe nach Bundesländern

Nur in Nordrhein-Westfalen sank die Zahl der Mitarbeitenden in Beratungsstellen für Straffälligenhilfe von 103 im Jahre 2002 auf 64 im Jahre 2014, um 38 Prozent.

Schaubild 6:

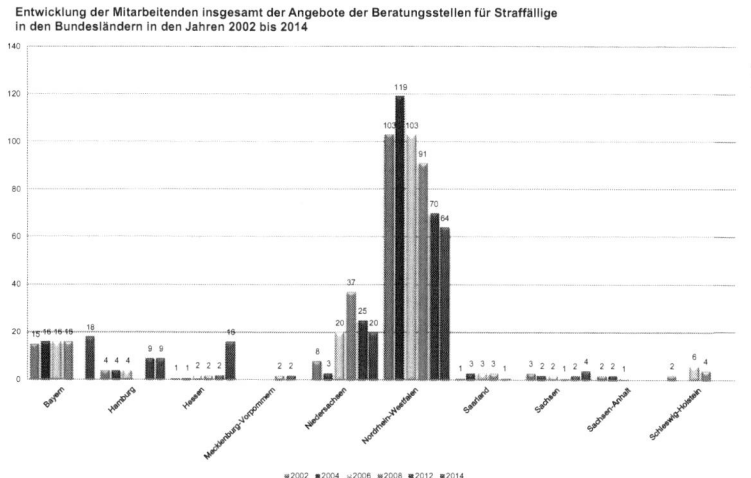

Entwicklung der Mitarbeitenden insgesamt der Angebote der Beratungsstellen für Straffällige in den Bundesländern in den Jahren 2002 bis 2014

In Bayern nahm die Zahl der Beschäftigten in diesen Beratungsstellen von 15 im Jahr 2002 auf 18 im Jahr 2014, um 20 Prozent, zu, in Hamburg von 4 2002 auf 9 2014, um 125 Prozent und in Niedersachsen von 8 auf 20, um 150 Prozent. In Hessen lag die Zuwachsrate bei 1500 Prozent, von 1 im Jahr 2002 auf 16 im Jahr 2014.

12 Zusammenfassung

Während die Zahl der Angebote der diakonischen Straffälligenhilfe insgesamt seit dem Jahr 2002 mit 123 Angeboten und dem Jahr 2014 mit 124 Angeboten nahezu unverändert blieb, zeigen die jeweiligen Dienste der diakonischen Straffälligenhilfe unterschiedliche Entwicklungen.

Seit dem Jahr 2002 verringerte sich die Zahl der Heime für gefährdete Ewachsene, insb. Haftentlassene, auf 26 stationäre Einrichtungen mit 442 Plätzen und 164 Mitarbeitenden im Jahr 2014.

Gleichzeitig nahm die Zahl der ambulanten Angebote wie Beratungsstellen für Straffällige und der ambulanten Dienste für Straffällige des EBET auf 71 Stellen im Jahr 2014 mit insgesamt 140 Mitarbeitenden zu.

Bei der Jugendgerichtshilfe ist eine Abnahme der Angebote auf 27 Stellen bei einer leichten Steigerung der Mitarbeiterkapazität von 92 Beschäftigten zu beobachten.

8

Das Netzwerk soziale Strafrechts-pflege Bielefeld
Ein Erfolgsmodell?!

Ulrich Weber, Eckhard Tarner, Uwe Nelle-Cornelsen

1 Das Modell Bielefeld ... ein historischer Abriss

Das Netzwerk Strafrechtspflege in Bielefeld existiert mittlerweile seit mehr als zehn Jahren. In Bielefeld wurde das Ziel der Landesregierung bzw. der Arbeitsgruppe „Integrierte Kriminalpolitik" aus dem Jahr 1998, funktionierende Koordinierungskreise mit dem Ziel der Haftvermeidung zu schaffen, zeitnah umgesetzt.

Dass dieses Ziel erreicht werden konnte, hängt unmittelbar mit der regionalen und kommunalen Struktur der staatlichen und freien Straffälligenhilfe und deren über die Jahrzehnte gewachsenen Zusammenarbeit zusammen. Diese Strukturen, gepaart mit einem Schuss ostwestfälischer Beharrlichkeit, führten folgerichtig zu der Entwicklung eines arbeitsfähigen und effizienten Netzwerkes.

Um die Strukturen besser verstehen zu können, lohnt es sich, die Historie des Netzwerkes zu beleuchten, die deutlich weiter zurückreicht als die offizielle Inbetriebnahme im Jahr 2005:

Der Landgerichtsbezirk Bielefeld weist traditionell eine hohe Gefangenpopulation auf. In der Region sind an die 3.000 Haftplätze angesiedelt. Im Stadtgebiet allein befinden sich zwei Justizvollzugsanstalten (JVA Bielefeld-Senne, offener Vollzug, und JVA Bielefeld-Brackwede, geschlossener Vollzug) mit zusammen deutlich über 2.000 Haftplätzen.

Analog zu den Ausweitungen der Justizvollzugsanstalten in der Region entwickelten sich auch die Angebote der Freien Straffälligenhilfe. Unter anderem besteht die Straffälligenhilfe des ehemaligen Ev. Gemeindedienstes e.V. (heute Abteilung Straffälligenhilfe in der Diakonie für Bielefeld gGmbH) seit 1925, die des Sozialdienstes katholische Frauen und des Sozialdienst Katholicher Männer im Caritas Verband Bielefeld (SKF/SKM) besteht seit 1962. In den 1970er Jahren gründeten sich weitere Vereine, die sowohl ambulante als auch stationäre Angebote der Straffälligenhilfe vorhielten. Dies sind unter anderem der Kreis 74-Straffälligenhilfe e.V., die Aktion Straffälligenhilfe e.V. und das Haus Nordpark (Diakonie für Bielefeld gGmbH). Komplementäre Bereiche wie die Wohnungslosenhilfe in den v. Bodelschwinghschen Stiftungen Bethel und die Drogenberatung e.V. Bielefeld sind ebenfalls seit Jahrzehnten im Hilfefeld verankert.

Unabhängig von der ideologischen und politischen Grundausrichtung der einzelnen Träger gab es in Bielefeld immer ein Interesse, die staatliche und Freie Strafrechtspflege inhaltlich weiter zu entwickeln. Um diese Entwicklung voranzutreiben, wurde in den 1970er Jahren von Mitarbeitenden der Justizvollzugsanstalten, der Freien Straffälligenhilfe und der Bewährungshilfe der „Verein zur Förderung der Straffälligenhilfe e.V". gegründet; der Vorstand des Vereins war und ist in der Regel besetzt mit VertreterInnen der Justizvollzugsanstalten, der Bewährungshilfe und der Freien Straffälligenhilfe.

In dem über den Verein zur Förderung der Straffälligenhilfe initiierten Arbeitskreis Straffälligenhilfe wurden und werden aktuelle Entwicklungen und neue Herausforderungen im Arbeitsfeld Straffälligenhilfe und entsprechende Lösungsstrategien vorgestellt und weiterentwickelt. Zur Teilnahme sind MitarbeiterInnen der staatlichen und Freien Straffälligenhilfe sowie MitarbeiterInnen aus den angrenzenden Hilfefeldern wie die Drogen- und Suchtberatungsstellen oder die Wohnungslosenhilfe eingeladen.

Neben dieser überinstitutionellen Plattform gibt es diverse Projekte, die in Kooperation der Vereine und Institutionen entstanden sind. Beispielhaft sind hier zu nennen die Projekte Ehe- und Partnerseminar und GANG (Gewaltig aber nicht gewalttätig), ein Projekt für Gewaltstraftäter.

Beide wurden unter Beteiligung von MitarbeiterInnen der Justiz und der Freien Straffälligenhilfe konzipiert und weiterentwickelt. Für beide Projekte wurden und werden MitarbeiterInnen der Einrichtungen und Institutionen freigestellt, um als TeamerInnen an den Projekten teilzunehmen.

Als Fazit bleibt: In Bielefeld wurde bereits seit langer Zeit Wert darauf gelegt, über die Verbands- und Institutionsinteressen hinaus, den Fokus auf die KlientInnen und deren speziellen Problematiken zu legen und im Rahmen von Kooperationen und Vernetzungen angemessene Hilfsangebote für die Reintegration straffälliger Menschen zu entwickeln.

Im Jahr 2004 nahm das Projekt der Vernetzung Formen an; die Leitungsverantwortlichen der beteiligten Vereine und Institutionen beauftragten eine Redaktionsgruppe mit der Erstellung einer Rahmenkonzeption für die Vernetzung der Bielefelder Strafrechtspflege. 2005 konnte dann das ratifizierte Rahmenkonzept „Netzwerk soziale Strafrechtspflege Bielefeld" der Fachöffentlichkeit vorgestellt und die ersten Umsetzungsschritte in Angriff genommen werden.

Wir in Bielefeld haben uns auf den Weg gemacht, die freien und staatlichen Träger der Straffälligenhilfe in einem Netzwerk zusammen zu binden. Für die damalige Zeit ein historischer Schritt, eine echte Pionierarbeit, denn so etwas gab es in vielen anderen Regionen des Landes (noch) nicht. Die Träger verständigten sich im Rahmenkonzept auf verbindliche Formen der Zusammenarbeit. Es war ein intensiver Auseinandersetzungsprozess, in dem um Wörter, Satzteile und Kommata gerungen wurde, trafen hier doch zwei ganz unterschiedliche Systeme aufeinander.

Die Maßnahmen der Freien Strafrechtspflege sind vornehmlich auf die Resozialisierung und somit auf die Verbesserung der sozialen Kompetenzen des Hilfesuchenden gerichtet. Die staatliche soziale Strafrechtspflege hat neben dem gesetzlich vorgegeben Ziel der Resozialisierung auch die Aufgabe des Schutzes der Allgemeinheit vor weiteren Straftaten als spezial-präventive Aufgabe zu berücksichtigen.

Die Erfahrungen, die beide Teile bei der gemeinsamen Erarbeitung der Rahmenkonzeption gemacht haben, sollen Beteiligte ermutigen sich institutions- und trägerübergreifend den Anforderungen einer vernetzten Zusammenarbeit im Bereich der sozialen Strafrechtspflege zu stellen.

Im Rahmenkonzept werden drei wichtige Punkte benannt:

• Vorrangiges Ziel ist die Minimierung der Ausgrenzung und die Optimierung der Wiedereingliederung von Menschen, die strafrechtlichen Sanktionen unterworfen sind.

• Unabhängig von gegebenenfalls unterschiedlichen Auffassungen über die Funktion und Wirksamkeit staatlichen Strafens sind sich die Beteiligten darüber einig, dass den schädlichen und ausgrenzenden Wirkungen des Strafvollzuges entgegen zu wirken ist.

• In einem vernetzten System sozialer Strafrechtspflege gewährleistet das Zusammenwirken staatlicher und nicht staatlicher Institutionen durchgängige und zielgerichtete Integrationsleistungen, unabhängig von justiziellen Verfahrensschritten.

Nach fünf Jahren erfolgreicher Arbeit wurde auf einem Klausurtag im Jahre 2011 die Zusammenarbeit ausgewertet. Es wurde Folgendes festgestellt:

• Die Zusammenarbeit im Netzwerk ist selbstverständlicher und besser geworden.

• Vorbehalte und Konkurrenzen (freie Träger – Justiz, Träger untereinander) konnten abgebaut werden.

• Informationen werden verlässlich transportiert und wahrgenommen.

Die gemeinsame Versorgung massiv belasteter KlientInnen hat sich verbessert.

Verabredet wurde die Einzelfallkooperation als gute konzeptionelle Idee weiterzuentwickeln und die Umsetzung weiter voranzutreiben. Darüber hinaus soll das Netzwerk für eine gemeinsame Öffentlichkeitsarbeit der Mitglieder genutzt werden.

Auch die Besetzung der unterschiedlichen Gremien innerhalb des Netzwerkes wurde verbindlich neu geregelt.

Das entscheidende Motiv für die Zusammenarbeit ist ein kritisch, emanzipatorisches Empowerment einzelner Menschen, sozialer Gruppen und Netzwerke, so dass eine selbstbestimmte Lebensführung möglichst vieler Menschen gelingen kann. Maßstab sind immer die Bedingungen menschwürdigen Lebens jedes einzelnen Betroffenen. Dabei gilt es, dass die Verantwortlichkeit vom anderen her gedacht wird, jede Form besserwisserischer Bevormundung muss ausgeschlossen sein. Es geht um Begegnung auf Augenhöhe, die von Achtsamkeit geprägt ist. Nicht Defizit- sondern ressourcenorientiert soll gearbeitet werden.

Das Netzwerk blickt nun auf eine über zehnjährige Arbeit zurück, die geprägt ist von gegenseitiger Achtung und Wertschätzung. Im Sinne der betroffenen Menschen, Tätern wie auch Opfern lohnt es sich, sich auf dieses Experiment vernetzter Arbeit zwischen der staatlichen und nicht staatlichen sozialen Strafrechtspflege einzulassen.

2 „Alle an einen Tisch …" Komplexe Zusammenhänge benötigen einfache und alltagstaugliche Lösungen

Das Netzwerk Soziale Strafrechtspflege aus Sicht einer Einrichtungsleitung der Freien Straffälligenhilfe

„Komplexe Zusammenhänge benötigen einfache und alltagstaugliche Lösungen. "

Diesem Grundgedanken folgt die Zusammenarbeit aller Beteiligten in dem Netzwerk soziale Strafrechtspflege Bielefeld[1]. In der Arbeit mit Menschen, die straffällig geworden sind, haben die verabredete und aufeinander bezogene Zusammenarbeit der beteiligten Dienste, Einrichtung und Institutionen einen zentralen Stellenwert. Die Tatsache, dass eine professionelle und zeitgemäße soziale Arbeit immer den Grundgedanken einer Zusammenarbeit berücksichtigt, ist hier nochmals verstärkt umgesetzt.

Im Folgenden sollen dazu einige Aspekt dieser Arbeit dargestellt werden. Dabei verfolgen wir das Ziel, die Wirksamkeit dieser Arbeitsweise aufzuzeigen.

„Mit Alle an einen Tisch ist auch Alle an einem Tisch gemeint. "

In der Phase der Entlassungsvorbereitung innerhalb der JVA verdichtet sich oft der Eindruck, dass eine individuelle Zusammenstellung eines Rundes Tisches für eine gelungene Gestaltung des Entlassungsprozess vonnöten ist. Dies zeigt sich besonders bei Entlassungsprozessen im Kontext von KURS NRW[2], bei Menschen, die eine besonders lange Haftstrafe verbüßt haben oder bei Menschen mit einem forensisch-psychiatrischem Hintergrund.

In dem ersten Treffen, das Netzwerk nennt dies eine Einzelfallkooperation, wird abgestimmt, wer welche Aufgabe – welches Angebot in welchem Zeitraum zur Verfügung stellen kann. Es werden erste Schritte der Konkretisierung verabredet und überprüft, ob die Zusammensetzung der Runde so stimmt oder noch verändert werden muss. Hat sich die Sinnhaftigkeit dieser Verabre-

---

1 http://netzwerk-bielefeld.de

2 Konzeption zum Umgang mit rückfallgefährdeten Sexualstraftätern.

dungen herausgestellt, werden Antrags- und Finanzierungfragen geklärt sowie die nächsten Schritte der Begleitung des Inhaftierten erörtert.

Bei den gesamten Planungs- und Abstimmungsschritten ist der zu Entlassene beteiligt und einbezogen. Die Transparenz und Nachvollziehbarkeit ist ein wesentliches Merkmal der Zusammenarbeit und der Nachhaltigkeit der abgestimmten Zusammenarbeit.

Zum Beispiel Herr Q.[3]

Eckdaten: 50 Jahre, geschieden, 2 Kinder
verurteilt zu 9 Jahren Haft wegen Gewalttaten, Straftaten
im Zusammenhang mit einer Suchterkrankung,

Der Sozialdienst der JVA hatte zu diesem ersten Treffen der Einfallkooperation eingeladen.

Die Beteiligten waren neben Herrn Q.

• verantwortliche Mitarbeiterin des Sozialdienstes der JVA

• ein Mitarbeiter der psychiatrischen Haftnachsorgeambulanz Bielefeld (pHNA)

• Mitarbeiter einer §§67–69/§ 53 SGB XII Einrichtung, mit dem Schwerpunkt Sucht

• Mitarbeiter einer weiteren Einrichtung nach §§67–69 SGB XII

• Allgemeiner Sozialer Dienst der Justiz – Führungsaufsicht

Der Mitarbeiter der psychiatrischen Nachsorge kannte Herrn Q. aus mehreren Gesprächen und stellte den Haftverlauf und mögliche Notwendigkeiten für die Versorgung nach der Inhaftierung dar. Dabei wurde deutlich, dass Herr Q. neben den Alltagsunterstützungen wie Antragsstellung, Unterstützung bei der Wohnungssuche, Fortführung der Schuldenregulierung vor allem einen strukturieren Tagesablauf innerhalb einer Einrichtung benötigt.

In der darauffolgenden Diskussion gab es Verabredungen zu den benötigten gerichtlichen Auflagen, wie die Tagesstruktur des Herrn Q. gestaltet werden soll. Zu all diesen Verabredungen war die intensive Begleitung der psychiatrischen Nachsorge ein weiteres Element des Betreuungssettings. Die getroffenen Verabredungen des ersten Treffens der KooperationspartnerInnen wurden dokumentiert.

---

3 Die personenbezogenen Daten sind anonymisiert.

„Abgesprochene Verantwortlichkeiten sind klug und tragfähig."

In der Phase der Entlassungsvorbereitung ist das Ziel, zu konkreten Verabredungen bis zur Entlassung aus der JVA zu kommen. Alle Beteiligten wissen, was die nächsten Schritte sind und wie deren Umsetzung aussieht. Nach der Entlassung wird die Zusammensetzung der Runde überprüft und gegebenenfalls angepasst oder dieser Runde Tisch löst sich auf.

Zu jeder Zeit kann jeder der Beteiligten wieder einen neuen runden Tisch initiieren und eine neue Klärungsphase beginnt.

In einem zweiten Treffen nach der Entlassung wurde zusammen mit Herrn Q. überprüft, ob der Betreuungsrahmen dem gegenwärtigen Hilfebedarf des Herrn Q. entspricht. Zentraler Punkt des zweiten Treffens war es, eine Rückfallprophylaxe zu installieren. Aus der Erfahrung heraus war die Wahrscheinlichkeit für einen Rückfall sehr hoch. Daher erschien es allen Beteiligten sinnvoll, konkrete Schritte einer Rückfallprophylaxe zu verabreden.

Der aktuelle Stand zu dieser Einzelfallkooperation ist:

• Herr Q. wohnt aktuell noch in der Einrichtung und hat erste Schritte unternommen, eine eigene Wohnung anzumieten und sich perspektivisch zu verselbständigen.

• Die verabredete Tagesstruktur hat sich als sinnvoll herausgestellt.

• Die intensive Begleitung durch die psychiatrische Nachsorge besteht weiterhin. Darüber hinaus wird über eine zeitweise hilfreiche Medikation nachgedacht. Dies geschieht vor dem Hintergrund, dass sich möglicherweise eine psychiatrische Phänomenologie gezeigt hat.

• Es kam bisher zu zwei Rückfällen. Die Absprachen zur Rückfallprophylaxe haben sich als sinnvoll erwiesen.

• Herr Q. ist seither nicht mehr strafrechtlich in Erscheinung getreten.

• Er nimmt regelmäßig die Gesprächstermine der Führungsaufsicht im ASD wahr.

„Weitergedacht."

Aus Sicht der Straffälligenhilfe der Diakonie für Bielefeld ist die Mitarbeit im Netzwerk ein wesentlicher Aspekt zur Verantwortungsübernahme und Beteiligung an diesem Netzwerk. Es gelingt dadurch deutlich besser, komplexe Betreuungszusammenhänge zu organisieren und für den Einzelnen wirksam umzusetzen.

Für uns ist dieses Netzwerk eine zukunftsweise Form der Zusammenarbeit.

Bisher gab es keine weitere Notwendigkeit, einen runden Tisch einzuberufen und somit ist diese Einzelfallkooperation beendet.

3 Ein weiter Weg – von der verpflichtenden Kooperation zur selbstverständlichen Netzwerkarbeit

Das Netzwerk Soziale Strafrechtspflege aus Sicht einer Anstaltsleitung

Der vorbeschriebene Weg zu einer Vernetzung der im Raum Bielefeld im Bereich der Straffälligenhilfe tägigen Vereine, Institutionen und Behörden war lang und steinig, nicht immer nur freudvoll, aber doch immer von dem Bemühen geprägt, die durchaus unterschiedlichen Sicht- und Herangehensweisen an die Arbeit mit straffällig gewordenen Menschen zu überbrücken.

Wurde anfänglich im Rahmen der Beschreibung der Netzwerkidee noch heftig um Begriffe gerungen, die Ausdruck waren des unterschiedlichen weltanschaulichen und motivationalen Selbstverständnisses der Netzwerkpartner, so hat die praktische Zusammenarbeit und das Sich-Kennenlernen mit der Zeit nicht nur zu einer „klimatischen" Verbesserung geführt, tatsächlich ist auch die Kooperation auf der Ebene der Praktiker wahrnehmbar einfacher geworden. Man kennt sich eben!

Die Vernetzung des Hilfefeldes war aber von Anfang an vielleicht das wichtigste, aber eben auch nicht das einzige Ziel des Netzwerks.

„Koproduktion" umschrieb das Ziel, sich innerhalb des Netzwerks auf gemeinsame Projekte, Standards und dafür angemessene Leistungen zu verständigen.

Auch insoweit sind in den letzten Jahren aus meiner Sicht deutliche Fortschritte zu verzeichnen gewesen. Zahlreiche Kooperationen zwischen nicht-staatlichen Trägern und der Justiz, die als Projekte gestartet sind und auf der Freistellung von MitarbeiterInnen der jeweiligen Träger aufbauten, sind mittlerweile vertraglich geregelt. Klare Aufgabenbeschreibungen, Leistungsstandards und Honorarvereinbarungen tragen zu einer Professionalisierung der gemeinsamen Arbeit mit straffällig gewordenen Menschen bei.

Nur ansatzweise umgesetzt ist die in dem Rahmenkonzept des Netzwerks angestrebte gemeinsame Öffentlichkeitsarbeit mit dem Ziel, auf die kriminal- und sozialpolitische Entwicklung Einfluss zu nehmen.

Vielleicht ein zu hehrer Anspruch, vielleicht eine Überforderung der Netzwerkpartner angesichts der Eingebundenheit in die alltägliche Arbeit, vielleicht auch das Eingeständnis, dass die gesellschaftlichen Rahmenbedingungen für eine offensive Vertretung der Interessen straffällig gewordener Menschen sich in den letzten 15 Jahren nicht verbessert haben.

Dreh- und Angelpunkt der Netzwerkarbeit aber ist die Vernetzung der Arbeit vor Ort in der Einzelfallkooperation.

Hier ist eine anfänglich sehr formalisierte, top-down-initiierte Kooperation durch eine sehr selbstverständliche Netzwerkarbeit ersetzt worden.

Diese Form der Kooperation hat sich herumgesprochen und hat Begehrlichkeiten geweckt. Neue Kooperationspartner sind dazu gekommen. Das von der Landesregierung eingeführte Konzept zum Umgang mit rückfallgefährdeten Sexualstraftätern (KURS NRW) hat hierzu weitere Impulse gegeben und mit der Polizei einen neuen, für viele ungewohnten, aber sehr offenen Kooperationspartner beschert.

4 Zur Ausgangsfrage: Ein Erfolgsmodell?

Eindeutig ja, ungeachtet aller Rückschläge, die ein so langfristiges Projekt selbstverständlich erlebt hat und erleben wird.

MitarbeiterInnen, die sich in dem Projekt besonders engagiert haben, gehen; neue Leitungen in den Trägereinrichtungen müssen erst überzeugt werden, Rahmenbedingungen ändern sich, aber: Die Idee überzeugt, die Erfahrungen sind positiv!

Ich habe noch keine Einzelfallkonferenz erlebt, in der nicht im Ergebnis für den Klienten eine bessere Perspektive hat entwickelt werden können, unabhängig davon, ob dieser die ihm gebotene Chance zu nutzen wusste. Die Rahmenbedingungen für eine Wiedereingliederung straffälliger Menschen ließen sich verbessern, das wesentliche Ziel der Netzwerkarbeit erreichen.

9

Grundgesetz und Strafvollzug Menschenbild des Grundgesetzes und Umgang mit Straftätern[1]

Herbert Landau

1 Aktuelle Diskussionen

Immer wieder sorgen brutale Gewaltübergriffe für öffentliches Aufsehen und Erregung. Leser der FAZ berichteten im Oktober 2009 über ihre Erlebnisse, berichteten von Überfällen und ihren Ängsten. Durchschnittlich wurden 2009 jeden Tag 244 Menschen Opfer von Körperverletzungen im öffentlichen Raum[2].

Die Forderung nach Erhöhung des Strafrahmens und die Anhebung der Höchststrafe für Jugendliche und neuen Sanktionsarten sind in der rechtspolitischen Opposition opportun[3]. Dass sich Taten durch populistische Maßnahmen hätten verhindern lassen, darf bezweifelt werden.

---

1 (Nachdruck aus Forum Strafvollzug 2011 Seite 129–137 mit freundlicher Genehmigung des Verlages).

2 Vgl. Eppelsheim, FAS vom 1. Mai 2011; der Spiegel, Nr. 18, vom 2. Mai 2011, S. 32 ff.

3 Vgl. FAZ vom 15. September 2009: S-Bahn-Opfer mit 22 Tritten und Schlägen getötet – CSU fordert schärferes Jugendstrafrecht/Grüne unterstellen „klammheimliche Freude".

Die abschreckende Wirkung härterer Strafen - wie von Strafen überhaupt - ist begrenzt. Abschrecken lassen sich allenfalls rational handelnde Täter, die das Strafverfolgungsrisiko bedenken und es gegen die deliktischen Vorteile abwägen, nicht aber Täter, die kopflos und unüberlegt in blinder Aggression zuschlagen, die meinen, ohnehin nicht überführt werden zu können, oder denen die strafrechtlichen Folgen ihres Handelns, so schwer wie auch sein mögen, schlicht gleichgültig sind.

Ebenso wie der Ruf nach höheren Strafen war auch das Institut der Sicherungsverwahrung Zweifeln ausgesetzt, die durch die Rechtsprechung des Europäischen Gerichtshofs für Menschenrechte (EGMR) verstärkt wurden. Auswirkungen populistischer Forderungen auf den Strafvollzug liegen offen zu Tage. Die Versuchung, sich im politischen Wettbewerb mit einem schärferen Strafrecht und Strafvollzug zu profilieren, um das Sicherheitsbedürfnis der Bevölkerung anzusprechen, ist groß.

Es besteht jedenfalls Anlass, den verfassungsrechtlichen Rahmen in Erinnerung zu rufen, den das Grundgesetz Bund und Ländern bei der Ausgestaltung des Strafrechts und des Strafvollzuges lässt, und der Frage nachzugehen, auf welchem Menschenbild das Grundgesetz beruht und welche Folgerungen sich daraus für unser Thema ergeben.

2 Das Menschenbild des Grundgesetzes

Das Grundgesetz zeichnet kein lückenloses, in sich geschlossenes Bild des Menschen in allen seinen Facetten. Es maßt sich nicht an, dem Menschen im Einzelnen vorzugeben, wie er von Rechts wegen sein soll; es liefert keine detaillierte Beschreibung, welche Eigenschaften, Fähigkeiten und Neigungen ihm zu eigen sind, welche Aufgaben ihm innerhalb des Gemeinwesens zukommen oder welche Lebensform ihm angemessen ist.

Der umfassende Zugriff auf den Menschen in allen Bereichen seines Daseins ist wesenstypisches Merkmal totalitärer Staatsverfassungen, die den einzelnen letztlich als Mittel zum Zweck missbrauchen, um ihre jeweiligen Gesellschaftsvorstellungen zu realisieren. Er widerspricht aber dem Konzept personaler Freiheit und Verantwortung, das dem Grundgesetz zugrunde liegt. Die Sphäre privater Autonomie wird durch die Grundrechte konstituiert, die dem Menschen einen weiten Freiraum sichern, in dem er sein Leben selbstbestimmt gestalten kann. Staatliche Eingriffe in den grundrechtlich geschützten Freiraum sind zwar grundsätzlich zulässig und zur Ordnung des sozialen Zusammenlebens auch erforderlich. Sie bedürfen aber einer besonderen, verfassungsrechtlichen Rechtfertigung und – vor allem – einer gesetzlichen Grundlage, also einer förmlichen Ermächtigung der Exekutive durch das Parlament. Sie müssen dem Grundsatz der Verhältnismäßigkeit genügen, d. h. einem legitimen Zweck dienen und zu dessen Verwirklichung geeignet, erforderlich und angemessen sein. Sie dürfen den Wesensgehalt der grundrechtlichen Gewährleistungen nicht antasten (Art. 19 Abs. 2 GG).

Das Grundgesetz lässt großen Raum für unterschiedliche Lebensentwürfe[4]. Jede staatliche Ordnung regelt jedoch das Zusammenleben von Menschen und beruht insofern auf einem bestimmten Bild vom Menschen. Dies gilt auch für die freiheitlich-demokratische Grundordnung des Grundgesetzes.

Regelungsthema des Grundgesetzes ist natürlich auch der Staat, seine Zuständigkeiten und Kompetenzen, sein gewaltenteiliger Aufbau, seine föderale Gliederung in Bund und Länder, die Organisation demokratischer Willensbildung, vor allem und zuerst aber seine Bindung an die Grundrechte (Art. 1 Abs. 3 GG). Der einzelne Mensch wird in seinen Rechtsbeziehungen zum Staat erfasst, dem er als Grundrechtsträger mit Abwehransprüchen gegenübertritt, an den er Ansprüche auf Leistungen und Teilhabe richtet, an dessen demokratischer Willensbildung er mitwirkt und dessen hoheitlicher Gewalt er unterworfen ist. Er wird also nicht umfassend, sondern ausschließlich in seinem Verhältnis zum Staat betrachtet. Dessen Wirkungsmacht ist von vornherein begrenzt und darf sich nicht auf alle Aspekte menschlichen Daseins erstrecken. Demgemäß beschränkt sich das Menschenbild des Grundgesetzes auf wenige Konturen. Die Umrisse treten jedoch deutlich hervor:

Unter der Herrschaft des Grundgesetzes ist das Verhältnis zwischen dem einzelnen und dem Staat von der Würde des Menschen und den Grundrechten bestimmt, die sich letztlich aus ihr ableiten und ihren Schutz gewährleisten. Die Würde des Menschen prägt das Menschenbild des Grundgesetzes.

Nach Art. 1 Abs. 1 GG ist „die Würde des Menschen unantastbar. Sie zu achten und zu schützen ist Verpflichtung aller staatlichen Gewalt." Achtung und Schutz der Menschenwürde gehören danach zu den Konstitutionsprinzipien des Grundgesetzes. Die freie menschliche Persönlichkeit und ihre Würde sind die Grundbezüge unseres grundrechtlichen Wertesystems. Sie stellen den höchsten Rechtswert innerhalb der verfassungsmäßigen Ordnung dar.

---

4   Vor diesem Hintergrund wird die Rechtsprechung des Bundesverfassungsgerichts zum Menschenbild des Grundgesetzes verschiedentlich kritisch gesehen, vgl. Lerche,   S. 139 ff.; Ridder, S. 123 ff.; Dreier, in: ders., Art. 1 Abs. 1 Rn. 168, 169 m. w. Nachw.

Mit der Menschenwürde verbunden ist der soziale Wert- und Achtungs-anspruch, der dem Menschen wegen seines Menschseins zukommt, kraft seines Geistes, der ihn von der unpersönlichen Natur abhebt und ihn dazu befähigt, sich seiner selbst bewusst zu werden, sich selbst zu bestimmen und die Umwelt zu gestalten[5]. Der Mensch darf niemals als Instrument, als Mittel zum Zweck benutzt werden. Nach der von Günter Dürig geprägten Objektformel[6] verbietet es die Würde des Menschen, ihn zum bloßen Objekt des Staates zu machen oder ihn einer Behandlung auszusetzen, die seine Subjektqualität prinzipiell in Frage stellt[7].

Die Menschenwürde in diesem Sinne ist nicht nur die individuelle Würde der jeweiligen Person, sondern vor allem auch die Würde des Menschen als Gattungswesen, die jeder Mensch besitzt, ohne Rücksicht auf seine Eigenschaften, Fähigkeiten und Leistungen oder seinen sozialen Status. Sie umfasst – positiv umschrieben – den Schutz des engeren Bereichs der persönlichen Selbstbestimmung, die Gewährleistung der seelischen und körperlichen Integrität, den sozialen Geltungsanspruch des einzelnen und den Schutz vor willkürlicher Behandlung, Diskriminierung und Demütigung[8].

Dem liegt die Vorstellung vom Menschen als einem geistig-sittlichen Wesen zugrunde, das darauf angelegt ist, sich in Freiheit selbst zu bestimmen und zu entfalten. Seine Freiheit ist jedoch nicht unbegrenzt. Wie das Bundesverfassungsgericht immer wieder betont hat, ist das Menschenbild des Grundgesetzes nicht das eines isolierten, souveränen Individuums, sondern das einer Persönlichkeit, die in der Gemeinschaft steht und ihr vielfältig verpflichtet ist. Das Grundgesetz hat die Spannung zwischen Individuum und Gemeinschaft im Sinne der Gemeinschaftsbezogenheit und Gemein-schaftsgebundenheit der Person entschieden. Der Einzelne muss sich daher diejenigen Schranken seiner Handlungsfreiheit gefallen lassen, die der Gesetzgeber für das soziale Zusammenleben vorsieht[9].

Daraus folgt, dass auch in der Gemeinschaft jeder einzelne als gleichberech-tigtes Glied mit Eigenwert anerkannt ist. Der Satz „der Mensch muss immer Zweck an sich selbst bleiben" gilt uneingeschränkt für alle Rechtsgebiete,

---

5   Dürig, in: Maunz/Dürig, Art. 1 Abs. 1 Rn. 18.
6   Dürig, a. a. O. (Fn. 4), Rn. 28.
7   BVerfGE 27, 1 <6>; 45, 187 <228>; 109, 133 <149>.
8   Herdegen, in: Maunz/Dürig, Art. 1 Abs. 1 Rn. 31.
9   BVerfGE 4, 7 <15 f.>; 45, 187 <227 f.>.

denn die unverlierbare Würde des Menschen als Person besteht gerade darin, dass er als selbstverantwortliche Person anerkannt bleibt10.

3 Konsequenzen für Strafrechtspflege und Vollzug der Freiheitsstrafe und von Maßregeln

Aus dem Menschenbild des Grundgesetzes ergeben sich weitreichende praktische Folgen für die Strafrechtspflege. Da die Menschenwürde dem Menschen als Gattungswesen zukommt, kann der einzelne sie nicht durch unwürdiges Verhalten verlieren. Auch die Menschen, die ihre freie Selbstbestimmung zur Begehung schwerster Verbrechen missbrauchen, bleiben Träger der Menschenwürde und der aus ihr folgenden Grundrechte. Wer das Recht gebrochen hat, darf deshalb nicht rechtlos gestellt werden.

Aus der Verpflichtung des Staates zur Achtung der Menschenwürde folgt freilich kein Verbot staatlichen Strafens schlechthin. Die Strafe als solche würdigt den Täter nicht zum Objekt der Verbrechensbekämpfung herab, sondern lässt seine Subjektqualität, indem sie ihn in seiner Verantwortlichkeit ernst nimmt, gerade unberührt[11]. Die Strafe impliziert insofern die Anerkennung der Subjektqualität des Täters. Dieser kann die Rechtsordnung nur deshalb verletzen und in Frage stellen, weil er Rechtsperson ist.

Die Menschenwürde bestimmt Art und Maß der Strafe sowie die Ausgestaltung des Strafverfahrens. Grausame, unmenschliche oder erniedrigende Strafen sind verboten[12]. Der aus der Menschenwürde folgende Grundsatz nulla poena sine culpa – das Schuldprinzip – verlangt, dass jede Strafe in einem gerechten Verhältnis zur Schwere der Straftat und zur Schuld des Täters stehen muss[13] Die Schuld limitiert das Strafmaß. Die schuldangemessene Strafe darf nicht überschritten werden, insbesondere nicht, um andere potentielle Täter mit besonders harten Strafen abzuschrecken, denn sonst müsste der Täter für kriminelles Verhalten Dritter büßen und würde auf diese Weise gerade zum Objekt der Verbrechensbekämpung degradiert[14]. Generalpräventiver Strafzumessung setzt das Schuldprinzip ebenso Grenzen, wie es die deutlich unterschiedliche Gestaltung des Vollzugs präventiver Sicherungen verlangt.

---

10 BVerfGE 45, 187 <228>.

11 Vgl. BVerfGE 28, 386 <391>.

12 BVerfGE 1, 332 <348>; 6, 389 <439>; 45, 187 <228>.

13 BVerfGE 6, 389 <439>; 20, 323 <331 >, 25, 269 <285 f.>; 45 , 187 <228>.

14 BVerfGE 28, 386 <391 >.

3.1 Sicherungsverwahrung

Freiheitsstrafe und Sicherungsverwahrung – so das Bundesverfassungsgericht in seinem jüngsten Urteil zur Sicherungsverwahrung – unterscheiden sich grundlegend in ihrer verfassungsrechtlichen Legitimation. Die Berechtigung des Staates, Freiheitsstrafen zu verhängen und zu vollziehen, beruht jenseits anderer denkbarer zusätzlicher Strafzwecke, die durch die Verfassung nicht ausgeschlossen werden[15] wesentlich auf der schuldhaften Begehung der Straftat. Nur weil der Täter in vorwerfbarer Weise Unrecht begangen hat, darf er zu Freiheitsstrafe verurteilt und deren Vollzug unterworfen werden. Dem liegt gerade das Menschenbild des Grundgesetzes von einem zu freier Selbstbestimmung befähigten Menschen zugrunde, dem mit dem in der Menschenwürde wurzelnden Schuldprinzip Rechnung zu tragen ist[16]. Das Schuldprinzip begrenzt in seiner strafzumessungsleitenden Funktion die Freiheitsstrafe auf das Quantum der Tatschuld. Die Schuld ist zugleich legitimierender Grund und äußerste Grenze der Anordnung und des Vollzugs der Freiheitsstrafe. Die Berechtigung zur Anordnung und zum Vollzug freiheitsentziehender Maßregeln wie der Sicherungsverwahrung folgt demgegenüber aus dem Prinzip des überwiegenden Interesses. Anordnung und Vollzug sind nur dann legitim, wenn das Interesse der Allgemeinheit am Schutz der gefährdeten Rechtsgüter das Freiheitsrecht des Betroffenen in concreto überwiegt.

Der kategoriale Unterschied der Legitimationsgrundlagen wird auf der Ebene der Beendigung des Vollzugs deutlich: Weil der Maßregelvollzug auf dem Prinzip des überwiegenden Interesses beruht, muss er sofort beendet werden, wenn seine Voraussetzungen entfallen sind, d. h. wenn die Abwägung ein Überwiegen der Schutzinteressen der Allgemeinheit über das Freiheitsrecht des Untergebrachten nicht mehr ergibt. Der Vollzug der Freiheitsstrafe bleibt hingegen bis zur Vollverbüßung (oder Bewährungsaussetzung) berechtigt, falls nicht der Schuld- und Strafausspruch im Wiederaufnahmeverfahren aufgehoben wird.

Das Schuldprinzip kennzeichnet die Strafe in besonderer Weise. Die Strafe ist eine repressive Übelszufügung als Reaktion auf schuldhaftes Verhalten, welche die Schuld ausgleichen soll, um den Täter anschließend wieder in die Rechtsgemeinschaft aufzunehmen (BVerfGE 109, 133 < 173>). Dagegen liegt der Zweck des Vollzuges der Maßregel in der zukünftigen Sicherung

---

15 Vgl. BVerfGE 109, 133, 173.
16 Vgl. BVerfGE 123, 267 <413> – Lissabon.

der Gesellschaft vor schweren Straftaten durch aufgrund ihres bisherigen Verhaltens als weiterhin gefährlich bewertete Täter.

Er beruht nur auf einer Gefährlichkeitsprognose und legt dem Betroffenen im Sicherheitsinteresse der Allgemeinheit gleichsam ein Sonderopfer auf. Die Sicherungsverwahrung ist daher nur dann zu rechtfertigen, wenn der Gesetzgeber bei ihrer Ausgestaltung dem besonderen Charakter des in ihr liegenden Eingriffs hinreichend Rechnung und dafür Sorge trägt, dass über den unabdingbaren Entzug der „äußeren" Freiheit hinaus weitere Belastungen vermieden werden. Dem muss durch einen freiheitsorientierten und therapiegerichteten Vollzug Rechnung getragen werden, der den allein präventiven Charakter der Maßregel sowohl gegenüber dem Untergebrachten als auch gegenüber der Allgemeinheit deutlich macht. Hierzu bedarf es eines Gesamtkonzepts der Sicherungsverwahrung mit klarer therapeutischer Ausrichtung auf das Ziel, die von dem Untergebrachten ausgehende Gefahr zu minimieren und auf diese Weise die Dauer der Freiheitsentziehung auf das unbedingt erforderliche Maß zu reduzieren. Die Perspektive der Wiedererlangung der Freiheit muss sichtbar die Praxis der Unterbringung bestimmen. Diese freiheitsorientierte Wahrung des Abstandsgebots trägt auch den Wertungen des Europäischen Gerichtshofs für Menschenrechte zu Art. 7 Abs. 1 EMRK Rechnung, der in seinem Urteil vom 17. Dezember 2009 der Sicherungsverwahrung aufgrund des fehlenden Abstands zum Strafvollzug Strafcharakter beigemessen und auf die Notwendigkeit besonderer individueller Unterstützung des Sicherungsverwahrten abgestellt hat.

Das verfassungsrechtliche Abstandsgebot ist für alle staatliche Gewalt verbindlich und richtet sich zunächst an den Gesetzgeber, dem aufgegeben ist, ein entsprechendes Gesamtkonzept der Sicherungsverwahrung zu entwickeln und normativ festzuschreiben. Dieses muss zumindest folgende Aspekte umfassen: Die Sicherungsverwahrung darf nur als letztes Mittel angeordnet und vollzogen werden. Etwa erforderliche therapeutische Behandlungen müssen schon während des vorangehenden Strafvollzugs so zeitig beginnen und intensiv durchgeführt werden, dass sie möglichst schon vor dem Strafende abgeschlossen werden. Spätestens zu Beginn des Vollzugs der Sicherungsverwahrung hat eine umfassende, modernen wissenschaftlichen Anforderungen entsprechende Behandlungsuntersuchung stattzufinden, auf deren Grundlage ein Vollzugsplan zu erstellen und eine intensive therapeutische Betreuung des Sicherungsverwahrten durch qualifizierte Fachkräfte stattzufinden hat, die eine realistische Entlassungsperspektive eröffnet. Hierzu ist die Mitwirkung des Betroffenen durch gezielte Motivationsarbeit zu fördern.

Das Leben in der Sicherungsverwahrung ist, um ihrem spezialpräventiven Charakter Rechnung zu tragen, den allgemeinen Lebensverhältnissen anzupassen, soweit Sicherheitsbelange nicht entgegenstehen. Dies erfordert zwar keine vollständige räumliche Loslösung vom Strafvollzug, aber eine davon getrennte Unterbringung in besonderen Gebäuden und Abteilungen, die den therapeutischen Erfordernissen entsprechen, familiäre und soziale Außenkontakte ermöglichen und über ausreichende Personalkapazitäten verfügen. Ferner muss das gesetzliche Konzept der Sicherungsverwahrung Vorgaben zu Vollzugslockerungen und zur Entlassungsvorbereitung enthalten. Dem Untergebrachten muss zudem ein effektiv durchsetzbarer Rechtsanspruch auf Durchführung der seine Gefährlichkeit reduzierenden Maßnahmen eingeräumt werden[17].

Von besonderer Bedeutung ist die Garantie der Menschenwürde im Zusammenspiel mit den Grundrechten, aber auch für die Ausgestaltung des Vollzugs der Freiheitsstrafe. Hervorzuheben ist in diesem Zusammenhang wiederum die in Art. 2 Abs. 2 und Art. 104 GG besonders betonte Freiheit der Person. Das Freiheitsgrundrecht hat einen hohen Rang, auch weil es die Grundlage und Voraussetzung der Entfaltungsmöglichkeiten des Menschen bildet. Es kann nur aus besonders wichtigen Gründen und nur aufgrund eines förmlichen Gesetzes eingeschränkt werden, das seinerseits strikt den Grundsatz der Verhältnismäßigkeit wahren muss.

Das Grundgesetz gebietet, den Strafvollzug auf die Resozialisierung des Gefangenen auszurichten. Das Resozialisierungsgebot schließt damit wiederum an das Menschenbild des Grundgesetzes von einem zu freier Selbstbestimmung befähigten Menschen an[18]. Es gilt allerdings auch für den Vollzug der Sicherungsverwahrung[19] und nähert auf diese Weise beide Formen der Freiheitsentziehung an.

Aber auch andere Grundrechte sind für den Strafvollzug von Relevanz. So wirken sich beispielsweise die Meinungsfreiheit, das Briefgeheimnis und der grundrechtliche Schutz von Ehe und Familie auf den Verkehr des Strafgefangenen mit der Außenwelt aus und zeitigen Folgen für die Briefkontrolle und die Regelung des Besuchsverkehrs. Die Grundrechte sind im Strafvollzug aber nicht nur in ihrer primären Funktion als Abwehrrechte von Bedeutung, sondern schlagen sich auch in gesteigerten Schutz- und

---

17 So Pressemitteilung des Bundesverfassungsgerichts vom 4. Mai 2011, Nr. 31/20 11, S. 3 und 4.

18 BVerfGE 98, 169 <200>

19 BVerfGE 109, 133 <151>.

Fürsorgepflichten des Staates nieder[20]. Der Staat ist grundrechtlich dazu verpflichtet, negative Auswirkungen des Strafvollzuges, die mit dem Freiheitsentzug nicht intendiert sind oder gar seinem Zweck zuwiderlaufen, in gewissem Umfang zu kompensieren. Deshalb stehen Aus- und Fortbildung als Mittel sozialer Integration ebenso im Vordergrund wie sozialtherapeutische Betreuung und menschenwürdige Unterbringung.

3.2 Die Strafgefangenenentscheidung BVerfGE 33, 1

Der Grundstein für die Umsetzung der verfassungsrechtlichen Vorgaben im Bereich des Strafvollzugs wurde durch die sog. Strafgefangenenentscheidung des Bundesverfassungsgerichts vom 14. März 1972 gelegt[21]. Bis zu diesem Zeitpunkt existierte in der Bundesrepublik Deutschland kein Strafvollzugsgesetz. Nach überkommener Rechtslehre ging man davon aus, dass der Strafgefangene durch das richterliche Strafurteil aus dem allgemeinen Gewaltverhältnis zwischen Staat und Bürger in ein besonderes Gewaltverhältnis – wie beim Militär oder in der Schule – überführt werde und dergestalt in die Organisation der staatlichen Exekutive eingegliedert sei, dass Beschränkungen seiner Grundrechte keiner gesonderten gesetzlichen Ermächtigung mehr bedürften. Nur die zwangsweise Begründung des besonderen Gewaltverhältnisses, nicht aber seine Ausgestaltung erfordere eine gesetzliche Grundlage.[22] Der Strafvollzug wurde als verwaltungsinterner Bereich betrachtet und konnte dem entsprechend auch mit den Instrumenten verwaltungsinterner Steuerung – mit Weisungen und Verwaltungsvorschriften – organisiert werden. Der Strafgefangene unterlag der Anstaltsgewalt; er wurde gleichsam als Teil des staatlichen Innenlebens angesehen.

Das Bundesverfassungsgericht ist dem unter Hinweis auf die Menschenwürde sowie die umfassende Bindung der staatlichen Gewalt an die Grundrechte entgegengetreten und hat damit den grundrechtlichen Gesetzesvorbehalten im Bereich des Strafvollzugs Geltung verschafft. Eingriffe in die Grundrechte von Strafgefangenen, die über den bloßen Freiheitsentzug hinausgehen, beispielsweise die Briefkontrolle oder Disziplinarmaßnahmen, können nur aufgrund eines förmlichen Gesetzes erfolgen[23]. Damit wird der

---

20 Loschelder, in: Isensee/Kirchhof, § 123 Rn. 44 ff.

21 BVerfGE 33, 1.

22 vgl. Mayer, S. 104ff.; Jellinek, S. 122 f., 513 ff.

23 BVerfGE 33, 1 < 10 f.>.

Strafvollzug der alleinigen Herrschaft der vollziehenden Gewalt entzogen und der Kontrolle des Parlaments unterstellt.

3.3 Das Lebach-Urteil BVerfGE 35, 202

Von grundlegender Bedeutung für den Strafvollzug war auch das sogenannte Lebach-Urteil vom 5. Juni 1973[24], eine das Zivilrecht betreffende Entscheidung des Bundesverfassungsgerichts, die die Ausstrahlung eines Dokumentarfilms über den „Soldatenmord von Lebach" im Zweiten Deutschen Fernsehen betraf, gegen die sich einer der verurteilten Tatbeteiligten gewandt hatte. In diesem Urteil hat das Bundesverfassungsgericht erstmals aus verfassungsrechtlicher Sicht zu den Zielen des Strafvollzugs Stellung bezogen.

Die Besserung des Strafgefangenen, seine Resozialisierung und soziale Integration, ist danach eines der gesetzlich vorgegebenen Ziele des Strafvollzugs. Dem Gefangenen sollen Fähigkeiten und Willen zu verantwortlicher Lebensführung vermittelt werden. Er soll lernen, sich unter den Bedingungen freier Lebensgestaltung ohne Rechtsbruch zu behaupten, seine Chancen wahrzunehmen und Risiken zu bestehen. Ein so verstandener Strafvollzug kann freilich nur die Grundlage für die Resozialisierung schaffen; ein wichtiges Stadium beginnt etwa mit der Entlassung. Nicht nur der Straffällige muss auf die Rückkehr in die freie menschliche Gesellschaft vorbereitet werden; diese muss ihrerseits bereit sein ihn aufzunehmen[25].

Im Lebach-Urteil hat das Bundesverfassungsgericht dargelegt, dass das Resozialisierungsgebot nicht nur im einfachen Recht, sondern auch im Grundgesetz verankert ist. Es hat *Verfassungsrang* und steht deshalb nicht zur freien Disposition des Gesetzgebers. Es entspricht geradezu dem Selbstverständnis einer Gemeinschaft, die die Menschenwürde in den Mittelpunkt ihrer Wertordnung stellt und dem Sozialstaatsprinzip verpflichtet ist. Als Träger der aus der Menschenwürde folgenden und ihren Schutz gewährleistenden Grundrechte muss der verurteilte Straftäter die Chance erhalten, sich nach Verbüßung seiner Strafe wieder in die Gemeinschaft einzuordnen. Vom Täter aus gesehen erwächst dieses Interesse an der Resozialisierung aus der Garantie der Menschenwürde in Verbindung mit dem Freiheitsgrundrecht des Art. 2 Abs. 1 GG. Aus Sicht des Staates verpflichtet das Sozialstaatsprinzip zu staatlicher Fürsorge für Gruppen der Gesellschaft,

---

24 BVerfGE 35, 202 .
25 BVerfGE 35, 202 <235>.

die aufgrund persönlicher Schwäche oder Schuld, Unfähigkeit oder gesellschaftlicher Benachteiligung in ihrer persönlichen und sozialen Entfaltung behindert sind. Nicht zuletzt dient die Resozialisierung auch dem Schutz der Gemeinschaft selbst[26].

Zugleich hat das Bundesverfassungsgericht erste Vorgaben für die praktische Umsetzung des Resozialisierungsgebotes entwickelt: Resozialisierung erfordert in erster Linie die Einwirkung auf den Verurteilten, um die Voraussetzungen für eine spätere straffreie Lebensführung zu schaffen. Zum anderen ist aber gerade im Entlassungsstadium auch die Mitwirkung der Gesellschaft gefordert. Nach den Erfahrungen der Praxis scheitert die Resozialisierung selbst bei günstigen Vorbedingungen vielfach an der Missachtung und Ablehnung, mit der die Umwelt dem entlassenen Strafgefangenen begegnet. Eine solche soziale Isolierung kann den Mut zum Neuanfang nehmen und auf den Weg in die Kriminalität zurückführen[27].

3.4 Entwicklung des Resozialisierungsgebotes

Das Bundesverfassungsgericht hat seine Rechtsprechung zum Resozialisierungsgebot in mehreren nachfolgenden Entscheidungen entwickelt und konsequent fortgeführt[28]. Dabei hat es unter anderem die Bedeutung des Hafturlaubes[29], des Besuchsverkehrs mit Ehegatten und Familienangehörigen[30] sowie der Arbeit[31] für die Resozialisierung des Strafgefangenen gewürdigt. Außerdem hat es klargestellt, dass das Resozialisierungsgebot keineswegs nur Ansprüche des Strafgefangenen begründet, sondern auch Einschränkungen seiner Grundrechte rechtfertigt, soweit diese erforderlich sind, um die Voraussetzungen für eine Wiedereingliederung in die Gesellschaft zu schaffen[32]. Der Strafgefangene ist also nicht nur zu fördern,

---

26 BVerfGE 35, 202 <235 f.> .

27 BVerfGE 35, 202 <236 f.>

28 BVerfGE 36, 174 <186> zur Zulässigkeit des Verbotes der Verwertung getilgter oder tilgungsreifer Vorstrafen in § 49 BZRG a.F.

29 BVerfGE 64, 261 <276, 281 ff.> zur Gewährung von Hafturlaub bei lebenslanger Freiheitsstrafe.

30 BVerfGE 89, 315 <322> zur Zulässigkeit einer Trennscheibe bei Ehegattenbesuchen eines Strafgefangenen mit ausgeprägter Fluchtneigung.

31 BVerfGE 98, 169 <200 ff.> zum Erfordernis einer angemessenen Anerkennung für geleistete Arbeit.

32 BVerfGE 40, 276 <284 f.> zur Zulässigkeit eines Verbotes des Bezuges der „St. Pauli-Nachrichten".

er kann und muss auch gefordert werden, denn ohne seine Bereitschaft zur Mitwirkung kann die Resozialisierung nicht gelingen.

Um die praktische Umsetzung des Resozialisierungsgebotes sicherzustellen, hat das Bundesverfassungsgericht einen Gesetzgebungsauftrag mit entsprechender Zielvorgabe entwickelt. Da das Resozialisierungsgebot grundrechtlich fundiert ist, richtet es sich nicht nur an die vollziehende Gewalt, sondern an alle drei grundrechtsgebundenen Staatsgewalten, also zunächst auch an den Gesetzgeber. Dieser ist von Verfassungswegen verpflichtet, ein wirksames Resozialisierungskonzept zu entwickeln und den Strafvollzug darauf aufzubauen. Dabei ist ihm selbstverständlich ein weiter Gestaltungsspielraum eröffnet; er ist nicht von Verfassungswegen auf ein bestimmtes Regelungskonzept festgelegt. Er kann bei seiner Regelung alle verfügbaren Erkenntnisse – namentlich aus den Gebieten der Anthropologie, Kriminologie, Sozialtherapie und Ökonomie – verwerten und im Hinblick auf Rang und Dringlichkeit anderer Staatsaufgaben auch die Kostenfolgen berücksichtigen.

3.5 Lebenslange Freiheitsstrafe BVerfGE 45, 187 und BVerfGE 117, 71

Hervorzuheben ist weiter das Urteil des Bundesverfassungsgerichts zur lebenslangen Freiheitsstrafe vom 21. Juni 1977[33]. Die lebenslange Freiheitsstrafe stellt neben der Sicherungsverwahrung die schärfste Form der Freiheitsentziehung dar.

Die Geschichte der Strafrechtspflege zeigt, dass an die Stelle grausamster Strafen immer humanere Strafen getreten sind. Der Fortschritt in Richtung von roheren zu humaneren, von einfacheren zu differenzierteren Formen des Strafens ist weitergegangen. Das Urteil darüber, was der Würde des Menschen entspricht, kann dabei immer nur auf dem jeweiligen Stande der Erkenntnis und der gesellschaftlichen Entwicklung beruhen und keinen Anspruch auf zeitlose Gültigkeit erheben. Mit diesem relativierenden Hinweis hat das Bundesverfassungsgericht die Verfassungsmäßigkeit der lebenslangen Freiheitsstrafe bestätigt und in ihr keine Verletzung der Menschenwürde gesehen[34].

---

33 BVerfGE 45, 187.
34 BVerfGE 45, 187 <229>.

Gleichwohl wirkt sich die Pflicht zur Achtung der Menschenwürde auf den Vollzug der lebenslangen Freiheitsstrafe aus. Aus der Garantie der Menschenwürde in Verbindung mit dem Sozialstaatsprinzip folgt die Pflicht des Staates, jenes Existenzminimum zu gewährleisten, das ein menschenwürdiges Dasein überhaupt ausmacht. Die grundlegenden Voraussetzungen individueller und sozialer Existenz des Menschen müssen auch beim Vollzug der lebenslangen Freiheitsstrafe erhalten bleiben. Mit einer so verstandenen Menschenwürde wäre es unvereinbar, einem Menschen lebenslang die Freiheit zu entziehen, ohne ihm zumindest eine Chance einzuräumen, jemals wieder der Freiheit teilhaftig zu werden[35]. Dem trägt jetzt § 57a StGB Rechnung.

In einer weiteren Entscheidung aus dem Jahr 1983 hat das Bundesverfassungsgericht darauf hingewiesen, es sei verfassungsrechtlich unbedenklich, wenn die Strafe im Einzelfall „im Wortsinn ein Leben lang" – gemeint ist bis zum Lebensende – vollstreckt werde. Sonst würde die lebenslange Freiheitsstrafe zwangsläufig entwertet und über die Strafaussetzungsregelung praktisch abgeschafft. Jedoch sei ein menschenwürdiger Vollzug dieser Strafe nicht sichergestellt, wenn dem Verurteilten ungeachtet der Entwicklung seiner Persönlichkeit von vornherein jegliche Hoffnung genommen würde, seine Freiheit – wenn auch erst nach langer Strafverbüßung – wiederzuerlangen[36].

Dabei ist es verfassungsrechtlich zulässig, die Aussetzung der Vollstreckung der lebenslangen Freiheitsstrafe von einer Gefährlichkeitsprognose abhängig zu machen. Ziel der lebenslangen Freiheitsstrafe ist auch der Schutz der Allgemeinheit vor gefährlichen Straftätern. Daher ist anhand dieses Maßstabs bei strikter Verhältnismäßigkeit zu überprüfen, ob es des weiteren Schutzes der Allgemeinheit noch bedarf.

Im Jahr 2006 hat das Bundesverfassungsgericht diese Rechtsprechung nochmals bestätigt. Auch neuere Forschungen zu den Auswirkungen langjährigen Freiheitsentzugs belegten nicht, dass irreparable Schäden psychischer oder physischer Art notwendige Folge eines langen Freiheitsentzuges seien[37]. Um solchen drohenden Schäden zu begegnen, sei gerade der Behandlungsvollzug zu implementieren.

---

35 BVerfGE 45, 187 <228 f.>

36 BVerfGE 64, 261 <272 f >.

37 BVerfGE 117, 71 <90 ff.>.

3.6 Besonderheiten des Jugendstrafvollzugs BVerfGE 116, 69

Den Besonderheiten des Jugendstrafvollzuges hat das Bundesverfassungsgericht mit seinem Urteil zur Notwendigkeit eines Jugendstrafvollzugsgesetzes vom 31. Mai 2006 Rechnung getragen[38]. Nachdem es in der Strafgefangenenentscheidung bereits ein Strafvollzugsgesetz für den Erwachsenenvollzug angemahnt und die Rechtsfigur des besonderen Gewaltverhältnisses verabschiedet hatte, hat es nunmehr klare gesetzliche Regelungen auch im Bereich des Jugendstrafvollzugs gefordert und dies mit inhaltlichen Vorgaben verknüpft, die sich zusammenfassend mit dem Schlagwort vom „Fördern und Fordern" beschreiben lassen.

Der Jugendstrafvollzug unterscheidet sich wesentlich vom Erwachsenenvollzug: Der Jugendliche befindet sich im Entwicklungsstadium der Adoleszenz, in einem biologischen, psychischen und sozialen Stadium des Übergangs, das typischerweise mit Spannungen, Unsicherheiten und Anpassungsschwierigkeiten einhergeht. Der Freiheitsentzug wirkt auf den Jugendlichen in einer Lebensphase ein, in der seine Persönlichkeit noch nicht ausgereift ist. Dabei tragen neben dem Jugendlichen selbst auch seine Eltern Verantwortung für die weitere Persönlichkeitsentwicklung. Indem der Staat durch den Freiheitsentzug in diese Lebensphase eingreift, übernimmt er für die weitere Entwicklung des Jugendlichen eine Verantwortung auch an dessen Stelle. Dieser Verantwortung kann er nur durch eine Vollzugsgestaltung gerecht werden, die in besonderer Weise auf Förderung gerichtet ist, vor allem auf soziales Lernen und die Ausbildung von Fähigkeiten und Kenntnissen, die einer beruflichen Integration dienen[39].

Der Jugendliche befindet sich auch nach der Strafverbüßung noch in einem Alter, das statistisch betrachtet hoch kriminalitätsanfällig ist. Eine erfolgreiche Resozialisierung ist deshalb sowohl für sein weiteres Leben als auch im Hinblick auf den Schutz der Allgemeinheit vor weiteren Straftaten von besonderem Gewicht[40].

Freiheitsstrafen wirken sich für Jugendliche in besonders einschneidender Weise aus. Jugendliche haben ein anderes Zeitempfinden als Erwachsene. Typischerweise leiden sie stärker unter der Trennung von ihrem gewohnten sozialen Umfeld und unter erzwungenem Alleinsein. Für Jugendliche sind

---

38 BVerfGE 116, 69.
39 BVerfGE 116, 69 <85 f.>.
40 BVerfGE 116, 69 <86>.

familiäre Beziehungen von besonderer Bedeutung. Zudem wird durch den Jugendstrafvollzug die grundrechtlich geschützte Position der erziehungsberechtigten Eltern berührt. In ihrer Persönlichkeit sind Jugendliche weniger verfestigt als Erwachsene, ihre Entwicklungsmöglichkeiten sind offener. Daraus ergeben sich spezielle Bedürfnisse, besondere Chancen und Risiken für die weitere Entwicklung und eine besondere Haftempfindlichkeit, vor allem eine besondere Empfindlichkeit für mögliche schädliche Auswirkungen des Strafvollzuges[41].

Ein der Achtung der Menschenwürde und dem Grundsatz der Verhältnismäßigkeit verpflichteter Strafvollzug muss diesen Besonderheiten Rechnung tragen. Zwar hat der Gesetzgeber bei der Ausgestaltung des Resozialisierungskonzepts auch hier einen großen Spielraum und ist nicht von Verfassungswegen auf ein bestimmtes Konzept festzulegen. Aus dem besonderen Gewicht, das dem Vollzugsziel der Resozialisierung im Jugendstrafvollzug zukommt, erwachsen ihm jedoch besondere Verpflichtungen, die seinen Gestaltungsspielraum einengen.

So hat der Gesetzgeber durch konkrete Vorgaben dafür Sorge zu tragen, dass der Jugendstrafvollzug mit den personellen und finanziellen Mitteln ausgestattet wird, die erforderlich sind, um das Vollzugsziel tatsächlich zu erreichen. Insbesondere müssen ausreichende Bildungs- und Ausbildungsmöglichkeiten bereitgestellt werden. Die Bildungsangebote sollten auch bei kurzen Jugendstrafen sinnvoll genutzt werden können, wenn ein Abschluss während der Haft nicht zu erreichen ist. Unterbringung und Betreuung müssen einerseits soziales Lernen in der Gemeinschaft ermöglichen, andererseits aber auch den Schutz der Inhaftierten vor wechselseitiger Gewalt sicherstellen. Eine ausreichende pädagogische und therapeutische Betreuung muss ebenso gewährleistet sein wie eine mit angemessenen Entlassungshilfen verzahnte Entlassungsvorbereitung[42].

Aus den physischen und psychischen Besonderheiten des Jugendalters ergibt sich spezieller Regelungsbedarf in Bezug auf Kontakte, körperliche Bewegung und die Sanktionierung von Pflichtverstößen. So müssen die Besuchsmöglichkeiten für familiäre Kontakte – auch im Hinblick auf das Elternrecht nach Art. 6 GG – um ein Mehrfaches über denen im Erwachsenenvollzug liegen. Erforderlich sind gesetzliche Vorkehrungen dafür, dass innerhalb der Anstalt Kontakte, die einem positiven sozialen Lernen dienen können, aufgebaut werden. Nach derzeitigem Erkenntnisstand ist dazu die

---

41 BVerfGE 116, 69 <87>.
42 BVerfGE 116, 69 <89 f.>.

Unterbringung in kleinen Wohngruppen, differenziert nach Alter, Strafzeit und Straftaten – etwa gesonderte Unterbringung von Gewalt- und Sexualtätern mit spezifischen Betreuungsmöglichkeiten – besonders geeignet[43].

Schließlich muss sich der Gesetzgeber bei der Ausgestaltung des Jugendstrafvollzuges am Stand der wissenschaftlichen Erkenntnis orientieren. Seinem Konzept müssen sorgfältig ermittelte Annahmen und Prognosen über die Wirksamkeit unterschiedlicher Vollzugsgestaltungen und Behandlungsmaßnahmen zugrunde liegen. Darüber hinaus ist er verpflichtet, Erfolge und Misserfolge des Jugendstrafvollzugs fortlaufend zu beobachten und sein Vollzugskonzept gegebenenfalls nachzubessern[44].

3.7 Umsetzung der verfassungsgerichtlichen Entscheidung

Bund und Länder haben bisher – wenn ich es recht sehe – ihre Verantwortung gerade im Bereich des Jugendstrafvollzuges erkannt und sind ihr auch weitgehend nachgekommen. Ein „Wettbewerb der Schäbigkeiten" ist – soweit ich sehe – bislang nicht entstanden. Die Jugendstrafvollzugsgesetze der Länder haben nicht zu Verschlechterungen der Vollzugsbedingungen geführt. Die Mindeststandards, die das Bundesverfassungsgericht entwickelt hat, sind in fast allen Fällen eingehalten, zum Teil auch übertroffen worden.

Problematisch erscheint vor allem zweierlei: Die verfassungsrechtlich gebotene, fortlaufende Evaluierung des Jugendstrafvollzugs ist leider nicht in allen Ländern ausreichend vorgesehen. Weiter ist die Einzelunterbringung der Gefangenen während der Ruhezeit zwar durchgängig vorgeschrieben, jedoch lassen die Landesgesetze in unterschiedlichem Umfang Einschränkungen zu. Verfassungsrechtlich ist dies unter dem Gesichtspunkt der Schutz- und Fürsorgepflicht problematisch, die der Staat gegenüber jungen Menschen hat und deren Erfüllung bei Überbelegung stark gefährdet sein kann, wie die Ereignisse in der Jugendstrafanstalt Siegburg vor einiger Zeit gezeigt haben[45].

Die Umsetzung des Urteils vom 4. Mai 2011 zur Sicherungsverwahrung stellt Bund und Länder vor besondere Herausforderungen und zwingt angesichts jetzt unterschiedlicher Gesetzgebungskompetenzen zu hoher föderaler

---

43 BVerfGE 116, 69 <87 f.>.

44 BVerfGE 1 16, 69 <91>.

45 Landau (2008), S. 216, 222. Kritische Bilanzen ziehen Ostendorf, S. 14, und Eisenberg, S. 250.

Kooperation. Ich bin allerdings überzeugt, dass sich alle Verantwortlichen dieser verfassungs- und menschenrechtlichen Aufgabe stellen werden.

4 Sicherheit und Resozialisierung

Nach den gesetzlichen Vorgaben bewegt sich der Strafvollzug zwischen den gegensätzlichen Polen Sicherheit der Bevölkerung auf der einen und Resozialisierung des Täters auf der anderen Seite. Dieses Spannungsverhältnis wird man aufgrund der gegenläufigen Interessen nicht völlig beseitigen können. Aufgabe des Strafvollzuges ist es aber, dafür zu sorgen, dass dieses als Spannungsbogen tragfähig bleibt und in seiner Dialektik fruchtbar gemacht werden kann.

Das Vollzugziel der Resozialisierung hat hohes Gewicht. Gleiches gilt aber auch für die Sicherheit des Bürgers[46]. Einer der konstitutiven Zwecke des Rechtsstaates ist nämlich die Befriedung der Gesellschaft, die Gewährleistung von Frieden, Sicherheit und Freiheit. Diese gelingt nur, wenn der Staat dafür Sorge trägt, dass bei seinen Bürgern kein berechtigter Grund zur Furcht besteht, da andernfalls das Recht zur Selbstverteidigung wieder auflebt. Spezifisches Instrument zur Herstellung von Rechtsfrieden und damit notwendige Voraussetzung für den Rechtsstaat ist das Gewaltmonopol. Der Staat steht und fällt damit, dass er das Gewaltmonopol gegenüber nichtstaatlichen Kräften – vor allem gegenüber Rechtsbrechern – effektiv behauptet und, wo er die Gewalt durch Private im Einzelfall nicht verhindern kann, jedenfalls verhindert, dass ihr Legitimität zuwächst. Bliebe Kriminalität ungestraft, so drohten dem Rechtsstaat und der gesamten freiheitlichen Ordnung schwerer Schaden. Das Gewaltmonopol verteidigt so den Rechtsstaat zugleich gegenüber dem Sanktionierungsbedürfnis der rechtstreuen Gemeinschaft. Nähme der einzelne Bürger das Recht selbst in die Hand, bedeutete dies das Ende des Rechtsfriedens wie auch des Rechtsstaats, weil mit der Selbstjustiz dessen Gewährleistung der Berechtigung und Richtigkeit der Sanktion entfiele.

Ohne eine funktionstüchtige Strafrechtspflege kann also kein Rechtsfriede, der auf der sichtbaren Unverbrüchlichkeit der Norm beruht, eintreten. Ohne sie kann auch das Gewaltmonopol keinen Bestand haben. Unzureichende Effizienz der Strafrechtspflege beeinträchtigt und zerstört die Bereitschaft des Bürgers, sich der Rechtsordnung und dem Gewaltmonopol zu unterwerfen. Nur wenn die hoheitliche Rechtsdurchsetzung öffentlich

---

46 Vgl. Landau (2007), S. 121, 127.

erkenn- und erlebbar garantiert ist, können Eigen macht und Selbstjustiz ausgeschlossen werden. Eine funktionstüchtige Strafrechtspflege, zu der auch eine wirkungsvolle Strafvollstreckung gehört, entschärft das Aggressionspotential der Gesellschaft. Die Justizgewährung als Strafrechtspflege ist das Gegenstück des staatlichen Gewaltmonopols, der bürgerlichen Friedenspflicht und des Selbsthilfeverbots. Die Durchsetzung des Rechts ist deshalb conditio sine qua non des Staates. Eine Kriminalpolitik, die die Sicherheits- und Strafbedürfnisse der Bevölkerung nicht ernst nimmt, wird letztlich scheitern und schließlich diejenigen punitiven Einstellungen in der Bevölkerung provozieren, die einer rationalen Bewältigung der Kriminalität und einem humanen Umgang mit dem Rechtsbrecher schaden. Ein Staat, der seine Gesetze nicht, nur eingeschränkt oder nur zögerlich durchsetzt, erfüllt seine wesentliche Funktion nicht. Die Funktionstüchtigkeit der Strafrechtspflege ist deshalb nicht nur Verfassungsgebot als Ausfluss des Rechtsstaatsprinzips, sondern unabdingbare Voraussetzung für Existenz und Bestand des demokratischen Rechtsstaats selbst.

Um in dem Spannungsverhältnis von Sicherheit und Resozialisierung die Balance zu halten, darf man nicht auf der Ebene des staatlichen Strafverfolgungsmonopols stehen bleiben, sondern muss auch das staatliche Strafvollstreckungsmonopol im Lichte der Sicherheit und des Schutzes der Bevölkerung ausgestalten. Dieses Schutzinteresse und Schutzbedürfnis ist im Gedanken der Resozialisierung aber mit angelegt. Obgleich beide Ziele auf den ersten Blick einen unvereinbaren Gegensatz zu bilden scheinen, dienen sie doch letztlich demselben Zweck: eine wertorientierte humane, normtreue Gesellschaft ohne Straftaten zu sichern. Zwischen dem Integrationsziel des Vollzugs und dem Anliegen, die Allgemeinheit vor weiteren Straftaten zu schützen, besteht so verstanden gerade kein absoluter Gegensatz[47].

5 Schluss

Das Spannungsverhältnis wird nicht umfassend befriedigend zu lösen sein. Sowohl die zur Verfügung stehenden Mittel als auch die beteiligten Institutionen und Menschen lassen sich nicht in eine völlig harmonische Symbiose einbetten.

Für Strafgefangene als soziale Randgruppe gibt es keine politische Lobby. In den Augen der Gesellschaft sind sie eine soziale Randgruppe. Ihre Interessen sind keine Selbstläufer in der politischen Willensbildung. Oft sind sie im

---

[47] BVerfGE 1 16, 69 <86>.

Gegenteil nur Mittel der politischen Auseinandersetzung, wenn nämlich mit Sicherheitsfragen Ängste der Wahlbürger geweckt werden sollen.

Aber: Die Menschenwürde ist unteilbar! Sie schützt in gleichem Maße den Alten und Schwachen, das Ungeborene und den Behinderten ebenso wie die Starken und Tüchtigen, den Rechtsbrecher ebenso wie den wirtschaftlich und gesellschaftlich Leistungsstarken. Abstriche gibt es in keinem Fall. Lediglich das Freiheitsrecht des Strafgefangenen ist rechtsförmlich beschränkt, seine Menschenwürde bleibt voll umfänglich erhalten.

Dies beschreibt den verfassungsfesten Kernbestand unseres Wertekonsenses, der sich im freiheitlichen Rechtsstaat des Grundgesetzes organisiert hat. Er ist zugleich ethischer Anspruch und verfassungsrechtlicher Befehl, der ausgefüllt werden muss, wollen wir nicht den Grundkonsens von Staat und Gesellschaft selbst in Frage stellen.

Die Verantwortung für die Ausfüllung dieses Wertes trifft zuerst und vor allem jeden Bürger als Souverän. Die Übernahme von Verantwortung durch den Bürger ist aber nicht einklagbar, sie ist gleichwohl ein Maßstab für die Humanität von Staat und Gesellschaft, ist Markierung für eine humane, aufgeklärte und gerechte Gesellschaft. Die Motive des Bürgers zur Verantwortungsübernahme im Ehrenamt und im gesellschaftspolitischen Engagement mögen dabei unterschiedlichen Wurzeln entspringen.

Der sich den Werten der Aufklärung und des Humanismus verpflichtete Bürger weiß, dass der Rechtsbrecher mit gleichen, unveräußerlichen Rechten ausgestattet ist, wie er selbst. Er wird auf rationale Bestrafung und rationalen Strafvollzug drängen, er wird das Los der Strafgefangenen nicht als schicksalhaft vorherbestimmt einordnen sondern alle Kräfte dafür einsetzen, dass auch mit ihnen wieder ein gemeinschaftliches gesellschaftliches Leben möglich ist.

Der Christ wird in dem Gefangenen den von Gott geschaffenen und geliebten Menschen sehen, der, wie er selbst, auf Vergebung und Versöhnung angelegt ist. Deshalb ist das Engagement der Kirchen im Strafvollzug als Ausfluss dieses Selbstverständnisses zu begrüßen, dankbar anzunehmen, zu fördern und zu verstärken. Die kirchliche Gefangenenseelsorge erfüllt primär einen genuin christlichen Auftrag, indem sie jedem Strafgefangenen – mag seine Schuld auch noch so schwer wiegen – Hilfe und Zuwendung entgegenbringt.

Die Verantwortung als rechtlich gebundene Verantwortung betrifft vor allem aber auch die des Staates, sei es durch Verfahren oder durch Institutionen Bedingungen dafür zu schaffen, dass Menschenwürde sich in den

Gefängnissen verwirklicht. Der Staat tut dies durch engagierte, fachlich gut ausgebildete Beamte, Lehrer, Sozialarbeiter und Verwaltungsangestellte, die sich der Resozialisierung und der Sicherheit verpflichtet fühlen. Ihr Dienst geschieht stellvertretend für die Gesellschaft. Dazu gehören die Leiter der Anstalten, die Beamten und Gefangenen gegenüber in besonderer Weise verantwortlich sind, weil sie Führungsverantwortung übernommen haben und dazu gehören Ministerialbeamte, die Konzeptionen zu entwickeln und Aufsicht auszuüben haben, damit dem Willen des Grundgesetzes Rechnung getragen wird.

Vor allem aber sind – wie nun wieder bei Verwirklichung des Abstandsgebotes – die Parlamente gefordert, die Vorgaben unserer Verfassung und ihres Menschenbildes mit Leben zu erfüllen.

Literatur

Dreier, Horst: Grundgesetz-Kommentar. 2. Aufl. Tübingen 2004.

Eisenberg, Ulrich: Jugendstrafvollzugsgesetze der Bundesländer – eine Übersicht, NStZ 2008, S. 250–261.

Isensee, Josef/Kirchhof, Paul (Hg.): Handbuch des Staatsrechts der Bundesrepublik Deutschland. Band V, Allgemeine Grundrechtslehren, 2. Aufl. München 2000.

Jellinek, Walter: Verwaltungsrecht, Nachdruck Bad Homburg 1966.

Landau, Herbert: Zwischen Strafbedürfnis und Schutzbedürftigkeit: Der Umgang mit straffälligen jungen Menschen in Straf- und Verfassungsrecht, ZJJ 2008, S. 216–223.

Landau, Herbert: Die Pflicht des Staates zum Erhalt einer funktionstüchtigen Strafrechtspflege, NStZ 2007, S. 121–129.

Maunz, Theodor/Dürig, Günter: Grundgesetz (Stand: 1958), München.

Mayer, Otto: Deutsches Verwaltungsrecht, 2.Aufl. München/Leipzig, 1914.

Loschelder, Wolfgang: Grundrechte im Sonderstatus, in: Isensee, Josef/ Kirchhof, Paul (Hg.): Handbuch des Staatsrechts der Bundesrepublik Deutschland. Band V, Allgemeine Grundrechtslehren, 2. Aufl. 2000, § 123 Rn. 44 ff.

Lerche, Peter: Werbung und Verfassung, München1967.

Ostendorf, Heribert: Jugendstrafvollzugsgesetz: Neue Gesetze – neue Perspektiven?, ZRP 2008, S. 14–17.

Ridder, Helmut: Das Menschenbild des Grundgesetzes – Zur Staatsreligion der Bundesrepublik Deutschland, in: Demokratie und Recht 7 (1979), S. 123 ff.

10

Geldverwaltung statt Vollstreckung von Ersatzfreiheitsstrafen
Haftvermeidungsprojekt der Anlaufstellen für Straffällige in Niedersachsen

Burkhard Teschner

Verurteilte mit geringem Einkommen sind oft überfordert, wenn sie Geldstrafen mit den Vollstreckungsbehörden regeln müssen. Häufig drohen dann Ersatzfreiheitsstrafen, die teuer für den Staat und unangenehm für die Betroffenen sind. Die freie Straffälligenhilfe bewahrt in Niedersachsen mit einem besonderen Aufgabenbereich vor der Vollstreckung. Davon profitieren nicht nur die verurteilten Klienten, auch justizfiskalisch ist der Erfolg messbar: Die Geldstrafen werden im Rahmen einer Geldverwaltung verlässlich an die jeweiligen Staatsanwaltschaften überwiesen und durch die Abwendung der Vollstreckung werden hohe Haftkosten reduziert.

1 Chancen in Freiheit

In Niedersachsen gibt es mit den Anlaufstellen für Straffällige bereits seit 1980 ein flächendeckendes Netz von Beratungsstellen:

14 Einrichtungen wurden in größeren Städten bzw. im Umfeld der Justizvollzugsanstalten in freier Trägerschaft eingerichtet - acht Anlaufstellen zählen zur Diakonie, je eine wird von der Caritas und dem SKM/Kath. Verein für soziale Dienste betrieben, die übrigen vier freien Träger sind dem Paritätischen Wohlfahrtsverband Niedersachsen angeschlossen.

Die Mitarbeitenden der Anlaufstellen beraten und betreuen Inhaftierte, Haftentlassene und Straffällige ohne Hafterfahrung sowie deren Angehörige. Die Kontakte sind freiwillig und alle Inhalte werden vertraulich behandelt. Zu den wesentlichen Aufträgen, die in einem Aufgabenkatalog niedergelegt wurden, zählen unter anderem Haftentlassungsvorbereitung, Hilfe bei der Existenzsicherung, bei der Wohnungs- und Arbeitssuche, Hilfen bei der Regulierung von Schulden und die Beratung und Unterstützung in verschiedenen weiteren Lebensbereichen. Auch Öffentlichkeitsarbeit mit dem Ziel, über Anlaufstellenarbeit zu informieren und Vorurteile über Straffällige abzubauen, wird als wichtige Aufgabe wahrgenommen.

2 Beweggründe zur Projektentwicklung

Traditionell spielt die *Haftvermeidung* in der Straffälligenhilfe eine bedeutsame Rolle bei der Ausübung des sozialanwaltlichen Engagements für ihre Klientel: Haft zu vermeiden, wo sie nicht nötig ist, gehört zu ihrem ethischen Selbstverständnis. Gezielte Angebote tragen diesem Ansatz Rechnung: Durch die Aufnahme von Inhaftierten in sozialpädagogisch betreute Wohnprojekte ist es z.b. möglich, Untersuchungshaft zu vermeiden oder eine vorzeitige Haftentlassung auf Bewährung zu ermöglichen.

Die große und zunehmende Zahl von verbüßten Ersatzfreiheitsstrafen führte zu Überlegungen, ein Verfahren zu entwickeln, das zu einer Reduzierung von Vollstreckungen geeignet ist. Allein in Niedersachsen werden ca. 450 Haftplätze regelmäßig durch Vollstreckung von Ersatzfreiheitsstrafen belegt.

In Deutschland werden Delikte, laut Erhebung des Bundesamtes für Statistik, bei durchschnittlich 4 von 5 Verurteilten mit einer Geldstrafe sanktioniert. In der Anwendungspraxis des allgemeinen Strafrechts, das mit Freiheits- und Geldstrafen lediglich zwei Hauptstrafen unterscheidet, stellt die Geldstrafe damit mit Abstand die häufigste Sanktion dar.

Diese Relation ist im früheren Bundesgebiet seit 1985 nahezu unverändert, sie gilt heute entsprechend auch für Deutschland insgesamt.

Geldstrafen werden verhängt, wenn begangene Delikte nicht so schwerwiegend sind, dass sie mit einer Freiheitsstrafe geahndet werden müssen. So ist sie z.B. bei Beförderungserschleichung – dem sogenannten „Schwarzfahren" – und bei Straßenverkehrsdelikten nahezu der Regelfall. Zahlen belegen, dass 2012 in Deutschland bei 93 % der wegen einer im Straßenverkehr begangenen Straftaten eine Geldstrafe festgesetzt wurde.

Die Verhängung der Geldstrafe erfolgt in der Regel in einem Strafbefehlsverfahren ohne mündliche Verhandlung, seltener aber auch im Rahmen einer Hauptverhandlung im Urteil. Die Zumessung der Geldstrafe erfolgt gemäß § 40 StGB in Tagessätzen – das Mindestmaß beträgt fünf Tagessätze, das Höchstmaß 360 Tagessätze. Die Anzahl der Tagessätze gibt Auskunft über die Schwere der Strafe. Die Höhe eines Tagessatzes ist abhängig von den persönlichen und wirtschaftlichen Verhältnissen des Verurteilten. Sie soll sich an dem durchschnittlichen Tagesnettoeinkommen des Täters orientieren.

Nach der Verurteilung folgen Aufforderungen zur Zahlung, bei Nichtzahlung Mahnungen und schließlich, wenn der Verurteilte die Geldstrafe weiterhin nicht bezahlt, tritt in der Folge mit der Ladung zum Haftantritt ersatzweise die Haftstrafe ein. Ein Tagessatz entspricht dann einem Tag Freiheitsstrafe.

Wenn eine Schuld so gering ist, dass sie mit einer Geldstrafe abgegolten werden kann, widerspricht es der ursprünglichen Absicht des Urteils, wenn der Betroffene später doch ins Gefängnis muss. Immerhin hat der Richter, der eine Geldstrafe gegen einen Verurteilten verhängt hatte, diese als strafangemessen erachtet – sonst hätte er im Urteil auf eine Freiheitsstrafe erkannt. Mit der Verbüßung der Ersatzfreiheitsstrafe wird eine Bewährungsstrafe übersprungen und so die Strafhierarchie in Frage gestellt.

In der Mehrheit der Fälle sind die säumigen Zahler aus verschiedenen Gründen mit der Abwicklung der Geldstrafe überfordert. Geringe Einkommensverhältnisse, materielle Engpässe, Probleme bei der Vereinbarung von tragbaren Raten, mangelnde Deutschkenntnisse, fehlende Verbindlichkeit sind die Hauptgründe für die Zahlungsversäumnisse. Der dadurch fällige Haftantritt spitzt die Probleme in den meisten Fällen erheblich zu: Die „Nebenwirkungen" einer Inhaftierung sind häufig die Kündigung der Arbeitsstelle und der Wohnungsverlust, der nicht selten zu Wohnungslosigkeit führt.

Der Impuls kam aus Delmenhorst: Im Rahmen eines Modellprojektes sollten exemplarisch vier Anlaufstellen versuchen, dieser Entwicklung entgegen zu wirken:

Könnte es mit Hilfe einer gezielten Unterstützung gelingen, eine verbindliche, regelmäßige Ratenzahlungsregelung zu verwirklichen? Für die verlässliche Umsetzung sollte eine Abtretung des zu vereinbarenden monatlichen Ratenbetrages durch den Verurteilten auf ein Treuhandkonto die Bezahlung der Geldstrafe sicherstellen. Damit würde der Grund für eine Ersatzfreiheitsstrafe entfallen.

Wo dieses erzielt werden kann, würde sich auch Stigmatisierung reduzieren - ohne dass der Strafgedanke dabei beschädigt würde. Sollte das Projekt funktionieren, könnte es Betroffene nicht nur vor den negativen Auswirkungen einer Inhaftierung schützen; es dürfte dazu beitragen, ihre gesamte soziale und finanzielle Lebenssituation positiv zu beeinflussen und zu stabilisieren. Eine Reduzierung von Hafttagen durch Vermeidung der Vollstreckung von Ersatzfreiheitsstrafen könnte der Justiz perspektivisch erhebliche Geldmittel einsparen und damit letztendlich den Steuerzahler entlasten...

3 Projektverlauf

Das Praxisprojekt „Geldverwaltung statt Ersatzfreiheitsstrafen" wurde zunächst in den Jahren 2005 bis 2007 in einer Projektphase praktisch erprobt. Axel Zuber von der Anlaufstelle für Straffällige Delmenhorst, quasi der „Erfinder" des Projektes „Geldverwaltung statt Ersatzfreiheitsstrafen", prognostizierte in seiner Projektskizze, dass es mittelfristig möglich sei, mit dieser Hilfeform über 100 Haftplätze für Ersatzfreiheitsstrafen in Niedersachsen einzusparen. Das entspräche nach damaliger Bewertung der Haftkosten einer jährlichen Einsparung für die niedersächsische Justiz von über 3 Millionen Euro.

Im Sommer 2007 wurde die Projektphase von den beteiligten Anlaufstellen für Straffällige an den Standorten Delmenhorst, Göttingen, Oldenburg und Wilhelmshaven abgeschlossen und ausgewertet. Im Abschlussbericht der freien Wohlfahrtspflege Niedersachsen wurde festgehalten: Im Laufe von 2 Jahren wurden 95 Klienten betreut. Über 90 % haben die Maßnahme mit Erfolg durchlaufen. „Das ist eine außergewöhnlich gute Quote und hat, angesichts der Probleme, die mancher Klient mitbrachte, alle Erwartungen übertroffen", betonte Jochen Flitta, zu der Zeit Vorsitzender

der Landesarbeitsgemeinschaft der Freien Wohlfahrtspflege in Niedersachsen, bei der Präsentation der Projektergebnisse.

Ebenfalls 2007 wurde das Projekt mit dem zweiten Platz für den *Innovatio Sozialpreis* für caritatives und diakonisches Handeln in Berlin ausgezeichnet. Mit diesem Preis werden von einer Jury seit 1998 regelmäßig die innovativsten Sozialprojekte anerkannt, die sich drängender Probleme in Deutschland annehmen, die nachhaltige Handlungsperspektiven eröffnen und in die Zukunft weisen. Die ermutigenden Ergebnisse der Projektphase führten zu dem Schritt, diese Hilfe *landesweit* in allen Anlaufstellen zu etablieren.

Das niedersächsische Justizministerium beauftragte die Straffälligenhilfe der freien Wohlfahrt, das Hilfeprogramm „Geldverwaltung statt Ersatz-freiheitsstrafe" aufzulegen:

Im November 2009 wurde ein Erlass vorgelegt, an dessen Entwurf u. a. die Leitungen der Staatsanwaltschaften als zukünftige Kooperationspartner vorab zu den Überlegungen zur Regelung und Umsetzung beteiligt worden waren. Auf ministeriellen Erlass wurde das Modell „Geldstrafe statt Ersatz-freiheitsstrafen" zum 1. Januar 2010 landesweit von den 14 Anlaufstellen für Straffällige eingeführt. Das an vier Standorten erfolgreich im Modell erprobte Projekt ist seitdem verbindlicher Bestandteil des Aufgabenkata-loges der Anlaufstellen.

Im Begleitschreiben zur Herausgabe des Erlasses schreibt das Ministerium auszugsweise: „Gründe für das Scheitern der Bezahlung von Geldstrafen sind häufig darin zu sehen, dass viele Verurteilte, die meist ohnehin nur über ein geringes Einkommen verfügen, mit dem planmäßigen Umgang ihrer finanziellen Mittel überfordert sind.

Der Erlass sieht daher vor, dass die Anlaufstellen für Straffällige im Rahmen ihrer Arbeit für zu einer Geldstrafe Verurteilte eine Geldverwaltung/ Teil-geldverwaltung durchführen. Bei einer Teilgeldverwaltung wird dabei eine von den Vollstreckungsbehörden zu bewilligende Rate monatlich durch die Anlaufstellen an die Staatsanwaltschaft überwiesen.

In der Regel tritt der Verurteilte im Rahmen der Geldverwaltung als Sicher-heit für einen erfolgreichen Verlauf der Ratenzahlungen einen Teilan-spruch seiner Sozialleistungen gegenüber dem Sozialleistungsträger nach SGB I § 53 Abs. 2 /Satz 2 an die Anlaufstelle ab. Neben einer Teilgeld-verwaltung kommt bei umfangreicheren Problemlagen im Einzelfall eine sog. vollständige Geldverwaltung in Betracht, bei der beispielsweise auch Miete, Gas, Strom etc. regelmäßig durch die Anlaufstellen überwiesen werden. Durch die Beratungen und sozialarbeiterische Hilfestellungen durch die Anlaufstellen sollten, dem Erlass entsprechend, so die Bezahlung von Geldstrafen realisiert und Ersatzfreiheitsstrafen vermieden werden. Durch die Umsetzung des Erlasses und die Abwendung einer Ersatzfreiheitsstrafe können somit Hafttage eingespart werden.

Neben diesem finanziellen ist insbesondere der soziale Aspekt des Projekts hervorzuheben, da auf diese Weise bei Straffälligen, für die das urteilende Gericht im Hinblick auf ihre Straftat eine Geldstrafe und eben noch keine Freiheitsstrafe als angemessen erachtet hat, die Verbüßung einer Ersatzfreiheitsstrafe mit den schädlichen Auswirkungen des Freiheitsentzuges vermieden werden kann."

Grundsätzlich sollte eine möglichst frühzeitige Information der zu einer Geldstrafe Verurteilten über mögliche Hilfsangebote angestrebt werden. Nur auf diese Weise könne unnötige Arbeit der Rechtspflegerinnen und Rechtspfleger gegebenenfalls vermieden und eine frühe Bezahlung der Geldstrafe erreicht werden. Die RechtspflegerInnen der Staatsanwaltschaften wurden daher im Rahmen des Erlasses aufgefordert, Verurteilte an die Anlaufstellen zu vermitteln, sobald ihnen die Zahlung einer Geldstrafe unsicher erscheint oder zu scheitern drohe und das Instrument der Geldverwaltung geeignet scheint, dem Verurteilten in seiner konkreten Situation zu helfen und eine Bezahlung der Geldstrafe sicherzustellen. Durch eine entsprechende Information der Staatsanwaltschaften über die Möglichkeiten der Geldverwaltung könne möglicherweise erreicht werden, dass den geeigneten Probanden nicht nur eine Broschüre in die Hand gedrückt werde, sondern ihnen eine Inanspruchnahme dieses Hilfeangebots ausdrücklich nahegelegt wird.

„Wir haben gesehen, dass wir viel zu viele Ersatzfreiheitsstrafen vollstrecken müssen. Zu viele Leute gingen unnötig in Haft. Das wollten wir ändern", so der damalige Niedersächsische Justizminister Bernd Busemann im Jahre 2012.

Die Idee der Straffälligenhilfe sei ihm gerade recht gekommen. Die „Geldverwaltung statt Ersatzfreiheitsstrafe" wurde zunächst modellhaft auf Herz und Nieren geprüft.

„Die Ergebnisse haben uns überzeugt. Das Modell funktioniert."
Die Anlaufstellen haben dem Land Niedersachsen 2011 mit dem Projekt „Geldverwaltung statt Ersatzfreiheitsstrafe" nach Angaben des Justizministers Einnahmen von 300.000 Euro beschert und Ausgaben in Höhe von 2,03 Millionen Euro erspart: Dafür steckt das Land 100.000 Euro pro Jahr in das Projekt.

4 Grundlagen zur Projektdurchführung

Für die Umsetzung des Projektes wurden Rahmenbedingungen festgelegt, die eine verlässliche und nachhaltige Zusammenarbeit gewährleisten sollen.

4.1 Wesentliche Kriterien

- Kooperation mit den RechtspflegerInnen der Staatsanwaltschaften
  Die jeweils zuständigen RechtspflegerInnen versenden einen Info-Flyer der Anlaufstellen spätestens mit den Ladungen zum Strafantritt an die säumigen Verurteilten. Sie erhalten die Ratenzahlungsanträge durch die bearbeitenden Mitarbeitenden der tätigen Anlaufstelle und sind für die Genehmigungen zuständig.

- Feste Ansprechpartner – diese sind durch die Zuständigkeiten verbindlich geregelt.

- Jährliche, gemeinsame Besprechungen zur Projektbegleitung und Zusammenarbeit
  Seitens der Staatsanwaltschaften gibt es eine/n RechtspflegerIn, der/die die Zusammenarbeit moderierend mit der jeweils zuständigen Anlaufstelle abstimmt. Diese wird in mindestens jährlichen Kooperationsgesprächen reflektiert, bei Bedarf werden Anpassungen wahrgenommen. Auch in Konfliktfällen ist eine Ansprache zur Vermittlung vorgesehen.

- Bewilligung und Entscheidungsbefugnis über die vorgelegten Anträge liegt allein bei der Staatsanwaltschaft.
  Die Vorbereitung der beschlussfähigen Anträge erfolgt in einem standardisierten Verfahren seitens der betreuenden Anlaufstelle.

- Nachdrückliche Vollstreckung: Grundsatz der Tilgung binnen 24 Monaten.
  Laut Erlass soll eine Bezahlung der Geldstrafe im Regelfall innerhalb von 2 Jahren abgeschlossen sein. Die oftmals geringen Einkommensverhältnisse (SGB II oder Grundsicherung nach SGB XII) machen Ausnahmen möglich, ja: notwendig!
  Bei Regelungen, die bezüglich der möglichen Ratenhöhe oder der Laufzeit der Regulierung besondere, abweichende Bedarfe ergeben, erfolgt im Einzelfall eine telefonische Rücksprache mit dem/der zuständigen RechtspflegerIn.
  Sind mehrere Geldstrafen verhängt, werden diese aus finanziellen Gründen häufig erst nacheinander getilgt. Mitunter wird alternativ

auf die Möglichkeit einer Abarbeitung der Geldstrafe (Schwitzen statt Sitzen) zurückgegriffen.

- Orientierung an den wirtschaftlichen Verhältnissen
Die jeweilige Ratenhöhe wird individuell nach Einkommen und zu zahlender Geldstrafe berechnet. Sie beträgt in den überwiegenden Fällen zwischen 15 und 35 Euro; zur Abwendung der Inhaftierung bezahlen einige der Leistungsempfänger, trotz der hohen Belastung, auch höhere Beträge.

- Ratenzahlungen durch Abtretungen sichern
Vorgesehen ist durch den Erlass, dass die Ratenzahlungen verlässlich und verbindlich überwiesen werden. Bei Leistungsempfängern wird daher im Regelfall mit Teilabtretungen gearbeitet, durch die geregelt wird, dass der regelmäßige Ratenbetrag auf das Konto der Straffälligenhilfe überwiesen wird.
Lohnempfänger oder Selbständige tragen in zahlreichen Fällen eigenverantwortlich dafür Sorge, dass die fälligen Ratenbeträge pünktlich zur Verfügung stehen.

- Projektdurchführung ist bei Inhaftierten einmalig möglich
Bei Inhaftierten, bei denen im Anschluss an die Verbüßung ihrer Haftstrafe eine Geldstrafenverbüßung vorgesehen ist, ist eine Ratenzahlungsregelung ebenfalls möglich – von der Inhaftierung soll bis zur Entscheidung über den Antrag abgesehen werden.

4.2 Verfahren in der Praxis

Das Angebot der Straffälligenhilfe in Niedersachsen kommt in letzter Minute – als bunter, auffälliger Flyer wird er mit der Ladung zum Haftantritt von der jeweils zuständigen Staatsanwaltschaft verschickt. Sie macht dabei ultimativ deutlich: Die unverzügliche Inanspruchnahme des Hilfeangebotes ist jetzt die allerletzte Chance, die Verbüßung der Ersatzfreiheitsstrafe noch abzuwenden. Dem Empfänger bleiben ca. zwei Wochen, um mit der Unterstützung der Anlaufstellen eine Ratenvereinbarung mit der Justiz abzuschließen.

Der Flyer ist landesweit identisch eingeführt – er wurde auch im Bundesland Bremen von der dortigen Straffälligenhilfe übernommen.

Die säumigen Geldstrafenzahler nehmen nach Erhalt der Ladung selbst Kontakt zur regional zuständigen Anlaufstelle auf. Zu dem vereinbarten persönlichen Gesprächstermin bringen sie mit:

• Ladung zum Strafantritt

• Aktueller Einkommensnachweis

• Ausweis

Im Erstgespräch wird die individuelle Problemlage besprochen und der Hilfebedarf ermittelt. In Einzelfällen stellt sich heraus, dass die Zahlung der Geldstrafe nur einen Problembereich löst – je nach Bedarf und Möglichkeit werden weitere Hilfen überlegt, ggf. wird die Ableistung der Geldstrafe durch gemeinnützige Arbeit beantragt und/oder es erfolgt auch eine Vermittlung an weitere Einrichtungen (z.B. Suchtberatung, Schuldnerberatung etc.).

Im Regelfall wird die Ratenzahlung vorbereitet:

- Unterzeichnung der Vollmacht
- Berechnung der monatlichen Rate
- Besprechung über den Beginn der Ratenzahlung
- Unterzeichnung der Teilabtretung

Nach dem Kontakt wird der Antrag schriftlich an die Staatsanwaltschaft geleitet. Nach erfolgter Zustimmung wird die Teilabtretung an das Jobcenter oder die Agentur für Arbeit geleitet und der Klientel das Ergebnis mitgeteilt. Diese Abtretung sichert den Abtrag der Geldstrafe und verhindert, dass die Betroffenen wegen ausgebliebener Zahlungen ins Gefängnis müssen.

Nicht alle Agenturen in Niedersachsen akzeptieren diese Abtretungen – sie verneinen ein wohlverstandenes Interesse des Leistungsempfängers. Dieses beurteilen wir anders, gilt es doch die Inhaftierung mit ihren problematischen Auswirkungen abzuwenden.

2016 war im Entwurf des 9. Gesetzes zur Vereinfachung des SGB II vorgesehen, die Möglichkeit der Abtretung von Leistungen zukünftig grundsätzlich auszuschließen, insbesondere Teilabtretungen sollten nicht mehr zulässig sein. Dieses hätte die Absicherung der Ratenzahlungen als wichtiges Instrument der verlässlichen Abwicklungen ausgeschlossen. Auch andere Bereiche, in denen soziale Einrichtungen mit den Jobcentern kooperieren und in denen Vorleistungen unabdingbar sind, wären betroffen gewesen.

Gerade noch rechtzeitig vor der Verabschiedung der neuen gesetzlichen Regelung erfolgten wirksame Impulse aus Straffälligenhilfe und Wohnungslosenhilfe in Niedersachsen an die Politik:

Die gemeinsamen Anstrengungen führten zu einer wichtigen Anpassung in der am 29. Juli 2016 verabschiedeten Gesetzesvorlage: Eine Abtretung ist nach § 42 SGB II in Verbindung mit § 53 SGB I Absatz 2 im wohlverstandenen Interesse des Berechtigten weiterhin ausdrücklich möglich.

Zu jeder Zeit wird der Stand der Bearbeitung dokumentiert, die Daten werden in die Klientendatei und in der Gesamtdokumentation eingepflegt. Erfahrungen haben gezeigt, dass für die erfolgreiche Tilgung einer Geldstrafe oftmals eine intensive Begleitung während des gesamten Maßnahmeverlaufes erforderlich ist.

Wenn sich ein Klient im weiteren Tilgungsprozess der Betreuung entzieht und auch Erinnerungen und Mahnungen ergebnislos verlaufen, erhält die Staatsanwaltschaft eine Abbruchmitteilung.

4.3 Ergebnisse

Das Projekt „Geldverwaltung statt Vollstreckung von Ersatzfreiheitsstrafen" ist flächendeckend und erfolgreich in Niedersachsen eingeführt. Das standardisierte Verfahren erlebt eine vielseitige Anerkennung:

Innerhalb kürzester Zeit sind die Nachfragen von Betroffenen für dieses Hilfeangebot in die Höhe geschnellt. Die Gründe liegen auf der Hand: Das Angebot ist einfach, hilfreich, effektiv und wirksam! Die Rechtspfleger der Staatsanwaltschaften bewilligen die vorgeschlagenen Regelungen in einem sehr hohen Maße: *Die Quote der Zustimmungen liegt bei über 90 %!*

Die Kooperationsebene zwischen Staatsanwaltschaften und Anlaufstellen ist gut kommuniziert und verlässlich. Durch die Ratenzahlungsregelungen konnte der drohende Haftantritt umfangreich abgewendet werden. Dadurch konnte wiederum eine erhebliche Zahl von Hafttagen eingespart werden. Lediglich in wenigen Fällen war das Angebot nicht erfolgreich.

Die Inanspruchnahme des Hilfeangebotes ist freiwillig. Es wird nicht von allen säumigen Zahlern in Anspruch genommen. Ein Teil ist selbst in der Lage die Tilgung zu regeln, ein Teil zieht es vor, die Geldstrafe ersatzweise durch Arbeitsleistung zu tilgen, ein weiterer Teil verbüßt weiterhin die Geldstrafe durch Ersatzfreiheitsstrafe. Belegbare Zahlen zu der Verhältnismäßigkeit liegen aktuell nicht vor.

Letztendlich haben belegbare Zahlen, intensive Fachöffentlichkeitsarbeit und der politische Wille dazu beigetragen, dass eine ausgesprochen starke Akzeptanz erzielt wird. Die beachtlichen Zahlenwerte bezüglich der überwiesenen Geldstrafenbeträge und der damit geglückten Abwendung von teuren Hafttagen wird seitens der Politik begrüßt und das Projekt als äußerst effektiv bewertet.

Jedem Betrachter ist einsichtig, dass es für die Gesellschaft ein Erfolg ist, wenn anstelle der Verbüßung eines geringwertigen Tagessatzes die mehrfach höheren Kosten für den Strafvollzug bei der Vollstreckung von Ersatzfreiheitsstrafen eingespart werden können. Neben der verlässlichen Tilgung der Geldstrafen werden darüber hinaus zahlreiche Gerichtskosten gezahlt. Dieses stellt einen zusätzlichen Gewinn dar, der bislang noch keine Anerkennung findet.

4.4 Statistik

Die Statistik sämtlicher niedersächsischer Anlaufstellen dokumentiert die Entwicklung seit Einführung des Hilfeangebotes:

	2010	2011	2012	2013	2014	2015	2016
Fälle insgesamt	894	1.298	1.433	1.460	1.511	1.775	1.947
Höhe der gezahlten Geldstrafen in EUR	193.040	315.886	414.691	392.673	416.967	454.411	508.471
dadurch nicht vollstreckte Hafttage	13.826	20.245	29.088	25.028	25.400	26.810	28.782

In der Tabelle sind die Zahlen der tatsächlich gezahlten Geldstrafen und der damit getilgten Tagessätze dargestellt. Diese Werte geben prominent die hervorragenden, messbaren Ergebnisse wider. Deutlich wird der zügige Anstieg, der seit Einführung des Haftvermeidungsprojektes zu verzeichnen ist. Angesichts der Zahlen für 2016 sind weiterhin eine steigende Tendenz und eine neue Spitze erkennbar. Es bleibt abzuwarten, ob sich dieser Trend weiter fortsetzen wird.

Als Erfolg wird jeder Fall bewertet, der im Berichtszeitraum (= Kalenderjahr) abgeschlossen wurde. Teilerfolge stellen sämtliche Fälle dar, in denen Ratenzahlungen im Berichtsjahr geleistet wurden, die jedoch nur teilweise bzw. noch nicht vollständig getilgt sind.

Ein Viertel der im Haftvermeidungsprojekt unterstützten Personen sind Frauen.

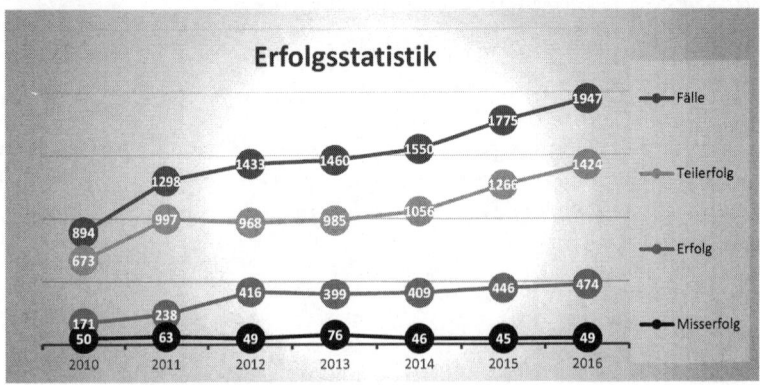

176

Aussagekräftig ist auch die regelmäßig durchgeführte *Stichtagserhebung*: Sie beinhaltet den jeweils aktuell betreuten Bestand von Fällen, die Summen der verhängten Tagessätze und Geldstrafenbeträge. Damit spiegelt sie das Potenzial wieder, das hieraus bei erfolgreicher Beendigung der Tilgung erzielt werden kann:

Exemplarisch der Bestand der am 31.12.2016 laufenden Betreuungen in Geldstrafen-Angelegenheiten bei den niedersächsischen Anlaufstellen für Straffällige:

- Anzahl der Klienten/ Fälle 1.367

- Gesamtzahl der Tagessätze lt. Strafbefehlen/Urteilen 73.300

- Gesamthöhe der verhängten Geldstrafen .... 1.246.942,00 Euro

Jeder Hafttag kostet im Justizhaushalt des Landes Niedersachsen 140,32 Euro (ohne Baukosten / Stand 2014), sodass sich ein beeindruckendes Potenzial von einzusparenden Haftkosten errechnet. Die Aufwendungen für Haftkosten sind weiterhin ansteigend; laut telefonischer Auskunft des Justizministeriums werden diese für 2015 bereits bei 148,12 Euro liegen.

Geldwert dieses Auftragsbestandes

- 73.300 Hafttage x 140,32 Euro Haftkosten pro Tag 10.285.456,00 Euro

- Zuzüglich der zu zahlenden Geldstrafen .... 1.246.942,00 Euro

- Summe .... 11.532.398,00 Euro

Die laufenden Ausgaben der Justizvollzugsanstalten je Inhaftierten variieren im Ländervergleich erheblich. Durchschnittlich beziffert das Statistische Bundesamt in seinem Zahlenwerk „Justiz auf einen Blick, 2015" – bezogen auf die Zahl der Gefangenen und Verwahrten zum Stichtag am 30. November 2011 – die Kosten je Inhaftierten für Personal und laufenden Sachaufwand auf 39.500 Euro. Bundesweit wandten die Länder insgesamt 2,7 Mrd. Euro für den laufenden Betrieb ihrer Justizvollzugsanstalten mit 78.500 Haftplätzen auf. Die durchschnittlichen Haftkosten betrugen in dieser Auswertung pro Tag bundesweit immerhin 112,85 Euro.

Der messbare Erfolg des Projektes ist beachtlich, nicht nur bezüglich der ermittelten Geldwerte: Ausdrücklich hervorzuheben sei, dass es durch die Unterstützung bei der Ratenzahlung umfangreich gelungen ist, die von Ersatzfreiheitsstrafe bedrohten Menschen vor der Inhaftierung mit ihren erheblichen und empfindlichen Nebenwirkungen zu bewahren.

Die Hilfemaßnahme kann langfristig einen nachhaltigen Beitrag zur Reduzierung teurer Haftplätze leisten. Die Reduzierung der Verbüßung dieser meist recht kurzen Freiheitsstrafen dürfte auch vom Strafvollzug positiv bewertet werden, da Kurzstrafen dort relativ schwierig zu begleiten sind.

Eine strukturierte Betreuung und Entlassungsvorbereitung sowie die Erstellung eines sinnhaften Vollzugsplanes sind aufgrund der kurzen Dauer der Inhaftierung kaum möglich. Praktiker des Justizvollzuges bestätigen, dass es meist bei der Verbüßung der Ersatzfreiheitsstrafe bleibt, weiterführende Hilfen können nur selten eingeleitet werden.

Fazit:

Das Hilfeangebot zur Haftvermeidung ist in ganz Niedersachsen erfolgreich eingeführt. Im Rahmen der in den sieben Jahren von 2010 bis 2016 insgesamt betreuten Fälle wurden von den 14 Anlaufstellen für Straffällige an die jeweils zuständigen Staatsanwaltschaften in der Summe 2,7 Millionen Euro an Geldstrafen überwiesen.

Dadurch konnte bislang die Verbüßung von knapp 170.000 Hafttagen eingespart werden.

Pro Jahr fließen perspektivisch 500.000 Euro an die Staatsanwaltschaften in Niedersachsen.

Jährlich werden nahezu 30.000 Tagessätze getilgt, wodurch die Verbüßung einer Ersatzfreiheitsstrafe obsolet wird. Damit könnten – legt man eine durchgängige Belegung zu Grunde – 80 Haftplätze für diese Kurzstrafen zur Disposition stehen…

5 Entwicklungen

Das in Niedersachsen mit Erfolg praktizierte Haftvermeidungsprojekt hat über die Landesgrenzen hinaus in Bremen und Berlin Beachtung gefunden:

Der Verein *Bremische Straffälligenbetreuung* hat an die Erfahrungen in Niedersachsen angeknüpft und im Frühjahr 2012 mit der Arbeit ihres Projektes „Geldverwaltung statt Vollstreckung von Ersatzfreiheitsstrafen" begonnen.

Mit der Senatorischen Behörde für Justiz und Verfassung und der Vollstreckungsabteilung der Staatsanwaltschaft Bremen wurde die Umsetzung des Projektes zunächst mit einem zweijährigen Probelauf vereinbart. Die positiven Ergebnisse der Pilotphase in den Jahren 2012 und 2013 führten zur Verstetigung des Angebotes ab 2014. Die Finanzierung erfolgte in der Projektphase über zweckgebundene Bußgelder; seit 2014 wird das Angebot über Zuwendungen durch den Senator für Justiz und Verfassung finanziert.

Laut Geschäftsbericht wurden 2014 in Bremen 178 Männer und 39 Frauen im Projekt neu aufgenommen, 2015 waren es 162 Männer und 53 Frauen. Durch die gezahlten Raten konnten dort im Gesamtzeitraum 15.190 Hafttage vermieden und fast 2 Mio. Euro Haftkosten eingespart werden.

In der Landeshauptstadt Berlin hat die SBH (Straffälligen- und Bewährungshilfe Berlin e.V.) ebenfalls in einem vergleichbaren Verfahren ein Modell zur Tilgung der Geldstrafen durch Ratenzahlungen zur Haftvermeidung auf den Weg gebracht. Das dort aufgestellte Projekt „Integration statt Inhaftierung" unterstützt Klienten und bietet ihnen die Möglichkeit, die Strafe entweder mit einer Ratenzahlung mit Abtretungserklärung oder durch freie, gemeinnützige Arbeit zu tilgen.

Die SBH wurde von der Berliner Justiz mit dem Auftrag betraut, modellhaft die Tilgungsvariante „Ratenzahlung mit Abtretungserklärung (RmA)" auf ihre Realisierbarkeit zu untersuchen. Diese Möglichkeit soll - wenn erfolgversprechend - dauerhaft das Spektrum der bislang zwei zentralen Tilgungsvarianten „Tilgung durch Haft" und „Tilgung durch freie Arbeit" ergänzen. Die eigene, abweichende Projektbezeichnung wurde treffend so gewählt, weil eine Geldverwaltung faktisch nicht erfolgt - diese würde nach Verständnis der SBH eine gesamte Budgetverwaltung bedeuten und nicht nur den Anteil der Ratenzahlung zur Geldstrafentilgung betreffen.

Das Projekt wird seit 2015 durch die Senatsverwaltung für Justiz und Verbraucherschutz gefördert. Die Tilgungsvariante RmA wird von der SBH mit Klienten vereinbart, die Transferleistungen u.a. durch das Jobcenter beziehen. Das neue Angebot soll auch hier die drohende Inhaftierung der Klienten verhindern - es bietet eine Tilgungsberatung und -begleitung; die verlässliche Tilgung wird ebenfalls durch Abtretungserklärungen gewährleistet.

Nach ca. 20 Monaten lagen erste zahlenmäßige Erkenntnisse vor:
Der Bestand an RmA-Klienten steigt beständig um durchschnittlich 20 Personen pro Monat. Die SBH geht davon aus, dass der Pool bis Mitte 2017 auf ein Volumen von ca. 600 Klienten anwachsen wird. Geschäftsführer Matthias Nalezinski prognostiziert, dass ab diesem Zeitpunkt die monatliche Zahl der neuen RmA der Zahl der beendeten entsprechen wird. Es wird erwartet, dass die Tilgungsvariante ab Mitte 2017 in der SBH

zu einer jährlichen Tilgung von ca. 14.500 Tagessätzen und Geldstrafeneinnahmen von 230.000 Euro p.a. führen wird.

Aufgrund der bisherigen Erkenntnisse und der skizzierten Prognose ist die Berliner Einrichtung mehr als optimistisch, dass die erprobte „Tilgungsvariante RmA" zukünftig verbindlicher Bestandteil des Aufgabenkataloges sämtlicher Fachvermittlungsstellen in Berlin sein wird. Dadurch werden alle Geldstrafenschuldner in der Landeshauptstadt von diesem Angebot, das den Tilgungsmöglichkeiten und Kompetenzen ihrer Klientel in hohem Maße gerecht werde, Gebrauch machen können.

Fazit aus Berlin: Die Tilgungsvariante RmA sei ergo in vielerlei Hinsicht ein echter Gewinn für alle!

6 Potenziale und Handlungsbedarfe

Grundsätzlich sollen auch Verurteilte das Haftvermeidungsmodell in Anspruch nehmen können, die sich in anderer Sache bereits in Strafhaft befinden. Häufig wird eine Ersatzfreiheitsstrafe direkt im Anschluss an die vollstreckte Freiheitsstrafe gleich mitvollstreckt. Der Zugang zur Möglichkeit, die Geldstrafe nach der Haftentlassung in Freiheit in Raten zu tilgen, bleibt dieser Zielgruppe weitgehend verwehrt. Dabei ist laut ministeriellem Erlass ausdrücklich vorgesehen, dass die Vollstreckung der Ersatzfreiheitsstrafe oder die weitere Vollstreckung der Ersatzfreiheitsstrafe nach Bewilligung von Zahlungserleichterungen ausgesetzt werden soll.

Das Potenzial der Fälle, in denen so verfahren werden könnte, wird als nicht unerheblich eingeschätzt. Die konsequente Bearbeitung in diesem Aufgabenbereich ist aufgrund der mangelnden personellen Ressourcen aktuell nicht sicherzustellen. Sie ist erheblich zeitintensiver und bedarf in Niedersachsen noch eines umsetzbaren Verfahrensweges, der als Standard gewährleistet, dass diese „Ersatzfreiheitsstrafler" an dem Unterstützungsangebot gleichermaßen partizipieren.

Die *Straffälligenhilfe der Hoppenbank e.V. in Bremen* hat speziell diese Personengruppe im Blick: Gefangene, die eine Haftstrafe mit anschließender Ersatzfreiheitstrafe verbüßen, werden mit dem Ziel der Haftvermeidung in der Justizvollzugsanstalt aufgesucht. Pro Jahr werden ca. 200 Klienten beraten und ungefähr 60 vorzeitige Entlassungen aus der Haft erreicht.

Auch im Berliner Projekt sieht man für diese Fälle durch ein gezieltes, aufsuchendes Beratungs- und Betreuungsangebot Möglichkeiten vor:

Wenn der Anspruch auf Transferleistungen geklärt ist, wird durch eine Abtretungserklärung die Ratenzahlungsvariante wirksam. Inhaftierte, die eine Ersatzfreiheitsstrafe verbüßen sollten, können aus der Haft entlassen werden. Ihnen stehen im Anschluss die weiterführenden sozialpädagogischen Betreuungsangebote in allen lebenspraktischen Bereichen zur Verfügung.

6.1 Mehr Gerechtigkeit bei der Höhe des verhängten Tagessatzes

Die Höhe eines Tagessatzes soll abhängig von den persönlichen und wirtschaftlichen Verhältnissen des Verurteilten festgesetzt werden und sie soll sich an dem durchschnittlichen Tagesnettoeinkommen des Täters orientieren. So ist es in der Rechtsprechung vorgesehen.

In der Praxis stellen wir fest, dass dieses Regelwerk häufig sehr uneinheitlich angewendet wird. Die Höhe eines Tagessatzes für Bezieher von Leistungen nach SGB II variiert von 5 bis 35 Euro und mehr. Die tatsächlichen Einkommensverhältnisse sind bei der Verhängung von Geldstrafen entweder nicht bekannt oder sie finden offensichtlich umfangreich keine verhältnismäßige und angemessene Bewertung. Eine einheitliche Höhe des Tagessatzbetrages für Empfänger von Transferleistungen sollte Standard sein. Dabei muss dieser angemessen und so tragbar sein, dass er nicht unter das unter dem Regelsatz angesiedelte, kritische Existenzminimum führt.

Grundsätzlich ist es jedem mit einer Geldstrafe Belegten möglich, in zeitlicher Frist Rechtsmittel gegen den verhängten Strafbefehl einzulegen. Mangels Kenntnis und Kompetenz erfolgt ein Widerspruch in den uns bekannten Fällen in der Regel nicht. Wenn der Sachverhalt im Rahmen der Kontakte zu den Haftvermeidungsprojekten festgestellt wird, ist die Rechtskraft lange eingetreten und ein Rechtsmittel nicht mehr möglich. Angesichts der gerade für Bezieher von Transferleistungen und anderer niedriger Einkommen gravierenden Auswirkungen wäre hier mehr Spielraum hinsichtlich einer Korrekturmöglichkeit wünschenswert.

Ein weiterer bedenkenswerter Ansatz könnte es sein, quasi einen Bewährungsgedanken auch für die Tilgung von Geldstrafen zu implementieren. In zahlreichen Fällen ist die Bezahlung des Gesamtbetrages in dem vorgesehenen Tilgungszeitraum von zwei Jahren nicht oder nur unter monatlich extremen finanziellen Belastungen erreichbar. Die angesichts der wirtschaftlichen Verhältnisse ermittelte Rate soll dem schwierigen Anspruch gerecht werden, dass sie zum einen noch eine Strafe erkennbar werden lässt, andererseits aber das Einkommen nicht so weit vermindert, dass eine nicht vertretbare Härte entsteht.

Sollten regelmäßige Ratenzahlungen über einen 2- oder 3-jährigen Tilgungszeitraum wahrgenommen werden, könnte dieses dem Strafzweck genügen und angestrebt werden, dass die Restgeldstrafe – analog zu Bewährungsstrafen – erlassen werden kann.

6.2 Perspektiven

2012 wurden in Deutschland insgesamt 560.400 Personen mit einer Geldstrafe belegt. Die durchschnittliche Tagessatzanzahl lag bei 48 Tagessätzen. Rechnerisch ergibt dieses die immense Summe von fast 27 Millionen Tagessätzen!

7 % aller verhängten Geldstrafen umfassten mehr als 90 Tagessätze. Insgesamt wurden Geldstrafen in Höhe von stattlichen 564 Millionen Euro verhängt. Der durchschnittliche Gesamtbetrag der Geldstrafen betrug 1.007 Euro, die durchschnittliche Tagessatzhöhe 22 Euro. Nur bei 2 % der Geldstrafen lag die Tagessatzhöhe bei mehr als 50 Euro.

Die Zahl der Menschen, die pro Jahr bundesweit eine Ersatzfreiheitsstrafe verbüßen, ist nicht bekannt: Diese Angaben werden seit einer Umstellung der Strafvollzugsstatistik 2003 nicht mehr erhoben. „Damit ist ein kriminalpolitisch wichtiges Problem ins Dunkelfeld verschoben worden", stellte das Bundesinnenministerium 2006 fest. Die letzte Zahl stammt daher bereits aus dem Jahr 2002 – damals waren es im Jahresverlauf 65.000 Fälle.

Seit der Umstellung wird die Zahl der bundesweit Inhaftierten lediglich an einem Stichtag erhoben. Die zur Verbüßung einer Ersatzfreiheitsstrafe Einsitzenden haben dabei auf den ersten Blick lediglich einen Anteil von 8,4 % an den 63.000 Inhaftierten. Diese Zahl ist deshalb so niedrig, weil sie nur erfasst, wer zu diesem bestimmten Zeitpunkt im Gefängnis einsitzt. Sie erfasst jedoch nicht alle in einem Jahr Aufgenommenen und Entlassenen. Weil aber die Ersatzfreiheitsstrafen sehr kurz und die Fluktuation deshalb hoch ist, schätzt der Kriminologe Prof. Dr. Heinz Cornel, dass 30–40 % aller Aufnahmen und Entlassungen in einem Jahr in deutschen Gefängnissen „Ersatzfreiheitsstrafler" betreffen.

Die für Deutschland erhobenen, statistischen Angaben lassen erahnen, dass sich dahinter bundesweit ein erheblicher Hilfe- und Unterstützungsbedarf verbirgt. Würde ein Tilgungsverfahren analog zu den beschriebenen, erfolgreichen Projekten flächendeckend implementiert, dürfte es bei guter Steuerung zu beeindruckenden Ergebnissen führen. Ratenzahlungsmodelle – wie in Niedersachsen, Berlin und Bremen erfolgreich praktiziert – könnten unschwer überall umgesetzt werden und einen erstrebenswerten Standard darstellen. Es wäre auch dem Rechtsempfinden dienlich, wenn in allen Bundesländern sämtliche zu einer Geldstrafe verurteilten Bürger gleichbehandelt diese Unterstützung in Anspruch nehmen können.

Die verlässlich getilgten Geldstrafen, die deutliche Verminderung von unnötig vollstreckten Ersatzfreiheitsstrafen, die dadurch realisierbare Reduzierung von Haftplätzen fordern auf: Der weitere Ausbau der bisherigen Ansätze sollte als gesellschaftspolitische Herausforderung keine Vision bleiben.

Literatur

Niedersächsisches Justizministerium: Broschüre „Zahlen, Daten Fakten", Ausgabe April 2016.

Statistisches Bundesamt, Wiesbaden: Fachserie 10 Reihe 4.1 – Rechtspflege/Strafvollzug – Demographische und kriminologische Merkmale der Strafgefangenen zum Stichtag 31.3, Wiesbaden 2016.

Statistisches Bundesamt, Wiesbaden: Broschüre „Justiz auf einen Blick", Ausgabe 2015.

Verein Bremische Straffälligenbetreuung: Jahresbericht 2014/15, abrufbar unter: http://www.straffaelligenhilfe-bremen.de/jahresbericht_2014-2015.pdf, Zugriff 27.3.17.

sbh-Gefangenen-Fürsorge gGmbH Berlin, Infoblatt 0/2016, abrufbar unter: http://www.sbh-fuersorge.de/wp-content/uploads/2016/09/Arbeitsblatt-Finale-2016-09-21.pdf, Zugriff 27.3.2017.

11
Nachwort

Aus Sicht des Fachverbandes EBET
Wohnungsnotfall- und Straffällige

Helmut Bunde, Jens Rannenberg

Die Bundesfachverbände in der Diakonie Deutschland „Evangelische Konferenz für Straffälligenhilfe – EKS" und „Evangelische Wohnungslosenhilfe – EvO" haben sich 2015 zusammengeschlossen und sind jetzt „Evangelischer Bundesfachverband Existenzsicherung und Teilhabe EBET e.V. – Wohnungsnotfall- und Straffälligenhilfe". Durch den Zusammenschluss haben beide Verbände auf die starken Veränderungen in den jeweiligen Hilfefeldern reagiert, die in vielen Bereichen Schnittpunkte aufweisen. Auf diesem Hintergrund erschien ein Zusammenschluss sinnvoll, um beide Hilfefelder zukünftig noch besser politisch vertreten und inhaltlich begleiten zu können.

Vor diesem Hintergrund ist es besonders wichtig, sich der eigenen Geschichte zu vergewissern. Mit diesem Buch wollten wir uns wie auch den geneigten LeserInnen einen Einblick in die Geschichte der Evangelischen Straffälligenhilfe unter besonderer Berücksichtigung der Evangelischen Konferenz für Straffälligenhilfe und ihre Verflechtungen mit der Gefängnisseelsorge wie auch mit der Gerichtshilfe und dem jeweiligen politischen Systemen geben. Weiterhin wollten wir einen Ausblick auf neue Herausforderungen für die evangelische wie auch die gesamte freie Straffälligenhilfe und damit auch für den EBET geben. Für das Arbeitsfeld der Straffälligenhilfe ergeben sich neue Herausforderungen und Aufgaben. Beispielhaft sind dafür in diesem Buch die Zusammenarbeit im „Netzwerk Soziale Strafrechtspflege" wie es in Bielefeld existiert oder die „Geldverwaltung statt Ersatzfreiheitsstrafen" in Niedersachsen erwähnt.

Evangelische Straffälligenhilfe ist auch zukünftig erforderlich und wird gebraucht. Die Beiträge dieses Buches machen deutlich, dass sich die Aufgabenfelder permanent gewandelt haben. Doch es ist auch klar, dass sowohl die professionelle Straffälligenhilfe als auch die ehrenamtliche Straffälligenhilfe unverzichtbar sind. Es geht wie vor 100 Jahren auch noch heute darum, Normalität und gesellschaftlichen Anschluss nicht nur in den Strafvollzug zu bringen, sondern insbesondere auch Integration und Teilhabe von Haftentlassenen in unserer Gesellschaft stärker voranzubringen. Eine Aufgabe, der sich der EBET weiterhin verpflichtet weiß.

Dieser Aufgabe der Integration in unsere Gesellschaft widmet sich der Evangelische Bundesfachverband Existenzsicherung und Teilhabe e.V. – Wohnungsnotfall- und Straffälligenhilfe. Er hat sich vorgenommen, diese Integration intensiv zu begleiten und voran zu bringen und so die Existenz zu sichern und Teilhabe zu ermöglichen.

Eine Auseinandersetzung mit der Geschichte und der jeweiligen Veränderungen kann uns befähigen auf die Herausforderungen unsere Zeit adäquat zu reagieren.

Anhang

Ziele und Aufgaben des Strafvollzugs Rechtliche Regelungen seit 1933 im Überblick

Karl Heinrich Schäfer

1. Preußisches Strafvollstreckungs- und Gnadenrecht (Gesetz vom 1.8.1933 – GS. S. 293)

§ 6
Aufgabe des Strafvollzugs

1) *Durch den Vollzug der Strafe soll dem Strafgefangenen nachhaltig zum ernsten Bewusstsein gebracht werden, dass er sein Freveln gegen die Rechtsordnung des Staates durch die als empfindliches Übel auszugestaltende Freiheitsentziehung zu sühnen hat. Die Scheu davor, nach erneuter Straffälligkeit das Übel des Strafvollzugs abermals über sich ergehen lassen zu müssen, soll in ihm durch die Art des Strafvollzugs so lebendig gemacht werden, dass sie auch bei dem einer inneren Erziehung nicht zugänglichen Verbrecher ein Hemmnis gegenüber der Versuchung zur Begehung neuer Straftaten darstellt. Dazu ist die zielbewusste Aufrechterhaltung von Zucht und Ordnung, Gewöhnung an Arbeit und Pflichterfüllung und der Versuch religiöser, sittlicher und geistiger Beeinflussung erforderlich.*

2) *Diese Ziele sind mit Ernst und unerbittlicher, gerechter Strenge zu verfolgen.*

2. Direktive Nr. 19 des Alliierten Kontrollrats

„Grundsätze für die Verwaltung der deutschen Gefängnisse und Zucht-
häuser" von 1945

B.
Die Rehabilitierung und Umerziehung der Verurteilten

a) *Aufstellung eines Programms für nützliche körperliche Arbeit...*

b) *Gründung von Schulen und Werkstätten für die Erziehung und Ausbildung
der Sträflinge...*

c) *Ärztliche, zahnärztliche und psychiatrische Fürsorge und Krankenhäuser...;
Einhaltung der anerkannten Gesundheitsregeln und der Sauberkeit...;
Vorkehrungen zur psychologischen und psychiatrischen Beurteilung der
Sträflinge.*

d) *Angemessene Gelegenheiten zur Entwicklung und Erhaltung des körperlichen
und geistigen Wohlseins der Sträflinge*

e) *Das Bestehen auf der restlosen Ehrlichkeit seitens des Gefängnispersonals und
der Sträflinge und auf der Achtung der Rechte anderer. Die Anerkennung des
Grundsatzes, dass kein menschliches Geschöpf hoffnungslos verwahrlost oder
verdorben ist.*

3. Dienst- und Vollzugsordnung (DVollzO) vom 1.12.1961 (gültig ab 1.7.1962)

Nr. 57
Zweck und Ziel des Strafvollzuges

1) *Der Vollzug der Freiheitsstrafe soll dazu dienen, die Allgemeinheit zu schützen, dem Gefangenen zu der Einsicht zu verhelfen, dass er für begangenes
Unrecht einzugestehen hat, und ihn wieder in die Gemeinschaft einzuglie-
dern. Der Vollzug soll den Willen und die Fähigkeit des Gefangenen wecken
und stärken, künftig ein gesetzmäßiges und geordnetes Leben zu führen.*

2) *Zur Erreichung dieser Ziele soll der Vollzug auf die Persönlichkeit des Gefangenen abgestellt werden, soll dessen schädlichen Neigungen entgegenwirken
und günstige Ansatzpunkte ausnützen.*

4. Gesetz über den Vollzug der Freiheitsstrafe und der freiheitsentziehenden Maßregeln der Besserung und Sicherung (StVollzG) vom 16.3.1976, gültig ab 1.1.1977 (BGBl. I S. 581)

§ 2
Aufgaben des Vollzuges

Im Vollzug der Freiheitsstrafe soll der Gefangene fähig werden, künftig in sozialer Verantwortung ein Leben ohne Straftaten zu führen (Vollzugsziel). Der Vollzug der Freiheitsstrafe dient auch dem Schutz der Allgemeinheit vor weiteren Straftaten.

5. Gesetz über den Vollzug der Strafen mit Freiheitsentzug (Strafvollzugsgesetz) – StVG- vom 7. April 1977 Gesetzblatt der Deutschen Demokratischen Republik Teil I vom 15. April 1977

§ 2

1)   *Inhalt und Gestaltung des Vollzuges der Strafen mit Freiheitsentzug werden durch das humane Wesen des sozialistischen Staates bestimmt. Den Strafgefangenen ist ihre Verantwortung als Mitglieder der Gesellschaft bewusst zu machen. Sie sind zu erziehen, künftig die Gesetze des sozialistischen Staates einzuhalten und ihr Leben verantwortungsbewusst zu gestalten.*

2)   *Die sozialistische Gesellschaft gewährleistet Verantwortung für die Erziehung der Strafgefangenen während des Vollzuges insbesondere durch die Verwirklichung des Rechts des Strafgefangenen auf Arbeit sowie durch differenzierte Mitwirkung geeigneter gesellschaftlicher Kräfte im Vollzugsprozess und bei der langfristigen Vorbereitung der Wiedereingliederung in das gesellschaftliche Leben.*

6. Ländergesetze nach der Föderalismusreform 2006

6.1 Baden-Württemberg

Gesetzbuch über den Justizvollzug in Baden- Württemberg (Justizvollzugs-gesetzbuch - JVollzGB) vom 10. November 2009 (GBl. 2009,545) in der Fassung vom 20.11.2012

§ 1
Vollzugsziel

Im Vollzug der Freiheitsstrafe sollen die Gefangenen fähig werden, künftig in sozialer Verantwortung ein Leben ohne Straftaten zu führen.

(Fassung aufgrund des Gesetzes zur Schaffung einer grundgesetzkonformen Rechtsgrundlage für den Vollzug der Sicherungsverwahrung in Baden-Württemberg vom 20.11.2012 (GBl. S. 581), in Kraft getreten am 01.06.2013.)

6.2 Bayern

Gesetz über den Vollzug der Freiheitsstrafe und der Jugendstrafe vom 10. Dezember 2007 (Bayerisches Strafvollzugsgesetz – BayStVollzG) vom 10. Dezember 2007 (GVBl S. 866), zuletzt geändert durch § 1 Nr. 325 V zur Anpassung des LandesR an die geltende Geschäftsverteilung vom 22. 7. 2014 (GVBl S. 286)

Art. 2
Aufgaben des Vollzugs

Der Vollzug der Freiheitsstrafe dient dem Schutz der Allgemeinheit vor weiteren Straftaten.

Er soll die Gefangenen befähigen, künftig in sozialer Verantwortung ein Leben ohne Straftaten zu führen (Behandlungsauftrag).

6.3 Berlin

Gesetz über den Vollzug der Freiheitsstrafe in Berlin Vom 4. April 2016 (GVBl. S. 152)

§ 2
Ziel und Aufgabe des Vollzugs

Der Vollzug dient dem Ziel, die Gefangenen zu befähigen, künftig in sozialer Verantwortung ein Leben ohne Straftaten zu führen. Er hat die Aufgabe, die Allgemeinheit vor weiteren Straftaten zu schützen.

6.4 Brandenburg

Gesetz über den Vollzug der Freiheitsstrafe, der Jugendstrafe und der Untersuchungshaft im Land Brandenburg (Brandenburgisches Justizvollzugsgesetz-BbgJVollzG) vom 24. April 2013. (GVBl. I, S.1)

§ 2
Ziel und Aufgabe des Vollzugs der Freiheits- und Jugendstrafe

Der Vollzug der Freiheitsstrafe und der Jugendstrafe dient dem Ziel, die Straf- und Jugendstrafgefangenen zu befähigen, künftig in sozialer Verantwortung ein Leben ohne Straftaten zu führen. Er hat die Aufgabe, die Allgemeinheit vor weiteren Straftaten zu schützen.

6.5 Bremen

Bremisches Strafvollzugsgesetz vom 25. November 2014 (GBl. , S. 639)

§ 2
Ziel und Aufgabe des Vollzugs

Der Vollzug dient dem Ziel, die Gefangenen zu befähigen, künftig in sozialer Verantwortung ein Leben ohne Straftaten zu führen. Er hat die Aufgabe, die Allgemeinheit vor weiteren Straftaten zu schützen.

6.6 Hamburg

Gesetz über den Vollzug der Freiheitsstrafe (Hamburgisches Strafvollzugsgesetz - HmbStVollzG) vom 14. Juli 2009* (HmbGVBl. 2009, S. 257)

§ 2
Aufgaben des Vollzuges

Der Vollzug dient dem Ziel, die Gefangenen zu befähigen, künftig in sozialer Verantwortung ein Leben ohne Straftaten zu führen. Gleichermaßen hat er die Aufgabe, die Allgemeinheit vor weiteren Straftaten zu schützen. Zwischen dem Vollzugsziel und der Aufgabe, die Allgemeinheit vor weiteren Straftaten zu schützen, besteht kein Gegensatz.

6.7 Hessen

Hessisches Gesetz über den Vollzug der Freiheitsstrafe und der Sicherungsverwahrung (HStVollzG) vom 28. Juni 2010 in der Fassung vom 09.12.2015
(GVBl. S.498)

§ 2
Ziel und Aufgaben des Vollzugs

1) *Im Vollzug der Freiheitsstrafe sollen die Gefangenen fähig werden, künftig
in sozialer Verantwortung ein Leben ohne Straftaten zu führen (Vollzugsziel
Resozialisierung).*

2) *Aufgabe des Vollzugs ist es, den Gefangenen die zur Erreichung des Vollzugs-
zieles erforderlichen Befähigungen zu vermitteln (Eingliederungsauftrag).
2Während des Vollzugs sind die Gefangenen sicher unterzubringen und
zu beaufsichtigen (Sicherungsauftrag). 3Beides dient dem Schutz der Allgemeinheit vor weiteren Straftaten.*

6.8 Mecklenburg-Vorpommern

Gesetz über den Vollzug der Freiheitsstrafe in Mecklenburg-Vorpommern
(Strafvollzugsgesetz Mecklenburg-Vorpommern-StVollzG M-V) vom
7. Mai 2013 (GS Meckl.-Vorp. Gl. Nr. 312 – 10)

§ 2
Ziel und Aufgabe des Vollzugs

*Der Vollzug dient dem Ziel, die Gefangenen zu befähigen, künftig in sozialer
Verantwortung ein Leben ohne Straftaten zu führen. Er hat die Aufgabe, die
Allgemeinheit vor weiteren Straftaten zu schützen.*

6.9 Niedersachsen

Niedersächsisches Justizvollzugsgesetz (NJVollzG) vom 14. Dezember 2007
in der Fassung der Bekanntmachung vom 8. April 2014 (Nds.GVBl.
Nr. 8/2014 S.107)

§ 5
Vollzugsziele

*Im Vollzug der Freiheitsstrafe sollen die Gefangenen fähig werden, künftig in
sozialer Verantwortung ein Leben ohne Straftaten zu führen. 2Zugleich dient*

der Vollzug der Freiheitsstrafe dem Schutz der Allgemeinheit vor weiteren Straftaten.

6.10 Nordrhein-Westfalen

Gesetz zur Regelung des Vollzuges der Freiheitsstrafe in Nordrhein-Westfalen (Strafvollzugsgesetz Nordrhein-Westfalen-StVollzG NRW) vom 13. Januar 2015 (GV.NRW. S.75).

§ 1
Ziel des Vollzuges

Der Vollzug der Freiheitsstrafe dient dem Ziel, Gefangene zu befähigen, künftig in sozialer Verantwortung ein Leben ohne Straftaten zu führen.

6.11 Rheinland-Pfalz

Landesjustizvollzugsgesetz (LJVollzG) vom 8. Mai 2013 (GVBl. 2013, 79)

§ 2
Ziel und Aufgabe des Vollzugs der Freiheitsstrafe und der Jugendstrafe

Der Vollzug der Freiheitsstrafe und der Jugendstrafe dient dem Ziel, die Strafgefangenen und die Jugendstrafgefangenen zu befähigen, künftig in sozialer Verantwortung ein Leben ohne Straftaten zu führen. Er hat die Aufgabe, die Allgemeinheit vor weiteren Straftaten zu schützen.

6.12 Saarland

Gesetz über den Vollzug der Freiheitsstrafe im Saarland (Saarländisches Strafvollzugsgesetz-SLStVollzG) vom 24. April 2013 (Amtsbl. I, S. 116)

§ 2
Ziel und Aufgabe

1) *Im Vollzug sollen die Gefangenen fähig werden, künftig in sozialer Verantwortung ein Leben ohne Straftaten zu führen (Vollzugsziel).*

2) *Der Vollzug dient auch dem Schutz der Allgemeinheit vor weiteren Straftaten.*

6.13 Sachsen

Gesetz über den Vollzug der Freiheitsstrafe und des Strafarrests im Freistaat Sachsen (Sächsisches Strafvollzugsgesetz-SächsStVollzG) vom 16. Mai 2013 (Sächsisches Gesetz- und Verordnungsblatt S.250).

§2
Ziel und Aufgabe des Vollzugs

Der Vollzug dient dem Ziel, die Gefangenen zu befähigen, künftig in sozialer Verantwortung ein Leben ohne Straftaten zu führen. Er hat die Aufgabe, die Allgemeinheit vor weiteren Straftaten zu schützen. Dies wird durch eine zielgerichtete und wirkungsorientierte Vollzugsgestaltung sowie sichere Unterbringung und Beaufsichtigung der Gefangenen gewährleistet.

6.14 Sachsen-Anhalt

Justizvollzugsgesetzbuch Sachsen-Anhalt (JVollzGB LSA) vom 18. Dezember 2015 (GVBl. LSA 2015,666)

§ 2
Ziel und Aufgabe des Vollzugs der Freiheitsstrafe oder der Jugendstrafe

1) *Der Vollzug der Freiheitsstrafe oder der Jugendstrafe dient dem Ziel, den Strafgefangenen oder den Ju-gendstrafgefangenen zu befähigen, künftig in sozialer Verantwortung ein Leben ohne Straftaten zu führen. Der Vollzug hat die Aufgabe, die Allgemeinheit vor weiteren Straftaten zu schützen.*

2) *Bei dem Strafgefangenen mit angeordneter oder vorbehaltener Sicherungsverwahrung dient der Vollzug der Freiheitsstrafe und bei dem Jugendstrafgefangenen mit vorbehaltener Sicherungsverwahrung dient der Vollzug der Jugendstrafe auch dem Ziel, die Gefährlichkeit des Strafgefangenen oder des Jugendstrafgefan-genen für die Allgemeinheit so zu mindern, dass die Vollstreckung der Unterbringung oder deren Anordnung möglichst entbehrlich wird.*

6.15 Thüringen

Thüringer Justizvollzugsgesetzbuch (ThürJVollzGB) vom 27. Februar 2014 (GVBl. S. 13)

§ 2
Ziel und Aufgabe des Vollzugs der Freiheits- und Jugendstrafe

1) Der Vollzug der Freiheitsstrafe und der Jugendstrafe dient dem Ziel, die Straf- und Jugendstrafgefangenen zu befähigen, künftig in sozialer Verantwortung ein Leben ohne Straftaten zu führen. Er hat die Aufgabe, die Allgemeinheit vor weiteren Straftaten zu schützen.

2) Bei Strafgefangenen mit angeordneter oder vorbehaltener Sicherungsverwahrung dient der Vollzug der Freiheitsstrafe und bei Jugendstrafgefangenen mit vorbehaltener Sicherungsverwahrung der Vollzug der Jugendstrafe auch dem Ziel, ihre Gefährlichkeit für die Allgemeinheit so zu mindern, dass die Vollstreckung der Unterbringung oder deren Anordnung möglichst entbehrlich wird.

6.16 Schleswig-Holstein

Landesstrafvollzugsgesetz Schleswig-Holstein (LStVollzG SH) vom 1. September 2016 (Text des Gesetzentwurfs)

§ 2
Ziel und Aufgabe

Der Vollzug dient dem Ziel, die Gefangenen zu befähigen, künftig in sozialer Verantwortung ein Leben ohne Straftaten zu führen.

Gleichermaßen hat er die Aufgabe, die Allgemeinheit vor weiteren Straftaten zu schützen. Zwischen dem Vollzugsziel und der Aufgabe, die Allgemeinheit vor weiteren Straftaten zu schützen, besteht kein Gegensatz.

Chronik der EKS und deren Vorsitzenden

Helmut Bunde

Gründung am 17. Oktober 1927 als Evangelische Konferenz für Straffälligenpflege unter einhelliger Zustimmung der Konferenz der Geschäftsführer der Landes- und Provinzialverbände der Inneren Mission.

Sie war seit Gründung Mitglied im deutschen Reichszusammenschluss für Gerichtshilfe, für Gefangenen- und Entlassenenfürsorge der Freien Wohlfahrtspflege (Reichsfachverband).

1932 wurde sie in einen Verein überführt.

Am 02. Juni 2015 vereinigte sich die Evangelische Konferenz für Straffälligenhilfe (EKS) mit der Evangelischen Obdachlosenhilfe (EvO) zum Evangelischen Bundesfachverband Existenzsicherung und Teilhabe (EBET) e.V. – Wohnungsnotfall und Straffälligenhilfe

Vorsitzende waren:

Von der Gründung bis 1930 **Dr. Adolf Stahl**,
zweiter Direktor der Wohlfahrtsabteilung des Centralausschusses der
Inneren Mission

ab 1931 bis 1946 **Pfarrer Eduard Fritsch**,
Kassel

1946 – 1948 **Rudolf Harth**,
Anstaltsleiter in Bethel

1948 – 1952 **Friedrich Münchmeier**,
Präsident des Centralausschusses Inneren Mission Berlin

1952 – 1958 **Martin Müller**,
Anstaltsleiter in Käsdorf

1958/1959 **Friedrich Münchmeier**

1959 – 1973 **Dr. Hans Kühler**,
Strafanstaltsoberpfarrer Freiburg im Breisgau

1973 – 1984 **Assessor Johann Nikolaus Bischoff**,
Diakonierat bei Diakonischen Werk Hannover

1984 – 2000 **Dr. Manfred Schick**,
Diakonisches Werk in Hessen und Nassau

2000 – 2006 **Dr. Hartwig Daewel**,
Landespastor Diakonisches Werk Mecklenburg

2006 – 2008 **Helmut Bunde**,
Referent für Suchtkranken- und Straffälligenhilfe im Diakonischen
Werk der Ev.-Luth. Landeskirche Sachsens e. V.

2008 – 2015 **Professor Dr. Karl-Heinrich Schäfer**,
Präses der Evangelischen Kirche in Hessen und Nassau 1994 bis 2010
Direktor beim Hessischen Rechnungshof

Geschäftsführerin und Geschäftsführer waren:

Dr. Else Weinhold (promovierte Juristin), Fachreferentin im Central-ausschuss der Inneren Mission. Sie war entscheidend an der Gründung der Konferenz beteiligt und schied kurz danach aus dem Dienst des Centralausschusses aus.

Ihr folgte *Dr. Ellen Scheuner* (Juristin) bis 1930. Sie baute die Arbeit der Konferenz im Wesentlichen auf.

Von 1931bis 1952 war dies *Hermine Bäcker,* ebenfalls Referentin im Centralausschuss der Inneren Mission.

Von 1952 bis 1955 hatte Dr. Walter Becker die Geschäftsführung und zugleich die Referentenstelle im Centralausschuss inne.

Von 1955 bis 1979 war dies *Dipl.-Volkswirtin Christine Wintzler*, die auch eine Referentenstelle im Centralausschuss innehatte.

Von 1979 bis 1997 *Peter Moll*, Referent beim Diakonischen Werk der EKD, Stuttgart.

Von 1997 bis 2006 *Rolf Keicher*, Referent beim Diakonischen Werk der EKD, Stuttgart.

Von 2006 bis 2011 *Christian Bakemeier*, Referent beim Diakonischen Werk der EKD, Berlin.

Von 2011 bis 2015 wurde die Geschäftsführung durch Vorstandsmitglieder wahrgenommen.

Fachwochen der Straffälligenhilfe

Termine, Themen, Orientierung

Karl Heinrich Schäfer

1. Vorbemerkung

Die Evangelische Konferenz für Straffälligenhilfe (EKS) fasste die Arbeit von evangelischen Organisationen und Einrichtungen zusammen, die im Bereich der Straffälligen-, Gefangenen- und Haftentlassenenhilfe tätig sind. Sie betätigte sich als Lebens- und Wesensäußerung der Evangelischen Kirche in Deutschland (EKD) im Sinne evangelischer Diakonie und in praktischer Ausübung christlicher Nächstenliebe. Eine wichtige Präsentation ihrer Tätigkeit war u.a. die Organisation und Veranstaltung von „Fachwochen Straffälligenhilfe". Dabei waren und sind die Fachwochen als Orte gedacht, an denen aktuelle (gesellschaftliche, sozialpolitische, kriminalpolitische) Prozesse analysiert und bewertet wurden und werden sowie nach Strategien zum Umgang gesucht werden soll.

Die Fachwochen Straffälligenhilfe können auf eine von der Katholische Bundes-Arbeitsgemeinschaft Straffälligenhilfe im Deutschen Caritasverband (KAG-S) 1992 gegründeten bewährte Tradition zurückblicken. Seit 1997 wurden sie in ökumenischer Kooperation im Wechsel von der KAG-S und von der EKS organisiert und ausgerichtet. Ab dem Jahr 1999 findet aller drei Jahre eine Bundestagung der Bundesarbeitsgemeinschaft-

Straffälligenhilfe (BAG-S) statt. In diesen Jahren verzichten die beiden konfessionellen Bundesverbände auf ihre Fachwoche.

2. Tagungsthemen

Einzelheiten zu den Veranstaltungsorten und -terminen sowie zu den Schwerpunktthemen der einzelnen Tagungen ergeben sich aus nachstehender Aufstellung.

Fachtagungen Straffälligenhilfe

Datum	Ort	Feder-führung	Thema
1992 24.11.–27.11.	Freiburg	KAG-S	Sozialarbeit und Kriminalpolitik
1993 07.12.–10.12	Bergisch-Gladbach	KAG-S	Drogenpolitik und Drogenstrafrecht – Prämissen und Perspektiven
1994 13.09.–16.09.	Bergisch-Gladbach	KAG-S	Verschärfung des Strafrechts – Eine geeignete Antwort auf neue Dimensionen der Jugendkriminalität?
1995 28.11.–01.12.	Bergisch-Gladbach	KAG-S	Das Konzept der Lebenslage – Neue Hoffnung für die Sozialarbeit
1996 26.11.–29.11..	Bergisch-Gladbach	KAG-S	Effizienz, Effektivität, Ethik
1997 25.11.–28.11.	Bergisch-Gladbach	KAG-S	Kontrolle und Zwang statt Hilfe und Resozialisierung
1998 17.11.–20.11.	Bergisch-Gladbach	KAG-S	Menschenwürde und Menschenrechte im Umgang mit Straffälligen
2000 28.11.–01.12.	Bergisch-Gladbach	KAG-S	Ausschluss durch Einschluss
2001 26.11.–30.11.	Bergisch-Gladbach	KAG-S	Migration, Kriminalität und Soziale Arbeit
2003 24.11.–28.11.	Bergisch-Gladbach	KAG-S	What works? Neue Ansätze der Straffälligenhilfe auf dem Prüfstand
2004 22.11.–26.11.	Bergisch-Gladbach	EKS	Privatisierung als Chance? Straffälligenhilfe zwischen marktwirtschaftlicher und staatlicher Steuerung

Datum	Ort	Feder-führung	Thema
2006 27.11.–01.12.	Bergisch-Gladbach	KAG-S	Gender Mainstreaming – ein Konzept für die Straffälligen-hilfe? Lebenslagen und Hilfeange-bote unter geschlechtsspezifischen Aspekten
2007	(ausgefallen) Bergisch-Gladbach	EKS	Der Tanz ums goldene Kalb – Freie Straffälligenhilfe zwischen Über-lebenskampf, Konformitätsdruck und Auftrag
2009 23.11.–25.11.	Ludwigshafen	KAG-S	Achten statt Ächten in Straffälligen-hilfe und Kriminalpolitik
2010 29.11.–01.12.	Wittenberg	EKS	„Dahin gehen, wo es weh tut". Sozialräumlich orientierte Straffäl-ligenhilfe
2012 03.12.–05.12.	Freising	KAG-S	Zurück in die Zukunft- Straffäl-ligenhilfe zwischen Tradition und Wandel
2013	Wiesbaden-Naurod	EKS	Der Preis des Geldes. Anspruch und Realität in Strafvollzug und Straffälligenhilfe
2015	Meißen	KAG-S	Mit Kunst Brücken bauen – Die Bedeutung von Kunst(projekten) in der Arbeit mit Straffälligen

3. Dokumentation

Die Ergebnisse der einzelnen Fachtagungen wurden dokumentiert und in Buchform vom Lambertus-Verlag in Freiburg herausgegeben.

Ausgewählte Literatur zu den Fachwochen Straffälligenhilfe:

Cornel, Heinz/Nickolai, Werner (Hg.):
What works? Neue Ansätze der Straffälligenhilfe auf dem Prüfstand; Freiburg 2004, (Lambertus-Verlag) (Fachwoche 2003)

Keicher, Rolf/Anhorn, Roland (Hg.):
Privatisierung als Chance? Straffälligenhilfe zwischen marktwirt-schaftlicher und staatlicher Steuerung, Freiburg 2005, (Lambertus-Verlag) (Fachwoche 2004)

Maróthy, Johannes (Hg.):
Sozialräumliches Arbeiten in der Straffälligenhilfe. Dahin gehen,
wo es weh tut. Freiburg 2012, (Lambertus-Verlag) (Fachwoche 2010)

Cornel, Heinz/Halbhuber-Gassner, Lydia/Wichmann, Cornelius (Hg.):
Strafvollzug, Straffälligenhilfe und der demografische Wandel,
Freiburg 2013 (Lambertus-Verlag) (Fachwoche 2012)

Schäfer, Karl Heinrich/Bunde, Helmut (Hg.):
Ökonomische Faktoren in der Straffälligenhilfe. Wirtschaftlichkeit
contra Resozialisierung?, Freiburg 2014. (Lambertus-Verlag)
(Fachwoche 2013)

Halbhuber-Gassner, Lydia/Kappenberg, Barbara (Hg.):
Mit Kunst Brücken bauen Die Bedeutung von Kunst(projekten) in
der Arbeit mit Straffälligen Freiburg 2017 (Lambertus-Verlag)
(Fachwoche 2015)

4. Orientierungsrahmen

Eine Fachtagung besonderer Art stellte die Präsentation des Orientierungsrahmens zur Zusammenarbeit mit dem Justizvollzug am 18. August 2011 in
Frankfurt am Main dar. Im November 2010 hatten die KAG-S und die EKS
einen „Orientierungsrahmen zur Zusammenarbeit mit dem Justizvollzug"
herausgegeben. Es handelt sich dabei um die grundlegend überarbeitete
neue Auflage des Orientierungsrahmens aus dem Jahr 1999, in dem die
beiden Straffälligenhilfeverbände ihre Grundsätze für die Arbeit in den
Justizvollzugsanstalten beschrieben hatten.

Die Aktualisierung war erforderlich geworden im Hinblick auf die vielfältigen Veränderungen des Justizvollzugs in den letzten Jahren. Im Zuge der
Föderalismusreform war die Gesetzgebungskompetenz vom Bund auf die
Länder übergegangen. Neue, teilweise umstrittene, jedenfalls aber viel dis-
kutierte Organisations- und Steuerungsmodelle bis hin zur Teilprivatisierung
von Vollzugseinrichtungen wurden eingeführt. Die Kooperationsformen
zwischen Justizvollzug und freier Straffälligenhilfe wurden vielfältiger.

Zielrichtung und Grundtendenz des Orientierungsrahmens blieben aber
gleich: Der Orientierungsrahmen beschreibt die Rolle und den Beitrag der
Straffälligenhilfe der Caritas und der Diakonie bei der Verwirklichung des
Sozialstaatsprinzips des Grundgesetzes hinter Mauern und Gittern.

Der neue Orientierungsrahmen und die aktuelle Diskussion um Situation und Ziele des Strafvollzugs bildeten den Anlass für ein vollzugspolitisches Symposium, zu dem die Evangelische Akademie Arnoldshain zusammen mit dem Haus am Dom – Katholische Akademie Rabanus Maurus – am 18. August 2011 nach Frankfurt am Main eingeladen hatte. Die KAG-S und die EKS waren in die Verantwortung der Tagungsgestaltung eingebunden. Aus den Beiträgen und Inhalten des Symposiums ist der nachstehend genannte Band der „Arnoldshainer Texte" entstanden.

Düringer, Hermann/Schäfer, Karl Heinrich (Hg.),

Was kann kirchliche Straffälligenhilfe leisten? Zur Umsetzung des Orientierungsrahmens zur Zusammenarbeit mit dem Justizvollzug, Frankfurt 2012.

5. Auftrag und Ziel

Ziel der Fachwochen war es u.a., die Bedeutung der christlichen Straffälligenhilfe für den Justizvollzug in das Bewusstsein der Gesellschaft zu bringen, nicht zuletzt in das Bewusstsein sowohl der verantwortlichen staatlichen Institutionen wie auch der verantwortlichen Gremien von Caritas bzw. Diakonie und der verfassten Kirche. Ein wichtiger Schritt dazu, als christliche Straffälligenhilfe in der Fachöffentlichkeit und darüber hinaus in der Gesellschaft mit Stellungnahmen und Anregungen Gehör zu finden war zweifellos die Entscheidung, nicht nur den Orientierungsrahmen, sondern auch die Fachwochen Straffälligenhilfe, einzelne Stellungnahmen zu Gesetzgebungsverfahren sowie Positionierungen in Einzelfragen bei gemeinsamen Vorstandssitzungen und in ständigem Austausch in ökumenischer Verbundenheit zu diskutieren, zu erarbeiten und zu verantworten.

Die Autoren

Böhm, Alexander, Prof. Dr., geb. 1929, gest. 2006
Professor für Kriminologie, Strafrecht und Strafvollzug an der
Johannes Gutenberg-Universität Mainz 1974 bis 1994
Leiter der Justizvollzugsanstalt Rockenberg 1960 bis 1974

Bunde, Helmut, geb. 1952
Dipl. Sozialarbeiter (FH) und Diakon, Referent für Suchtkranken- und
Straffälligenhilfe Diakonisches Werk Sachsen
Stellvertretender Vorsitzender von EBET
Radebeul

Häusler, Michael Dr., geb. 1961
Historiker, Ev. Theologe und Wissenschaftlicher Archivar
Leiter Archiv für Diakonie und Entwicklung
Evangelisches Werk für Diakonie und Entwicklung e.V.
Berlin

Landau, Herbert, Prof., geb. 1948
Richter am Bundesverfassungsgericht Karlsruhe a.D.
Staatssekretär a.D.
Wilnsdorf

Nelle-Cornelsen, Uwe, geb. 1963
Leiter JVA Bielefeld-Brackwede

Passarge, Ute, geb. 1962
Diplom Dolmetscherin
Öffentlichkeitsarbeit / Assistenz der Geschäftsführung

Schwarzes Kreuz Christliche Straffälligenhilfe e.V.
Celle

Rannenberg, Jens, geb. 1963
Vorstand Dachstiftung Diakonie
Vorsitzender EBET

Schäfer, Karl Heinrich, Prof. Dr., geb. 1947
Direktor beim Hessischen Rechnungshof a.D.
Präses der Evangelischen Kirche in Hessen und Nassau 1994 bis 2010
Vorsitzender der Evangelischen Konferenz für Straffälligenhilfe (2008
bis zur Fusion 2015)
Wiesbaden

Schmitt, Wolfgang, Dr., geb. 1958
Leiter Statistik – Zentrum Kommunikation
Diakonie Deutschland – Evangelischer Bundesverband
Evangelisches Werk für Diakonie und Entwicklung e.V.
Berlin

Schönrock, Ullrich, geb. 1959
Pastor
Vorsitzender der Ev. Konferenz für Gefängnisseelsorge in Deutschland
Meppen

Tarner, Eckhard, geb. 1952
Leitung Abteilung Straffälligenhilfe
Diakonie in Bielefeld gGmbH

Teschner, Burkhard, geb. 1960
Geschäftsbereichsleiter Gefährdetenhilfe
Diakonie Osnabrück Stadt und Land

Weber, Ulrich, geb. 1959
Dipl. Sozialarbeiter und Diakon
Regionalleitung Bethel regional Region Bielefeld Süd
Sprecher des Koordinierungskreises des Netzwerkes Sozial Strafrechtspflege
Bielefeld